The History of
Western Philosophy

西方哲学史

第 三 卷

经验主义和理性主义哲学

冯 俊◎主编

人 民 出 版 社

目　录

（第三卷）

经验主义和理性主义哲学编

经验主义和理性主义哲学编

18
引　言

冯　俊

　　文艺复兴之后,在 16—17 世纪欧洲的科学技术得到进一步的发展,欧洲各民族的文化更加成熟。欧洲各国的资产阶级日益成熟和壮大起来,尤其是在尼德兰最先爆发了资产阶级革命,接着英国的 1688 年"光荣革命"也取得了成功。新兴的阶级和新型的社会形态产生了新的世界观,哲学也取得了成熟的形态。文艺复兴的人文主义和宗教改革运动的哲学只是新文化、新哲学的端倪,而 16—17 世纪哲学开始有了理论体系,这就是经验主义和理性主义哲学,中文中也常常简称为经验论和理性论哲学。

　　英伦三岛和欧洲大陆的历史文化传统和科学传统有很大的差异,因而也造就了哲学的差异。有着实验自然科学传统的英格兰、苏格兰和爱尔兰在哲学上倾向于经验主义,例如出现了弗兰西斯·培根、霍布斯、洛克、贝克莱和休谟的哲学;数学和抽象逻辑思维发达的法、德等民族在哲学上钟情于理性主义,例如出现了笛卡尔、马勒伯朗士、斯宾诺莎和莱布尼茨的哲学。但是这只是一种大致的倾向,并不是绝对的分野,在经验主义占主导地位的英国,霍布斯的哲学也推崇理性的推演方法;在理性主义占主导地位的法国,也有伽森狄这样的经验主义者。

　　经验主义和理性主义,或经验论和唯理论,只是就认识论问题展开争论的两种思想倾向。他们的问题主要围绕着以下几点展开：（1）认识或知识的来源问题。经验主义认为，认识或一切知识都起源于经验，知识最初来源于或最终归结为经验；理性主义认为，认识或一切知识并不只是来源于经验或者完全归结为经验，认识和知识还有一些别的来源，例如天赋观念或天赋的认识能力，例如培根、洛克、休谟认为一切知识都起源于经验，笛卡尔、斯宾诺莎和莱布尼茨认为知识主要来源于天赋观念或天赋的认识能力。（2）知识的可靠性问题。经验主义一般认为，只有经验的知识才是可靠的，因为它们最终可以被经验证实；理性主义一般认为，只有推论的知识和理性直观的知识才是可靠的，因为它们具有逻辑必然性和普遍适用性，但是经验主义者洛克也认为推论的知识和直观的知识很可靠。（3）真理的标准问题。一般说来，经验主义认为真理的标准应该是经验的可证实性；理性主义认为真理的标准是天赋观念和逻辑推演的清楚明晰性。但是，在经验主义和理性主义的相互争论和辩驳当中，发展到最后出现了两极相通，经验主义发展到休谟，围绕着研究"事实的情况"和"观念的关系"两种不同对象，他区分了概然推理和演绎推理、事实真理和逻辑真理、偶然真理和必然真理"两种真理"；理性主义发展到莱布尼茨，他依据充足理由律和不矛盾律也区分了偶然的真理和必然的真理。但是，他们各自的侧重点还是很鲜明的，休谟更加注重事实的真理或偶然的真理，莱布尼茨更加注重必然的真理和推论的真理。经验主义和理性主义之争中间提出的许多问题，例如，归纳和演绎问题，分析命题和综合命题，证实和证伪问题，因果必然性问题，归纳问题，概率即或然性问题，事实真理和逻辑真理问题等等，在近现代哲学中引起了广泛的争论，产生了长久的影响。

经验主义和理性主义只是围绕着认识问题展开争论的两种不同倾向，与唯物主义和唯心主义的争论不是一回事。唯物主义和唯心主义的争论是围绕本体论问题展开的，物质和精神何为第一性？唯物主义认为物质是第一性的，精神是第二性的，唯心主义则相反，认为精神是第一性的,物质是第二性的。培根、霍布斯和洛克是唯物主义者,贝克莱是主观唯心主义者,休谟是怀疑论者;笛卡尔本体论上是二元论者、自然哲学中是机械唯物论者,斯宾诺莎坚持唯物主义的一元论,而莱布尼茨的单子论是唯心主义的多元论。如果把本体论问题和认识论问题结合起来看,就会呈现出唯物主义的经验论和唯心主义的经验论,唯物主义的理性论和唯心主义的理性论这样一种复杂的局面。例如,培根、洛克、伽森狄是唯物主义的经验论者;贝克莱是主观唯心主义的经验论者;斯宾诺莎是唯物主义的理性论者;莱布尼茨是唯心主义的理性论者;笛卡尔在本体论上是二元论者,在认识论上是理性论者;休谟在本体论上是怀疑论者,认识论上经验论者。当然,无论是经验主义和理性主义,还是唯物主义和唯心主义,它们之间一直是既相互对立有相互依存,同时还经常是你中有我、我中有你,这就是哲学论争的复杂性。

理性主义(rationalism)一词,其实有广义和狭义之分。广义的理性主义是和蒙昧主义相对应的,即从文艺复兴开始反对中世纪的蒙昧主义,主张人可以脱离神和其他外在的权威而能够独立思考,凭自己的理性就可以认识世界,获得知识,作出判断。因此,上述的经验主义和理性主义都属于广义的理性主义。狭义的理性主义是和上述的经验主义相对应的,又被译作理性论。也有人将其译作"唯理论",但是汉语的"唯"字容易引起歧义,似乎只讲理性,不讲别的;而实际上,理性主义或理性论并不否认经验的存在和作用,只是觉得它们不可靠,经验之外还需理性,并且理性的作用更关键,更可靠,是真理性的保证。

在 17 世纪,在理性主义盛行之时就出现了非理性主义,例如在笛卡尔哲学流行之时就出现了帕斯卡尔的非理性主义。笛卡尔认为人的理智、理性在人的认识中起着十分关键的作用,也是知识可靠性和真理性的保障。可是帕斯卡尔认为,人的理智、理性是有局限性的,例如,它们只能帮助我们进行逻辑的推演,但是作为逻辑推演起点的"第一原理"或普遍的公理定理并不是从推演得来的,是理智和理性无能为力的;重要的是,理智和理性不能解决人自身的道德困境和终极关怀问题，因此，还需要"敏感性精神"和"人心"来关照人自身的生存状况，道德问题和宗教问题。帕斯卡尔的思想影响到了19世纪末和20世纪初的非理性主义的哲学思潮。

不能把经验主义和理性主义哲学仅仅理解为他们只讨论认识论问题，如前所述他们在形而上学和本体论领域有很多的讨论和很大的发展。尤其值得注意的是他们在政治哲学、伦理学等领域开启了一个新的时代。霍布斯的《利维坦》和《论公民》，洛克的《政府论》和《论宗教宽容》是近代社会契约学说和西方现代政治哲学的奠基之作，休谟的《道德原则研究》、笛卡尔的《灵魂的激情》和斯宾诺莎的《伦理学》给我们展示出这个时代了不同类型且丰富多彩的伦理思想。但是他们的政治哲学和伦理学的一个共同特征就是体现出了启蒙和自由的精神。

19

弗兰西斯·培根哲学

孙向晨

> 史鉴使人明智;诗歌使人巧慧;数学使人精细;博物使人深沉;伦理使人庄重;逻辑与修辞使人善辩。
>
> ——弗兰西斯·培根:《论说文集》

> 在学问研究中主要有三种过失导致人诋毁学问。一种是虚假、细琐;一种是远离真理、没有实际价值;另一种是学者轻信或过分精巧,所谓精巧不仅指研究的内容也指表达的言辞。
>
> ——弗兰西斯·培根:《学术的进展》

> 知识就是力量。
>
> ——弗兰西斯·培根:《新工具》

———————————

培根常常被认为是近代哲学的第一人,他不仅在中世纪之后反对亚里士多德的哲学,关键的是他自觉地提出了一套较为系统的、新的哲学形态。在中世纪同样不乏反对亚里士多德的哲学家,如波那文都对亚里士多德主义的反对,或文艺复兴时期世俗的柏拉图主义对亚里士多德的批判。但是,培根不再是依据柏拉图主义或奥古斯丁主义来反对亚里士多德,而是提出了一种新的哲学精神,代表了新时代的声音。培根虽然没有像笛卡尔那样将他的思想凝结成一种完备的哲学体系,成为后世哲学发展的基础,但他强烈地预示了哲学和科学的复兴,并给出了一种系统的方案和路径。就其开创新的哲学精神而言,培根当之无愧是近代哲学的先知。他以科学发展、技术进步为人服务的名义来进行哲学的思考,以一种十分鲜明的方式昭示了新时代的来临,尤其是在《新大西岛》中表现出强烈的科学乌托邦精神。

古典哲学强调知识的自足性,中世纪哲学强调知识为信仰服务,培根认为知识的价值在于其实践的运用,他明确提出"知识就是力量"这一著名命题。培根的哲学在"破"的方面提出了四假相说,系统地分析了在哲学或科学中误导人的倾向,以及阻碍科学发展的各种要素。在立的方面,培根摒弃思辨的方法,直接走向自然,强调用归纳而不是演绎的方法来进行哲学推论,并发展出自己的一套归纳法。从某种意义上说,培根使哲学重新从天上来到地上,为此他开创了一种新的哲学态度。黑格尔说,"我们需要用一个名字,一个人物作为首领、权威、鼻祖来称呼一种作风。"①黑格尔把这种作风一般定义为:"是指那种基于外在自然界或对人的精神本性的经验和观察的哲学体系。"②这个被呼唤的名字就是弗兰西斯·培根。

在此,我们需要注意以下三点:

首先,要注重培根作为近代哲学开创者的新颖之处,注意其与亚里士多德等古典哲学的差异,注意其对传统哲学批评的着眼点,注意把握培根哲学所代表的近代哲学的新特征。

其次,要注重从整体性上来理解培根的哲学体系,比如培根整体的科

---

① 黑格尔:《哲学史讲演录》,第四卷,北京:商务印书馆1978年版,第31页。
② 同上书,第16页。

学复兴计划,其复兴计划的内在逻辑,四假相说在其中的位置,培根式的归纳法又是如何提出的,等等。

最后,还应注意培根作为近代哲学的开创者,还是带有文艺复兴人文主义学者的浓厚色彩,他的《论说文集》、《论古人的智慧》等书虽没有在书中涉及很多,也应该认真阅读,这代表了那个时代伟大的人本主义精神。

培根;知识就是力量;知识分类;四假相说;归纳方法

一、生平及基本著作

弗兰西斯·培根(Francis Bacon)1561 年 1 月 22 日生于伦敦,与莎士比亚(Shakespears,1564—1616)是同时代人。父亲尼古拉·培根是伊丽莎白女王的掌玺大臣,其爱好教育、关注科学的精神影响了培根。培根 12 岁进入剑桥三一学院学习,显露出出众的才华以及独立的思想精神。1576 年,培根随英国大使艾米亚斯·波利特(Amyas Paulet)出访法国,对当时处于先进地位的法国印象深刻,尤其是学术沙龙的活跃,随即培根写就《关于欧洲的状况》(*De Statu Europae*),当时培根只有 15 岁。1579 年,因父亲过世培根回国,以后逐步迈入了英国的政坛。

在培根的政治生涯中,其与艾塞克斯伯爵(Earl of Essex)的关系尤其值得一提。先是艾塞克斯曾为培根谋求职位,但没有成功。之后他又赠送庄园给培根,培根受之却说是出于"公共的善"。以后艾塞克斯失宠于女王,培根曾为之辩护。艾氏因为谋反,培根成了他的公诉人,最终导致艾塞克斯伯爵被处决。培根由此深受人们诟病,认为他对不起自己的恩人,在道德上受到指责。但培根认为自己并无错失,而是秉公执法。以后,在詹姆士一世时期,培根在官场上节节高升,1603 年受封爵士,1604年成为国王的法律顾问,1613 年成为检察长,1617 年成为掌玺大臣。直到 1618 年培根又成为上议院议长、大法官(Lord Chancellor),并被封为维鲁兰男爵(Baron Verulam),达到其政治生涯的顶峰。

1621 年,培根被授予圣·阿尔班子爵(Viscount St.Albans),但同一年他被控收受贿赂,被剥夺了掌玺大臣、大法官及议院的职务,并被罚以巨款,关进伦敦塔中,从此退出政坛。培根饱受诟病的根源在于,一方面培根作为杰出的哲学家,对人类的美德大肆赞扬;另一方面作为一名自私政客在官场上营私舞弊。18 世纪初期英国著名诗人蒲柏曾说:"培根是人类中最睿智、最机敏与最卑鄙的人。"当然也有为培根开脱的说法,认为当时官场贿赂成风,培根不过是随大溜而已,培根也自称这一切并没有影响他的公正。

尽管培根一生大部分时间是在做官,但他认为他的天性更适合研究真理。他心灵敏锐和多才多艺,足以觉察事物的同一与差别。培根罢官后曾恳求国王补助,把余生用于研究科学。据说他是在一次冷冻试验后,得病去世的。1626 年 3 月,培根突发奇想,想用雪进行防腐试验,结果受寒而死。1626 年 4 月 9 日去世,终年 65 岁。

培根的主要著作有:1597 年的《论说文集》(Essays),以后又陆续出版了两版,至 1625 年完整版问世,被认为是划时代的著作,其"高度的阅历,丰富的想象,有力的机智和透彻的智慧"历几百年而不衰。1606 年培根用英语写作了《学术的进展》(The Advancement of Learning),该书是培根关于知识论的著作,是其《伟大的复兴》计划的一部分。培根批判蒙昧主义,提倡知识的功用性,对科学进行划分,提出了百科知识的设想。1609 年开始写作《伟大的复兴》(De Sapientia Veterum,The Great Instauration),其中最主要的,也是唯一完成的是《新工具》(Novum Organum)。这部著作是根据 1607 年的《几种想法和结论》(Cogitata et visa,Thoughts and Conclusions）而来，该部著作最终并未完成。《新工具》的宗旨是要为人类的知识开辟一条不同于以往的道路，从而奠定人类支配自然的地位。1623 年出版《论学问的尊严和进步》（De Dignitata et Augmentis Scientiarum），这是《学术的进展》的拉丁文增扩本。

1622 年至 1623 年，培根出版了部分《自然史，或作为哲学基础的自然现象》或叫《自然的和实验的历史》。1624 年写作《新大西岛》（New Atlantis），思考科学技术在社会发展中的巨大作用，以及如何运用社会力量促进科学技术的发展，表达了科学主宰一切的思想。《林木集》（Sylva sylvarum）收集的是古代和近代的自然史的材料，是《伟大的复兴》第三部分的材料。其与《新大西岛》一样，是在培根死后出版的。培根另有关于《亨利七世》（Henery VII）历史的著作以及其他一些历史笔记，这些都是培根在官场上失意后完成的作品。

二、科学的复兴计划与科学的分类说

培根哲学的意义在于呼唤一种新的哲学的诞生，并与近代科学的复兴相联系。尽管培根本人很难说对于近代科学的成就有多么熟悉，其写作的风格也依然是文艺复兴时的格调，但是他敏锐地洞察到一番新时代的来临，在这个时代中，科学将置于中心地位，由此，他对科学的发展做了大胆乐观的预言。

在培根那里，他对人与自然的关系做了一番全新的界定。在《新工具》开篇伊始，培根就说道："人作为自然界的仆人和解释者，他所能做，所能懂的只是如他在事实中或思想中对自然进程所已观察到的那样多，也仅仅那样多：除此以外，他既无所知，亦不能有所作为。"①这确立了培根的哲学起点，哲学就是对自然的认识，而且只限于自然，既不高于自然，

---

①　Francis Bacon, *Seleted Philosophical Works*, Hackett Publishing Company, 1999, p.89；中文版见培根：《新工具》，北京：商务印书馆 1997 年版，第 7 页。

也不超出自然之外,而且人的行动将受限于这种认识之中。

其次,培根的整体立场是经验主义的,尽管他知道在历史上怀疑主义对于感官提供的经验是有疑问的,因为感官具有欺骗性,但是在培根看来:"经过比较,借助工具的帮助,……感官是足以向我们证明和报告真理的……"。① 这里培根表明了他对于感官的充分信任,当然揭示真理还需要其他一系列的辅助手段,但是主要的还是感官向我们提供的经验。

再次,培根认为,整个科学体系是统一的,因此,"我们应当在进入细的分类之前,以第一的、原始的、综合的哲学的名义,创建一种普遍的科学,作为一种主要的、共同的大道,由此进入分岔的小路。"②对于科学的总体理解是其进行科学分类的基础。所以说,培根的科学分类不仅考虑到各学科之间的差异,还考虑了其科学本质的统一性。他说:各门知识"如同一个树干的树枝,在树干停止分成枝丫以前就具有一种完整性和连续性。"③

最终,培根强调知识的实践目标。对科学的分类不过是把握知识的前奏曲。培根在此基础上,进一步说明了哲学的功用。他说,"人类知识和人类的权力归于一;因为凡不知原因即不能产生结果。要支配自然就须服从自然;而凡在思辨中为原因者在动作中则为法则。"④这里非常值得注意的是,培根有意识地扭转了西方的知识传统,在古希腊的思想中,实践与理论是分离的,技艺与知识也是分离。但是,在培根这个近代哲学的呼唤者这里,实践与理论是结合起来的,技艺也是依赖于知识的,这是现代科学发展的重要特征。培根也以这个新方向的向导自居:"我的目的只是要为理解力开拓一条新路,而这条路乃是古人所未曾试行、所未曾

---

① Francis Bacon, *The Advancement of Learning*, Heron Books, 1861, p.127;中文版见培根:《学术的进展》,上海:上海人民出版社 2007 年版,第 113 页。

② Ibid.;同上。

③ Ibid.;同上。

④ Francis Bacon, *Selected Philosophical Works*, p.90;中文版见培根:《新工具》,北京:商务印书馆 1997 年版,第 8 页。

知道的，……我只是作为一个指路的向导而出现。"①

基于这样的认识，培根非常自觉地有改变人类知识状况、推动科学进步的意识，为此他制订了《伟大的复兴》这一科学复兴的纲要，制订了一个详尽的工作计划，在其中描绘了他所说的科学复兴的蓝图。

《伟大的复兴》主要包括六大部分内容，但事实上，培根并没有完成他的整个计划。在他的计划中包括：(1)科学的分类，(2)新工具，(3)宇宙现象，或作为哲学基础的自然的和实验的历史，(4)理智的阶梯，(5)新哲学的先锋，(6)新哲学或能动的哲学。

第一部分是科学的分类，培根提出了一种类似百科全书的论述，对人类当时所具有的知识进行一个基本的概括。这不是对知识的一个简单罗列，而是要将人类的知识内容依据于人的能力和事物的性质以及知识的内在关联来加以分类，对人类的知识作全面的分析和论证。关于科学的分类主要是在《学术的进展》中阐述的。培根试图从总体上来把握人类的知识，这样的尝试以后在近代哲学中不断得到回应，如18世纪法国"百科全书派"，黑格尔的《哲学全书》，都试图从总体上把握知识。

第二部分是《新工具》是培根最为人所熟知的一部著作，也是《伟大的复兴》中的主体工程。该书的副标题是关于自然解释的指导，是要为人类认识自然提供新的工具。培根说，"赤手做工，不能产生多大的效果，理解力如其自理，也是一样。事功是要靠工具和助力来做出的，这对于理解力和对于手是同样需要的。手用的工具不外是供以动力或加以引导，同样，心用的工具也不外是对理解力提供启示或示以警告的。"②这就是培根重视工具的依据所在。人们必须运用工具才能完成伟大的工作。培根之所以用《新工具》名之，主要针对亚里士多德的《工具论》。在亚里士多德那里，逻辑不是理论科学，也不是实践科学。它不是一门独立存在

---

① Francis Bacon, *The Advancement of Learning*, Heron Books, 1861, p.88;中文版见培根：《新工具》，北京：商务印书馆1997年版，第4页。
② Ibid., p.8;同上书，第7页。

的科学,而是一种修养,后人认为这是一种工具,并以《工具论》命名亚里士多德的所有逻辑著作。培根的《新工具》就是要与之相对立,批判旧逻辑的弊病,提出对自然解释的新指导,从而使真正的知识成为可能。核心思想是强调与演绎法相对的归纳法。

第三部分是关于宇宙现象,关于自然和实验的历史,为哲学和科学提供材料。心灵本身不为人的认识提供任何材料,凡是不打算对世界进行神话般的构想,就必须对世界本身进行分析和考察。真正的科学必须从事实出发,与实际相联系。在这个意义上,自然史甚至比新工具更有助于科学的复兴,这里充分显示了培根的经验主义特点。培根认为以往的自然史是贫乏的、破碎的、粗糙的、不准确的。必须给自然重新分类,以此给哲学提供最初的食物。一种是自由的,自然的;一种是反常的、奇异的,最后一种是自然由于人的技艺的干预而受约束的状态,与之对应的就是生产的自然史,超生产的自然史,以及技艺的自然史或者受机械或实验支配的自然史。第三类是培根的发明,他使人和自然联系在一起了,开创了科技史的先例。

第四部是关于理智的阶梯。目的是提供以新工具为手段进行研究的成功范例。第五部分是新哲学的先驱,新哲学诞生前的研究成果。第六部分是关于新哲学,或能动的科学。这部分内容是科学复兴之后的最终成果,也是科学计划的最终成果。通过合法的、简洁的和严格的研究程序而最终发展和确立起来的哲学,这三部分内容培根都没有完成,但培根认为自己无疑是新哲学的真正开创者。

除了在理论上培根为科学的复兴设计了详细的计划,他还在其乌托邦的游记作品《新大西岛》中,设想了一个专门从事研究科学的国家机构"所罗门宫",在它的组织和管理下,科学研究成了一项有周密计划和细致分工的社会事业。培根的这个思想以后在各国的科学院或英国皇家学会的设置中得到了实现。

科学的分类是《学术的进展》中的主干部分。培根在这里实现了他对于知识统一性的理解,他使科学在他认为的基础上更加系统化了,这与近代哲学的发展是一致的。根据培根的看法,科学的分类乃是基于人的能力。"人类学习的区分源于理性心灵的三种能力",①分别是记忆、想象和理性,与这三种能力相对应,培根把历史学科归于记忆,诗歌归于想象,哲学则归于理性,这是一门抛开个别,依照规律,联结概念的学问。

就哲学而言,培根根据对象有三重区分。首先是关于上帝的哲学,其次是关于自然的哲学,再者是关于人的学问。哲学由此分为神圣哲学、自然哲学和人文哲学。对上帝的研究凭借的是折射的光,对自然哲学凭借的是直接的光,对人的哲学凭借的则是反射的光。这样的区分似乎并无新奇之处,中世纪以来哲学就一直是这么区分的,以后笛卡尔也是如此。关键是这三者的秩序是如何建立的,它们的基础是什么。在培根看来,这三类学问有一个共同的基础,构成了普遍的学科,即第一哲学(Philosophy Prima)。他认为哲学的区分就像树的分枝一样,这意味着有"一种普遍科学,它是其余学科之母",这就是所谓"第一哲学"。它包括了最基本的公理,即各门科学所共有的公理,"对于知识或科学的特殊部分不能包容的所有有价值的观察和公理,属于较普遍或较高级的范畴",②如"可能","不可能","多"与"少","存在"和"非存在"等等范畴。

关于上帝的哲学是自然的或理性的神学,自然神学是关于上帝的知识,它可以通过"思考上帝的创造物获得",③处理的是上帝在其创造物中体现的存在与其本质。它不包含"启示的或神圣的神学",那是上帝启示的结果而非人类理性探究的结果,这不是通过人的知识可以导出的真理,在培根看来"启示神学"是属于哲学之外的工作。哲学是人类理性的工作,自然被直接认知,上帝则间接地通过万物而被认识,人由反思而认识

---

① Francis Bacon, *The Advancement of Learning*, Heron Books, 1861, p.69;中文版见培根:《新工具》,北京:商务印书馆1997年版,第64页。

② Francis Bacon, *The Advancement of Learning*, p.86;培根:《学术的进展》,上海:上海人民出版社2007年版,第79页。

③ Ibid., p.88;同上书,第80页。

自身。

对于培根来说,最重要的思想是自然哲学,这与他对知识的界定完全一致。培根在自然哲学中又作了两类区分,即探究原因的和产生效果的自然哲学,前者探究原因,后者制造结果。探究原因的自然哲学可以区分为物理学和形而上学。这里的"形而上学"不再是第一哲学了,而是自然哲学的一个部分,这与亚里士多德的定义有很大的不同。物理学和形而上学的区别主要是基于他们各自关心的"原因"类型不同。借用亚里士多德的"四因说",物理学可以说是研究动力因和质料因,形而上学处理的则是形式因和目的因。物理学研究事物可变的特殊原因,而形而上学只研究那些抽象的、确定的、普遍的和作为事物本质的固定不变的原因。

培根认为,从历史上来看,关于目的因的研究是贫瘠的,不能生产任何东西。因为这个原因,培根说,"我发现不仅普拉提长期停靠在这片海滩上,亚历山大、盖伦和其他学者通常也徘徊在这一浅沼上。"①可见培根尽管借用了传统的这些术语,但他显然对传统有着清醒的批判意识,他把"目的因",这一古代世界解释事物的主要原则,降到了最低的点。同时,培根对"形式因"也作出了新的解释,一方面培根肯定柏拉图对于形式的重视,另一方面他认为柏拉图由于认为形式可以完全从物质中抽象出来,不受物质的限制,因而得不出实际的果实来。培根认为"形式"意味着一种"固定不变的规律",热的形式就是热的规律,因此"对这些真正形式的研究才是我们所界定的形而上学的内容"②。事实上,在培根那里,物理学和形而上学并没有彻底的区别。物理学开始于受限制的因果关系和活动领域来研究具体类型的质料或物体,但它将继续思考更普遍的规律,因而这将涉及形而上学。形而上学对于他来说只是物理学中更普遍、更广泛的那一部分内容。

---

① Francis Bacon, *The Advancement of Learning*, p.97;培根:《学术的进展》,上海:上海人民出版社 2007 年版,第 87 页。
② Ibid., p.95;同上书,第 85 页。

　　在培根看来,效用的自然哲学指的是对自然哲学的运用部分,它分为三个部分:实验的、力学的(mechanics)和魔力学的(magic)。实验的对应于自然历史,力学的是在实践中对物理学的应用,而魔力学则是对形而上学的应用。培根的术语可能让人发生误解。这里讲的魔力学并不是迷信和巫术,培根的魔力学是关于"隐蔽的形式"或规律的科学在实践中的运用,是在物理学和形而上学的普遍知识基础上建立起来的实用技术。

　　除了物理学和形而上学之外,培根把数学看作是自然哲学的一个重要的"附属"部分。纯数学包括几何学,它处理连续的抽象的数量;算术则处理不连续的抽象的数量;而混合数学指涉的范围更为广泛,包括有透视法、音乐、天文学、宇宙结构学、建筑学、机械等等。

　　哲学的第三个主要部分是关于人的学问,它包括人的哲学以及社会哲学。人的哲学包括两部分:关于人的身体和关于人的灵魂。第一部分包括处理人的肉体,可以分为医学、美容术、体育学以及行乐的艺术,从肉体的快乐到广泛的感官快乐。第二部分处理人的灵魂,灵魂也分两部分,理性的灵魂和感性的灵魂。前者更多的是属于神学而非哲学。关于人的灵魂的作用分两类,其一是逻辑学,其二是伦理学(思维的规律和行动的规律)。逻辑学分为发现的技艺和判断的技艺:前者的功能是解释自然,后者的功能又分归纳法和三段论。培根还曾提及教育学是判断技艺的"附录"。伦理学关心的是人类善的本质和善的培植。善不仅是个体的,而且是公共的,要努力教化心灵去获取善。

　　最后,社会哲学分为三个部分:社交、协商和统治,每一个部分都在思考人在社会生活中的一种智虑。社交的学说是关于人与他人交往关系的善,协商的学说是人们在实践事务中从社会所获得的帮助。而统治的学说则是保护人们免受政府的伤害。这三个部分对应三种智虑,分别是在社交中,协商中以及在政府中的智慧。

　　在《学术的进步》中培根简要地涉及启示神学,其主旨是将理性和信仰分开。培根的哲学大纲包含了一个很庞大的计划,黑格尔说:他"摆出了一幅人们没有想到的有条有理的全图"，这对百科全书派有很大影响，但培根受传统哲学的影响显然要比他认识到的多很多。

三、四假相说

培根的哲学目标是要建立人类对于自然的支配地位，这种支配地位其实在圣经中就已经有明确的表达，培根的意义在于将这种思想在近代哲学的框架下加以系统的表达，其核心的思想就是"知识就是力量。"所以首要的事情就是我们要获取知识，其蓝图在前面已经描绘出来了。但是在获得有用的知识之前，我们还得荡涤掉心里已有的种种谬误。自然的知识并不像想象的那么容易获得，培根认为人们的思想总是受到成见和偏见的影响，它们会影响我们对自然的解释，干扰我们的判断，不可避免地会影响我们的思想进程。导致这些谬误的原因多种多样，因此在认识之前，必须对影响我们认识的假相有清醒的认识，予以排除。培根系统地总结出四大缘由，这些导致谬误的倾向，认知的障碍，培根称之为"假相"。人类心灵的假相是曲解与错误地表现实在的产物。这些假相与柏拉图的理念正向反对。"人心的假相和神意的理念二者之间有着绝大的不同，这也就是会说，某些空洞的教条不像在自然中所见到的那样标示在创造上的一些真正的钤记与标志，这二者之间有着绝大的不同。"[1]对于人类这些假相的分析就是培根著名的"四假相说"。他在《新工具》第一卷中对此有完整的表述，在《伟大的复兴》、《学术的进展》、《自然的解释》中也都有类似的论述。培根指出了四种主要类型的假相：种族假相，洞穴假相，市场假相以及剧场假相。"四假相说"对于科学家或哲学家破除错误观念十分有用，人们需要随时注意提防它们的不良影响。

首先是"种族假相"。人类作为一个种族，在认识上是有自身局限性

---

[1] Francis Bacon, *Seleted Philosophical Works*, p.93.中文版见培根：《新工具》，北京：商务印书馆1997年版，第13页。

的,它们是内在于人的本质的一种趋向,是属于整个人类所特有的癖性,它妨碍着人们作出客观的判断。培根称之为"种族假相"。他认为人的感官不能成为事物的尺度,他反对普罗泰哥拉"人是万物的尺度"的这一种感官主义的解释。他说:"不论感官或者心灵的一切知觉总是依个人的量尺而不是依宇宙的量尺;而人类理解力则正如一面凹凸镜,它接受光线既不规则,于是就因在反映事物时掺入了它自己的性质而使得食物的性质变成和褪色。"①

在这方面培根的论述是非常系统的,总体而言涉及两大方面,一是思想有某种惯性,它会按照自己的一些特性来理解世界。人们容易接受一个规则的世界,自己的设想远比所见的要多。比如会给一些事物增添并不存在的平行物、连属物、相关物;或者人们会倾向于把圆周运动归于天体,由此人们会设想出更多的秩序和规则,而忽视世界实际的样子。就思想本性而言,思想总是要无穷地探究而欲罢不能,总要寻找某种先在的东西:"结果,它在努力追求较远的东西中却回头落到近在手边的东西上,就是说,落到目的因上;而这种原因分明是与人的性质有关而与宇宙的性质无关的,正是从这个根源上就把哲学搅得不成样子了。"②他注意到人们非常容易拟人化地解释自然。人们很容易以目的论来阅读自然,但这反映的是人的本质而不是宇宙的本质。他在《学术的进展》中讲到把目的论掺入物理学时所得出的荒谬结论"眼睫毛是为了保护视力","动物坚实的皮毛是为了它们免于冷热侵袭……",③这种解释是把自然的活动目的化、人类化并不真正解释自然。此外,人的思想倾向于沉溺在抽象之中,它倾向于接受事物的一致性,而事实上事物却已经发生了变化。培根充分注意到了人们依赖于表象,依赖于不经检验的感性材料,依赖于想象

① Francis Bacon,*Selected Philosophical Works*,p.96.中文版见培根:《新工具》,北京:商务印书馆 1997 年版,第 19 页。

② Francis Bacon,*Selected Philosophical Works*,p.98;同上书,第 25 页。

③ Francis Bacon,*The Advancement of Learning*,p.97;培根:《学术的进展》,上海:上海人民出版社 2007 年版,第 87 页。

的现象,以及依赖于错误抽象的种种危险性。

二是人们有先入为主的倾向,倾向于依赖那些曾经接受过,相信过或易于让人接受的观念,而忽略、拒绝相反的例证。纵然人们在另一个方面可以找到更多的事理,人们也会将它们忽略掉。培根认为,一切迷信的产生盖莫如此,他甚至说:"实在说来,在建立任何真的原理当中,反面的事例倒还是两者中更有力的一面呢。"①人类的理解力也容易被第一印象打动,随后的印象容易受此影响。此外,人们的意志也受情感的影响:对于人们想认为是真理的,人们倾向于给它以信任,制造出如人所愿的科学;人还倾向于事物的感觉方面,但却受到感官的不称职、迟钝和欺骗的干扰,这种趋向使人们容易忽视研究事物的本质。这些都是人类所有的特定倾向。

其次是"洞穴假相"。每个人在认识事物时都有起因于自己的假相。每个人也都有自己的特殊结构、特殊气质、特殊教育背景以及自身受到的独特影响,这些因素就会导致他从自己洞穴的角度来解释现象。培根称之为"洞穴假相"。他认为"每一个人(除普遍人性所共有的错误外)都有各自的洞穴,使自然之光发生屈折和变色"。②

这里,培根又作出了一些细致的区分。每个人都有其自身的特殊倾向和癖好,即便是哲学家也是如此,培根批评亚里士多德使他的自然哲学变成了他逻辑的奴隶,于是"富于争辩而近于无用";③在哲学上人们看问题有很大的差别,有些人注意差异,有些人注意相同之处;有些人极端崇古,有些人极端爱新;一些人分解地来理解世界,而另一些人综合地构造世界。每个人都坐在他所特有的洞空之中,受到狭窄视野的限制,不能正确认识事物的本来面貌。培根的论述很明显是暗指柏拉图的"洞喻",我

---

① Francis Bacon, *Seleted Philosophical Works*, p.98;中文版见培根:《新工具》,北京:商务印书馆 1997 年版,第 23 页。
② Ibid., p.96;同上书,第 20 页。
③ Ibid., p.100;同上书,第 28 页。

们每个人都容易产生这样的偏见。对此,培根也给出了如何避免的警告:"凡是你心所占所注而特感满意者就该予以怀疑,在处理这样问题时就该特加小心来保持理解力的平匀和清醒。"①

再者是"市场假相"。人们还深受语言假相的影响。人类之间的交流主要是靠言谈和语言建立的,由此选用文字时就会影响人们理解力。培根认为这种幻相是最难排遣的,人们以为自己的理性支配着文字,其实文字反作用于理智。他深刻地认识到:"文字仍公然强制和统辖着理解力,弄得一切混乱,并把人们岔引到无数空洞的争论和无谓的幻想上去。"②培根将这种假相称为"市场假相"。在共同的语言中,词是用来描述事物的,大家都能接受这一点。由于"所利用的文字是依照一般俗人的了解",③当敏锐的人看到对事物分析的公共接受是不充分时,就有必要进行更充分的分析,这时语言就会成为拦路虎,语言凭借自己的管辖来抗拒着人们思想的改变。

培根认为,尽管科学中数学可以靠清晰的定义来改变这个问题,但对自然事物的研究,其定义依然是靠日常语言的,我们还会陷于语言的陷阱。就语言对于理解力的影响而言,主要有两个方面:一是语言常常被用于不存在的事物,如命运、火之元素等等,要排除这些干扰,首先要坚定地拒绝错误的学说;二是语言的意义常常是不明确的,模棱两可的,没有大家共同承认的意义,这个问题更加麻烦,引起的误解更大。培根敏锐地指出了语言的约定俗成,概念可能的偏离,以及语言对思维的反作用。现代分析哲学,尤其是日常语言分析学派,在很大程度上正在实践培根的思想,培根对于语言对理智误导有清醒的认识。

最后是"剧场假相"。人类自己创造的不真实世界,虚构的舞台布景

---

① Francis Bacon, *Selected Philosophical Works*, p.101;培根:《新工具》,北京:商务印书馆1997年版,第30页。

② Ibid., p.96;同上书,第21页。

③ Ibid.;同上。

也会误导人的认识。培根这里主要指的是以前的哲学体系,"一切公认的学说体系只不过是许多舞台戏剧,表现着人们自己依照虚构的布景的式样而创造出来的一些世界。"①培根称之为"剧场假相"。

这种剧场可能更精致更令人满意,但却更远离真理。人的思想总是被前人的思想所包围,这固然不可避免,但如何防止被误导,却是大学问。这种假相不是人所固有的,或者说不是天赋的,也不是如语言般渗透在理智之中。就这种错误的哲学而言,培根认为有三种类型,第一种是诡辩哲学,培根主要是指亚里士多德,他用辩证法败坏了他的自然哲学,他以各种范畴铸出世界;第二种是经验哲学,它的基础不是得自普遍概念,而是得自少数的实验;也就是说其学说是基于狭隘的、模糊的观察,炼金术是其代表;第三种则是迷信或神学类的思考,"这类哲学,由于它是幻想的、浮夸的和半诗意的,则是多以谄媚来把理解力引入迷途。"②在培根心目中,毕达哥拉斯哲学和柏拉图哲学是这类哲学的代表,他们沉醉于体系之中,把迷信和神学羼入哲学。总之这些错误是过去的哲学体系和乖谬的推理所造成的。

这些假相之所以在人的认识中根深蒂固,在培根看来哲学中坏的证明就是这些"假相"的盟友和支持者,而最好的证明就是经验。但是光有一点经验是远远不够的,就像一个人在黑暗中要有足够的光亮,才能找到正确的路。这不是一个经验简单叠加的问题,是要通过科学的方法论来支撑,在培根看来这个新的工具就是归纳法。不正确的归纳是幼稚的,会导致危险的结论。培根认为亚里士多德只知道一种归纳形式,简单枚举法,这种方法没有充分的经验作为依据,而且经常忽视反例,是不能够发现事物之间的真正联系的。而他"以真正的归纳法来形成的概念和原理,这无疑乃是排除和肃清假相的对症良药。"③感觉本身是虚弱的,是会

---

①　Francis Bacon, *Seleted Philosophical Works*, p.97;培根:《新工具》,北京:商务印书馆1997 年版,第 21 页。

②　Ibid., p.106;同上书,第 38 页。

③　Ibid., p.95;同上书,第 19 页。

误导人的,所以科学地解释自然,光凭感觉是远远不够的,还需要适当的实验。

四、科学方法论问题

在培根看来,科学的目的就是去扩展人类驾驭自然的领地,这只有通过真正的自然知识才能达到。培根认为他那时代的科学对于获得这样真正的知识是毫无用处的,因为那时的逻辑学对于建立科学毫无贡献,它只是在粗俗的概念上建立起来永久错误,而非发现真理。

在谈及科学方法时,培根明确提出了两条道路:第一条,是从感觉和知觉中开始,由特殊而至最普遍的公理,再从中推导出低一层次的命题。第二条,从感觉知觉到一般的公理,再逐渐、耐心地到更普遍的公理。第一条路,人们早已知道,而且正在运用了,但不能令人满意。因为特殊的东西没有被充分检查。于是精神从不充分的基础一下子跳到了普遍的结论,它的产生过于匆忙,是不成熟的一般化概括。第二条路,还没有试过,但却是一条真正的路,从对特殊的仔细、耐心的检验进入对自然的解释。这才是培根的选择。

前一条是传统哲学经常走的道路,他们依赖的是三段论,三段论由命题组成,命题为文字组成,文字则是概念的符号,问题是概念本身是混乱的和草率的。人们过于轻巧地让理解力由特殊的东西跳到了一些遥远的普遍性原理上去了,并把它们作为不可动摇的真理,显然在大前提上,三段论就已经建立在不可靠的基础上了。因此,培根明确要拒绝这种三段论。培根的"新工具"就要颠覆这种三段论,他的新工具是要提供一种方法或原理来指导自然科学的研究。但是与推崇数学的笛卡尔、霍布斯不同,培根的科学方法论主要在于通过归纳的方法,是从感觉经验中一步步归纳总结出来的,通过细致地排列各种细目表将研究对象的各种特性分裂出来,最后得出科学的结论,"所以我们的唯一的希望乃是一个真正的归纳法。"①

当然,培根并非第一个注重归纳的哲学家,他并不否认某种类型的归纳已被广泛认识和运用,就他特别反对的亚里士多德而言,也有大量关于归纳的论述。但整个经院哲学发展则主要是演绎逻辑。在这新时代的当口,培根以归纳方法作为科学方法论具有极为重要的意义,它导向了一种近代经验主义的方法,是一种更为注重实验的方法。其在现代科学中是否成功姑且不论,因为学者始终对培根的具体归纳方法表示疑问,但培根提出了一种新的科学方法以纠正以往研究的弊端。这是非常值得肯定的。而且在提出归纳法中,培根特别反对粗率和匆忙的概括,这种概括在经验中没有坚实的基础,他强调"对于理解力切不可赋予翅膀,倒要系以重物,以免它跳跃和飞翔。"②归纳始于感性的运作,但必须一步步来,培根耐心地设计了各种步骤,以防止理解力的"跳跃和飞翔"。科学规律的建立要耐心地运用归纳方法,将给精神带来更大的光明,将证明更有效。传统的亚里士多德和经院哲学都犯了急于归纳的毛病,他认为他们更多地关心的是逻辑的一致性,这只保证他们的结论来自于他们的前提,而非保证前提有确实的基础。而归纳法使自己从观察事物中来,从特殊的事实和事件中来,使自己尽可能地贴近事物。逻辑学家们的三段论只能服务于争论,对于自然的、实践科学的目的却毫无用处。

那么,什么是真正的归纳呢?人类的力量在于从所予的自然中产生出一种新的形式。由此,人类的科学就是发现事物的形式,尽管培根用了古典的词汇"形式",但他说:"当我说到形式时,我的意思指的也就是这种规律及其所包含的部分,我所以采用此名,则是因为它沿用已久成为熟习之故"。③ 可以这里的"形式"并不是传统意义上的形式因,以及与此

---

① Francis Bacon, *Selected Philosophical Works*, p.91;培根:《新工具》,北京:商务印书馆1997 年版,第 11 页。
② Ibid., p.132;同上书,第 81 页。
③ Ibid., p.149;同上书,第 107 页。

相关的"目的因"。这里的"形式"指的就是规律,正是这种规律构筑了自然,规律支配着事物的显示,这种对规律的发现,才能增长人们的能力。举例来说,金子是各种性质或本质的集合体,人们掌握了这种性质就可以在别的物体中产生它们。

归纳论的实质就是去发现事物的这种形式,为此培根专门设计了他的归纳法。科学的归纳首先是收集材料,要客观、全面、有计划、准确、有目的地收集材料。针对这些材料,培根提出了"三表法"。他认为,这意味着在事实的基础上,在准备充足的自然的和经验的历史上来进行研究。培根归纳逻辑的特点在于梳理了逻辑的步骤,并提出了要达到的目标。培根以发现热的形式为例说明了他的归纳法的三表法。

第一步是要收集呈现热的事例:如太阳光线、火焰、滚水、摩擦过的物体,这种列举了许多具有同一性质的例证形成的表,培根称之为"本质和存在的表"。

第二步是选择与第一张表类似,然而并不具有某种特定性质的例证,如目光,磷光,培根称之为否定的例证。由"否定例证"构成的表,称为"相似情形下的缺乏表"。

第三步是培根称之为"程序或比较表",即选择一些同一性质在不同的状况下,具有程度上差异的例证,如不断移动一置于阳光下的凸透镜的位置,则它所照射的同一个物体的温度会有差异,如受热不均,温度差异。只有当形式跟着性质的增减而增减时,才可以把这种性质看作真正的形式。

这些表的构成只是研究的准备工作,随后才开始真正的归纳工作,"在提供了例证之后,归纳本身便开始工作。"[①]通过比较例证,发现当某一现象出现时,有什么东西是一直出现的,有什么总相属于此本质的。首先将排斥某些有出现有不出现的性质,这一过程培根称之为"拒绝和排斥",这只是归纳的基础,除非得出实证的肯定结果,否则就不算完成。

---

① Francis Bacon, *Seleted Philosophical Works*, p.170;培根:《新工具》,北京:商务印书馆1997 年版,第 144 页。

事实上,培根在此所作的只是虚假的形式,其拒绝和排斥的依据是"任何相反的例证都可以推翻关于形式的任何假设。"①于是我们要在留下来的包含所要考察性质的例证中,找出一些能把所考察的对象性质赤裸裸地单独地呈现出来的例证,来表达其对"热"形式的分析。

最后,在以上步骤的基础上,充分发挥理智的作用,对事物的性质作出初步解释,这个步骤被称为"理智的放纵",也被称作"解释的开始"。②就"热"而言,培根最终得出的结论是:热的形式是"运动",当然我们不会去细究培根对于人的形式的探讨,这里展现的主要是培根以此来解释自然的一个秩序。

培根强调哲学或科学的实用功用,这是他哲学的显著特征,他的意义在于预示了近代的技术文明,尽管其哲学体系充其量只具有启示的意义,但是他的影响已经深深地嵌入了现代世界。我们看到,培根比那个时代的任何人都更多地自觉地要求把人从先入为主的概念中解放出来,投入到实验科学中,在这个意义上,他预示了实证科学大行其道的时代。与笛卡尔、霍布斯等人相比,培根似乎没有认识到数学之于自然科学的重要性,遗漏了观念和假设在科学方法中的重要性,他只看到观察在得出结论中的重要性;在科学方法上,他也是更推崇归纳法而不是演绎法。当然,我们也很难说,培根提供了一种出色的替代方案,更重要的是他在《新工具》中昭示了一种新的研究模式。

拓 展 阅 读

一、必读书目

1. Fancis Bacon, *Selected Philosophical Works*, Ed. Rose-Mary Sargent, Hackett

---

① Francis Bacon, *Seleted Philosophical Works*, p.171;培根:《新工具》,北京:商务印书馆 1997 年版,第 147 页。

② Ibid., p.173;同上书,第 150 页。

Publishing Company.Inc.,1999.

2. Fancis Bacon,The Advancement of Learning,Heron Books.

3. Fancis Bacon,*The Philosophical Works of Fancis Bacon*,Ed.J.M.Robertson,London,1905.

4. 弗朗西斯·培根:《培根论说文集》,水天同译,北京:商务印书馆 1984 年版。

5. 弗朗西斯·培根:《新工具》,许宝骙译,北京:商务印书馆 1997 年版。

6. 弗朗西斯·培根:《学术的进展》,刘运同译,孙宜学校,上海:上海人民出版社 2007 年版。

7. 弗朗西斯·培根:《论古人的智慧》,李春长译,北京:华夏出版社 2006 年版。

二、参考书目

1. Benjamin Farrington,*Francis Bacon*,*Philosopher of Industrial Science*,Henry Schuman,1949.

2. F.H.Anderson,*The Philosophy of Francis Bacon*,The University of Chicago Press,1948.

3. 余丽嫦:《培根及其哲学》,北京:人民出版社 1997 年版。

4. 魏因伯格:《科学、信仰与政治》,北京:三联书店 2008 年版。

20

托马斯·霍布斯哲学

孙 向 晨

哲学就是研究因果关系。

——托马斯·霍布斯:《论物体》

一切人对一切人的战争。

——托马斯·霍布斯:《论公民》

利维坦是有死的上帝。

——托马斯·霍布斯:《利维坦》

　　霍布斯(Thomas Hobbes)是近代英国重要的哲学家,是西方政治哲学史上最伟大的哲学家之一,他的《利维坦》至今仍是西方政治哲学必读的经典之作。霍布斯作为近代哲学的开创者,与笛卡尔一起成为近代哲学的奠基人。霍布斯对哲学的本质、目的和方法提出了不同于传统哲学的理解,强调哲学的逻辑性,也强调哲学的实用性。由此,可以说他是西方哲学由中世纪走向近代的鲜明代表。与笛卡尔不同,霍布斯有很强的机

械唯物主义的特色,着眼于从物体和运动两个维度来理解整个宇宙,并进一步引申到对人以及对国家的理解。政治社会的一切都被归结为人自身运动的结果,这是一种机械论的理解,而不是传统的神学论的理解。霍布斯由此发现人与人之间相互争斗的自然状态,并在此基础上建构起以权利为基础的政治哲学,开创了不同于传统的现代政治哲学范式。

就政治哲学而言,霍布斯一方面是以权威主义著称,给主权者以绝对权力,并且由国家决定善恶,国家成为道德的基础;另一方面霍布斯的论述又是基于个体权利的,即便建立权威主义的国家之后,他依然关注个人的利益和自由,由此奠定了现代自由主义的基础。

霍布斯政治哲学的意义在于把政治建立在契约的基础上,而不是君权神授;通过社会契约给予国家以合理性、正当性,为现代政治找到了世俗基础。霍布斯的政治哲学一方面是其哲学推理的结果,符合近代哲学开创期的特点;另一方面也是霍布斯反思英国内战的结果,具有重要的历史价值和理论意义。

在此,我们应特别注意下述三点:

首先,应特别注意霍布斯在近代哲学中多样性的地位,霍布斯深受培根影响,是英国经验主义传统中重要的哲学家,他与笛卡尔也有密切联系,一方面从唯物主义的角度对笛卡尔的哲学进行批判,另一方面,他也深受笛卡尔哲学方法论的影响,希望把数学的推理引导到哲学中来。

其次,霍布斯的唯物主义哲学思想在那个时代非常有特色,强调从物体与运动两个视角来看待世界,由此,霍布斯建立了他在《哲学原理》中的哲学体系,从《论物体》到《论人》再到论"人造物体"——国家的《论公民》,这三部曲使他成为 17 世纪一位卓越的形而上学体系哲学家。

最后,应注意霍布斯的政治哲学是他哲学中最有影响的部分。尽管政治哲学只是霍布斯哲学体系三大部分中的一个部分,但是其政治哲学从人对于死亡的基本恐惧开始,建立起了一系列现代政治哲学的原则,一直到今天他的政治哲学依然发挥着巨大影响。

物体；运动；自然状态；自然权利；自然法；主权者

一、生平及基本著作

霍布斯 1588 年 4 月 3 日生于英国南部靠近马尔美斯伯里（Malmsbury）的维斯特波特（Westport），他父亲是一位乡村牧师，1602 年，霍布斯在他叔父的资助下，进入牛津大学莫德林学堂（Magdalen Hall）学习，由此他精通希腊语和拉丁语，对于古典的政治哲学相当熟悉。1608 年，霍布斯毕业后留校教授了一年逻辑学。随后，经校长推荐，他服务于哈德威克的加文狄希勋爵（Cavendish）家族，受聘为家庭教师，由此霍布斯开始了漫长的家庭教师兼幕僚的工作，在获得研究保障的同时，得到了与学界政界人士结识的机会。

霍布斯一生曾多次到欧洲大陆旅行，逐渐熟悉欧洲兴起的近代新思想，并开始哲学的研究。1608—1610 年，他曾做为加文狄希勋爵的家庭教师，陪伴他的学生游历法国、德国和意大利。回国后，据说曾作过培根的秘书，非常熟悉培根的思想。但与培根相比，霍布斯更重视形而上学的体系，而重视试验工作。1629 年，德文郡伯爵死后，霍布斯开始受聘克利夫滕家族，从 1629 年到 1631 年，霍布斯作为克利夫滕（Gervase Clifton）爵士儿子的家庭教师，再次访问了法国。这次旅行成了霍布斯走向哲学生涯的转折点。在访问巴黎期间，他开始熟悉欧几里得的几何原理，热衷于用几何学方法来进行哲学推理；同时，他开始关注感性和知觉问题，感觉和运动的关系问题，第二性质的状态等问题。霍布斯开始把"运动"作为解释万物的基本概念，并以一种几何学的形式来论述问题。从 1634 年至 1637 年，他第三次去了欧洲大陆，又是陪伴继任的德文郡伯爵三世。这次他以哲学家的身份加入巴黎的文人社交圈。在巴黎,他与笛卡尔的一位朋友麦尔塞纳(Marin Mersenne,1588—1648,又译作梅森)引为知己,并在他的引见下,进入了巴黎哲学和科学的社交圈,由此他知道了笛卡尔的哲学,受麦尔塞纳的邀请,霍布斯提交了反驳笛卡尔第一哲学沉思录的报告。这些内容,连同笛卡尔的回应,作为第一哲学沉思录中的第三个反驳,发表出来了。1636 年,霍布斯还在佛罗伦萨拜见了伽利略。深受伽利略关于运动看法的影响,霍布斯进一步认为运动不仅是解释物理世界的基本概念,而且也是解释人和社会的关键概念。他形成了自己的一种思想体系,并以三大部分展示出来:一是论物体,根据机械运动的法则解释各种自然物体和现象;二是论人,从运动原则出发,解释人性和人的精神现象;三是论国家,在前面的基础上,进一步论述社会和国家产生和存在的原则。

从哲学史上看,霍布斯最主要的哲学功绩并不在于用运动解释自然,而在于用运动来解释人和人类社会。事实上,英国的政治混乱使霍布斯首先认真地思考了社会政治问题,1640 年他撰写了《法律的原理》(*The Elements of Law*, *Natural and Politic*)。同年,英国国会解散,霍布斯考虑到因为他的保王主义信念会使他在英国的人身安全受到威胁,故而他随同加文狄希家族避难法国,并在那儿一直羁留了 11 年之久。其间曾担任过威尔士亲王查理的数学教师。

1642 年霍布斯在巴黎出版了他的拉丁文著作《论公民》(*De Cive*)。这是他计划中哲学体系的第三部分,在霍布斯哲学三部曲中,最后一部分是最先完成的。显然霍布斯意犹未尽,1651 年霍布斯在伦敦出版了著名的《利维坦,或教会和公民国家的内容、形式和权力》(*Leviathan or the matter*, *form and power of a commonwealth ecclesiastical and civil*)。"利维坦"是《圣经》中述及的力大无穷的巨兽,霍布斯据此喻意国家。在《利维坦》的扉页上写着"根本不存在超越现存国家的权力"。全书四个部分,前两部分"论人"和"论国家",后两部分"论基督教国家"和"论黑暗王国",在书中,霍布斯除了全面确立了现代政治哲学的理论框架外,花了很大的篇幅批判教会对于王权的挑战。

霍布斯漫长一生的最后 28 年,是在英国度过的,在这期间,霍布斯完成了他的哲学体系。1655 年他哲学体系的第一部分《论物体》(De Corpore,或英译名 The Elements of Philosophy, The First Section, Concerning Body) 发表;1658 年霍布斯出版了其哲学体系的第二部分《论人》(De Homine)。此外,在此期间,霍布斯还完成了另外一些著作,如他与德里的主教约翰·布兰姆霍尔(John Bramhall 1594—1663)进行的关于自由和必然性问题的争论,撰写了《论自由与必然》(Of Liberty and Necessity, 1654),《关于自由、必然和偶然的若干问题》(The Questions Concerning Liberty, Necessity, and Chance, 1656);他与数学家约翰·沃利斯(John Wallis)争论而出版的《给数学教授的六个教训》(Six Lessons to the Professors of Mathematics)。1661 年,霍布斯出版了《关于物理学的对话》(Dialogus Physicus)。除了哲学工作之外,1666 年,霍布斯开始撰写《关于异端及其惩罚的历史描述》(An Historical Narration Concerning Heresy and the Punishment Thereof)。1668 年,撰写关于英国内战的历史《狉西貘》(Behemoth),这是以圣经中另一种怪兽来命名书名的,这本书充分显示了作为历史学家的霍布斯和作为政治哲学家霍布斯的密切联系。直到他生活的晚年,17 世纪 60 年代末,霍布斯还写了一篇未完成的著作《哲学家和英国习惯法学者的对话》(Dialogue Between a Philosopher and a Student of the Common Laws of England, 1669)。

霍布斯晚年大部分时间在德文郡的哈德威克(Hardwick)一个别墅中度过,一直生活到 1679 年 12 月 4 日,时年 91 岁。

二、物体与运动

霍布斯自然哲学的特点,是采用机械论来解释世界和宇宙。他深受伽利略的影响,把伽利略用物体和运动来解释物理现象的努力,变成了一种唯物主义的形而上学。在霍布斯那里,物体和运动是终极的实在,是一切事物的基础。在《论物体》中,霍布斯集中地论述了物质和运动的问题,包括时空观念,因果观念,运动观念以及感觉论。

1. 时空与物体

作为自然哲学体系的起点,究竟是什么? 从物质开始,还是从匮缺开始。霍布斯问道:假设这个世界上的一切都被消灭了,那么对人来说还剩下什么呢? 还剩下什么可以作为哲学主题? 霍布斯认为剩下的就是我们对于世界的观念。有关物体、运动、声音、颜色等的观念或影像,在这些影像中最基本的则是关于空间和时间的观念。当我们想象一个物体,如果只想它的存在而不具体想其如此这般的具体特性时,我们就得到了空间的观念,霍布斯对于空间的解释是"空间就是在心灵之外单纯地存在的东西的影像;也就是说,在那种影像里面,我们不考虑别的偶性,只考虑它在我们之外显现。"①如果我们考虑其别的特性,那就不是空间了,而是具体的某物了。这种空洞的特点就是空间的特征。

霍布斯对于时间的考虑是和空间联系起来的。物体在我头脑中会留下一个影像,而移动物体在头脑中就会留下运动的影像,这里就得出了时间的观念。时间是物体从一个空间到另一个空间连续不断运动所留下的影像,因此霍布斯对于时间的定义是:"当我说时间是运动的影像时,我并不是说由此定义时间就足够了,因为时间一词包含着先与后的概念,或者包含了一个物体的运动中的连续概念,这是就它先在这里后在那里而言。因此时间的完整定义就是:时间是运动中的先与后的影像。"②在霍布斯看来,我们是以运动来衡量时间,而不是以时间来衡量运动。

空间的客观基础就是存在的物体,所以在空间和时间之后,霍布斯进而开始讨论物体和偶性的问题。如果说,空间是我们设想把世界中一切事物都消除后所剩下的观念,那么物体就是设想有某种东西可以放在这

①　Thomas Hobbes*The Collected Works of Thomas Hobbes.vol* 1.Routledge,1992,p.94。

②　Ibid.,p.95.

个世界中。"就是这个东西,由于它有广延,我们通常称之为物体;由于它不依赖我们的思想,我们说它是一个自己持存的东西;它也是存在的,因为它在我们以外。"①此外,物体的存在不仅在于其自身的存在,物体还有各种的偶性。关于偶性,霍布斯认为,一般人以为"一个偶性是某样东西,亦即自然物的某一部分,而实际上它却不是自然物的部分。"霍布斯将其定义为,偶性就是某个物体借以被了解的样子。② 进而言之,偶性不仅与物体有关,而且与作为接受者的主体有关。偶性甚至就是我们认识物体的方式,也是物体在我们中间产生观念的机能。霍布斯这种对偶性的定义,为他的第一、第二性质的理论作了很好的铺垫。

在霍布斯看来,"有些偶性除非物体消失了,它们才消灭。"广延或形状显然指的就是这种性质,因为如果没有了广延或形状,物体就不能被设想。形状可以有各色各样,但是不能设想物体没有形状。但还有另外一些偶性,就不是这样了。偶性会消失变化,而物体本身却没有消失变化,静态的物体可以动起来,但物体还是原来的物体,所以"所有其他不为一切物体所共有、只为某些物体所特有的偶性,像静、动、颜色或硬度之类的,会逐渐消灭,并为别的偶性所代替。可是物体本身却永远不会消灭。"③这里指的偶性显然就是第二性质了。关于这第二类的性质,霍布斯在论述感觉和动物运动时再次作了论述。他认为第二类的性质在物体中的样态是不同于在我们意识中的,由听觉造成的影像是声音;由嗅觉造成的影像是气味,由味觉造成的影像是滋味;由触觉造成的影像是硬和软,热和冷,湿和油腻等。至于听觉、嗅觉、味觉和触觉的对象,并不是声音、气味、滋味、硬等,而是发出声音、气味、滋味、硬等物体的本身。④ 霍布斯在这里已经明确区分了后来洛克所谓的第一性质和第二性质。

① Thomas Hobbes*The Collected Works of Thomas Hobbes.vol* 1.Routledge,1992,p.103.
② Ibid.,p.103.
③ Ibid.,p.104.
④ Ibid.,p.391.

2.运动与因果关系

我们知道,运动是霍布斯哲学中的一个根本概念。对霍布斯来说,这种运动首先是一种位置的移动,所以他把"运动"定义为不断地放弃一个位置,又取得另一个位置。① 与运动相对应的是静止,而"任何一件静止的东西,若不是在它以外有别的物体以运动力图进入它的位置使它不再处于静止,即将永远静止。"②因此,任何一件运动的事物都是被推动的,如果没有东西推动它,则它将依然保持静止。根据运动的规律,物体要么在运动中,要么在静止状态。只有当别的物体撞击该物体时,物体才会发生状态上的转变。因此,引起事物运动的原因只能是另一个运动的物体。根据霍布斯的运动观,运动的产生一定是有原因的。那么这种就运动而言的因和果究竟是一种什么关系呢?

在因果问题上,霍布斯首先区分了主动者和承受者。使另一个物体运动的就是主动者,而被产生运动的那个物体就是承受者,在承受者身上被产生出来的偶性,就是霍布斯所谓的"结果"。这就好比,手在火前取暖,火就是主动者,手是承受者,而感到温暖这种特性就是结果。当然,主动者不就等同于原因,作为主动者的物体之所以能在承受者身上产生结果,并不仅仅因为它是一个物体,关键是引起结果的那种偶性本来就存在于主动者身上,也存在于承受者身上。所以,霍布斯说,"原因"就是主动者和承受者双方所有这样一些偶性的总和,这些偶性合在一起就产生出"结果"。当所有这些偶性被认为都存在时,就可以认为那结果同时也产生了。而如果它们中间缺了某一个偶性时,就只能理解为那结果不可能产生了。③ 霍布斯在分析原因和结果时,不单单是从主动者着手,更看到了承受者在其中所起的作用。

---

① Thomas Hobbes, *The Collected Works of Thomas Hobbes.vol* 1.Routledge,1992,p.109.
② Ibid.,p.115.
③ Ibid.,p.77.

3. 生命运动与自觉运动

当霍布斯的运动概念延伸到动物身上时,他深化了对于运动的理解。首先,所有的生物在他看来都是运动的物体的集合。霍布斯认为,动物的运动有两种,一种是生命的运动,从动物出生开始就一直不停断,比如血流的运动,脉搏、呼吸、消化、营养和排泄等过程。这种运动无须人的意识和感觉,是自行运动的。在这方面人的生命运动与动物的生命运动是完全一致的,甚至和植物也是一致的。这是所有生命活动的基础,也是一切有意识活动的基础。

另一种运动则是动物的运动,又被称为自愿的运动,它是人有意识、有感觉的运动,即"按照事先在心中想好的方式行走、说话、移动肢体等等。"因为人体的行走、说话等自觉运动始终要取决于事先的想法和意念。霍布斯区分了这种运动和这种运动的意念。"人体中这种运动的微小开端,在没有表现为行动、说话、挥击等可见的动作以前,一般被称作意图(endeavor)。"[1]自愿的运动和意念之间的关系就是人行动的特点,霍布斯将其与动物本能性的行动相区别。

为进一步说明人的行动的这种特点,霍布斯以欲望和嫌恶来说明人的行为意图。当这种意图直接朝向引起它的某种事物时,霍布斯就称它为欲望或愿望。而当意图逃离某种事物时,就称为嫌恶。霍布斯认为,人的行为最根本的意图就是欲望和嫌恶。而他就是要在人的这种最基本的运动基础上来寻找人的社会生活规律的根源。

三、对人的理解

霍布斯论述人的时候主要是基于他的唯物主义和经验主义立场。人

---

[1] Thomas Hobbes, *Leviathan*, Cambridge, 1991, p.38;中文版见霍布斯:《利维坦》,北京:商务印书馆 1996 年版,第 35 页。

在霍布斯的哲学体系中具有双重含义，因为人是自然物体与人造物体——国家之间的中介，它既是国家组成的材料，也是国家的制造者，具有双重身份。一方面，霍布斯运用自然哲学的观点来看待人，"生命只是肢体的一种运动"，由此看来"心脏无非就是发条，神经只是一些游丝，而关节不过是一些齿轮"①，成为"人是机器"的近代人学观滥觞；另一方面，霍布斯对于人单纯的动物机能并没有太大的兴趣，他更多的是关注人的特点，以及人社会化的根源。

1. 感觉与想象

尽管霍布斯身上有理性主义的影子，总体而言，他还是一个经验主义者。他认为，如果我们承认现象是我们借以认识所有事物的原则，那么"我们就必须承认感觉是我们借以认识这些原则的原则，承认我们所有的一切知识都是从感觉中获得的。"②在《论物体》中，感觉论是在最后一部分第四卷论述的，感觉是一种特殊的运动。而在《利维坦》中，"感觉"是论人的第一卷中的第一章，是论人的问题的起始。通过感觉，霍布斯就把他的哲学从自然哲学过渡到了人的哲学上来。

就感觉的本质来看，霍布斯认为感觉是一种运动，是有感知的人的内在部分的运动，当感官最外在的部分受压后，这种压力会传递，从而送到感官的最内在部分，直到我们从中产生影像或观念。霍布斯关于感觉的定义是："感觉是一种影像，会或多或少持续一段时间，它是由感觉器官向外的反应及努力所造成的，也是对象的一种向内的努力所引起的。"③这里，霍布斯强调感觉是由感官和对象两方面所引起的。同时，霍布斯清醒地意识到对象是一个东西，而在我们头脑中的影像或幻象则是另一种

---

① Thomas Hobbes, *Leviathan*, Cambridge, 1991, p.9; 中文版见霍布斯：《利维坦》，北京：商务印书馆 1996 年版，第 1 页。

② *The Collected Works of Thomas Hobbes.* vol 1. p.389.

③ Ibid., p.391.

东西。所有这些现象的根源都是我们所谓的感觉,人类心里的概念首先是全部地或者部分由感觉器官发生作用所产生的,而其余概念不过是从这总根源中派生出来的。

关于感觉与想象的区别,霍布斯把个别的思想,称之为"感觉";而对于相互依存的感觉,则称之为"想象"。感觉是人类一切想象的根源,但这是一种渐次"衰退的感觉"。想象又被区分为"简单的想象"和"复合的想象"。简单的想象是再现以往所见的事物,而复合的想象则会将某一次见的人和另一次见到的马复合在心中,从而能合成某种人首马身的怪物。霍布斯认为人的认识常常能创造出种种"复合的想象",但也会为这种复合所迷惑。总之,感觉和想象是人类一切活动的基础。在经验的基础上,我们能够想象事物的状况以探寻其可能产生的后果。但是过去的事物只存在于回忆,未来的事物还不存在,因此要推断结果就要靠人类所独有的洞察力。这种能力,霍布斯称之为"慎虑"(prudence)。慎虑的多少与人的经验的多少是成正比的。在亚里士多德那里,慎虑是政治哲学的基础,而对于霍布斯来说,慎虑作为政治哲学的基础显然太低了,理智才是政治哲学的基础。

2. 语言与理智

霍布斯极为重视语言的作用,他对于语言的运用非常敏感。从积极的方面来说,与语言相联系的是理智,理智的成熟与语言的运用有关,在霍布斯看来,理智就是应用语言的"计算",以使我们知道如何去满足我们的欲望。从消极的方面来看,语言的滥用会造成恶劣后果,在哲学中尤其如此,因此哲学肩负清除语言滥用的职责。应该说现代分析哲学传统继承了这一理想。

语言的作用在于把思维的序列转化为语言的序列。霍布斯认为,语言首先能作为记忆的标志来记录我们的思想。其次,语言可以用于交流,向他人说明我们所获的知识;由此人们可以通过语言获得知识,并使人们

之间的相互讨教成为可能。也就是,可以通过语言让他人了解我们的目
的和意图。最后,霍布斯认为语言还有炫耀自娱的作用。从语言对于感
知的记录到语言的社会交流功能,霍布斯确立了传统的语言观,这对以后
洛克等经验主义哲学家的语言观有很大的影响,同时也遭到了维特根斯
坦等现代语言哲学家的批判。

在语言问题上,霍布斯显示出他是一名十足的唯名论者,坚持普遍的
只是名词而已。他说:"世界上除了名词以外便没有普遍,因为被命名的
事物每一个都是一个个体和单一体。"①也就是说,霍布斯否认普遍名词
所指称的共相的实际存在,秉承了英国从晚期中世纪以来经验主义唯名
论的一贯传统。

与历史上的唯名论一样,霍布斯深刻地意识到了语言被滥用的现象。
比如说,词汇的含义在运用中常常是不准确的;人们过分运用隐喻于是造
成的误解,使不是自己的意愿成了意愿;此外还有语言之间的相互伤害,
如此等等,不一而足。霍布斯更重视的是经院哲学中无意义的词对于人
们的思想和社会所造成的伤害。那些除了声音之外什么也想象不出的语
词便是所谓的谬论、无意义之词或无稽之词。他认为,荒谬的言词只有人
类才有;而人们之中,这种言词最多的则是教授经院哲学的人,如两位共
体、体位转化、体位同化等很多流行的话语都是从经院哲学那里流传出来
的,但并没有任何实际的意义。

语言与感知不同,它与理智有着密切的联系。如同语言是人所独有
的一样,理智也是人所独有的,霍布斯说:人和理性两个词的范围相同,其
内涵相互包容。因为理智的本质就是一种"推算",确切地说,是一种语
词的计算。语言是理智进行推算的前提,任何推理都离不开语言。霍布
斯视几何学为范本,因此正确的推理必须从确定的定义开始,定义是人类
进行计算的开端。一旦定义错误,那么在理智的计算中定义的错误就会

---

① 　Thomas Hobbes,*Leviathan*,Cambridge,1991,p.26;中文版见霍布斯:《利维坦》,北京:
　　商务印书馆 1996 年版,第 20 页。

叠加。所以,理智要不发生错误的推算,在语言上首先就得定义正确。而事实是,我们在生活和学习中有一系列的语言误用的问题,这就是我们不能进行有效推理的原因。

在理智问题上,霍布斯认为"理智"与基于经验的"慎虑"不同,"理智"不像感觉那样是与生俱来的,必须通过恰当地用词,进行合理的推理,于是有了关于事物原因的科学;在霍布斯那里"理智"指的就是理论智慧,其特征是"推理",这种智慧不是自然的,必须通过学习才能获得,科学和哲学就属于这个范畴。另一方面,"慎虑"是从经验中来,是实践中经验的积累,因此并不具有普遍性,在霍布斯看来是一种自然智慧。在亚里士多德那里,政治学属于实践智慧,其中"慎虑"起着主导作用,但霍布斯的政治哲学属于理智的科学,这是霍布斯与传统政治哲学的一个重大区别。

3. 欲望与激情

在对人的分析中,除了感觉和理性,霍布斯着力更多的是人的激情,并由此衍生出一系列与之相关的人的行为方式。激情在霍布斯关于人的哲学中占据着重要的地位,与古典哲学认为激情是理性的助手和工具不同,[①]在他那里,激情自身有着独立的地位。霍布斯将激情视为人的内在生命活动,这是一种自觉的运动。当其趋向某物时就是一种欲望,当其逃避某物时就是一种嫌恶。这是人类最基本的两种激情,一系列复杂而又多变的情感都是由此衍生出来的。不同的激情就是不同形式的欲望和嫌恶。比如在霍布斯看来,爱和欲望是一回事,而恨和嫌恶是一回事,既不欲求又不憎恨则谓之轻视。

霍布斯在人身上发现了许多激情,即欲望、爱、嫌恶、恨、快乐和忧愁等,不同的激情就有不同的名称。例如,随着人们会因为对达到欲望的可

---

① Thomas Hobbes, *Leviathan*, Cambridge, 1991, p.70;中文版见霍布斯:《利维坦》,北京:商务印书馆 1996 年版,第 72 页。

能性有不同看法,而有不同名称,当人们认为能达到欲望时,欲望就被称为希望,反之,就被称为失望。根据不同的激情对象,也会有不同的名称,或称之为野心,或称之为大方。另一些激情则是复合的,是许多激情放在一起考虑的结果,如嫉妒。霍布斯由此分析了人身上的诸多激情,但无论有多少种激情,在霍布斯看来都是心灵的运动。

霍布斯在激情的基础上解释了人类社会善恶的由来。霍布斯说,人们欲望的对象,对他本人来说就是善的,而嫌恶的对象就是恶。他以情感主义作为基础解释了善恶的问题,并由此进一步界定了善恶问题和事实问题的区别。在霍布斯看来不可能从对象本身得出绝对善,还是绝对恶的问题,他说:"善恶等词的用法从来就是和使用者相关的,任何事物都不可能单纯地,绝对地是这样。"①从某种意义上说,现代的道德哲学立场在霍布斯这里已经有了先兆。当然,霍布斯的道德哲学更强调,在国家建立起来以后,善恶标准由国家制定,而在进入国家之前则每个人都有他自己的标准。这是霍布斯在激情基础上总结出的善恶标准问题。

就人的欲望而言,"欲望从一个目标到另一个目标不断地发展,获得前一个目标不过是继续在后一个目标的路上。"②不同于动物的欲望,人的欲望不是享受一次就完了,而是要永远确保实现未来的欲望。如果说笛卡尔是从"思"的角度界定了主体的特质,那么霍布斯更强调的是人的"欲望"。他认为欲望终止的人,就是生命终止的人。在霍布斯看来,人的欲望最重要的是"所有人类的普遍倾向就是永恒的、无止境的对于权力欲。"③此外,对财富、荣誉和统治权的欲望都会使人争斗,并引起战争。人类的历史无非是为了实现欲望而杀害、征服和排挤另一方,这是引起人们普遍争斗的欲望。但是另一方面,人也有贪图安逸的欲望,那就是对死

---

①　Thomas Hobbes,*Leviathan*,Cambridge,1991,p.39;中文版见霍布斯:《利维坦》,北京:商务印书馆 1996 年版,第 37 页。

②　Ibid.,p.70;同上书,第 72 页。

③　Ibid.;同上。

亡的畏惧。对安逸的欲望以及通过劳动取得财富的希望,这会使人们服从一个共同的权力。两种相矛盾的激情将在人的社会生活中起到重要作用。

四、政治哲学

霍布斯在近代虽然是一个形而上学体系论的哲学家,但更重要的是他作为政治哲学家在哲学史上的地位和作用,他对现代政治发挥了无与伦比的影响。他重新建构了对于国家合法性的现代理解,影响了一代代的政治思想。霍布斯用"利维坦"这一源于圣经怪兽的名字来代表国家或主权者的权力,它代表世间的上帝,给我们带来和平与安全。

1. 自然状态与自然法

霍布斯在研究了人的各种条件和要素之后,对于人在进入社会前的自然状态做出了基本的判断。在他的解释下,人的本性是趋利避害,无休止地追求个人的利益和欲望,这就必然会导致不断地寻求权力直至死亡。在进入政治之前的"自然状态"中,霍布斯认为,人最基本的特征是"平等"。自然使人在身心两方面的能力都十分类似。人们完全可以按照自己的本性来生活,没有生活竞赛的规则,也没有最高的权力使人畏惧,甚至没有最强者的原则。人们的差异微乎其微,甚至"最弱者也有足够的力量杀死最强者。"能力上的平等意味着人们对于实现欲望的期待也就是一样的,这就导致了与他人的竞争,于是衍生出人天性中三种争斗的原因:竞争,猜疑和荣耀,其一为求利,其二为求安全,其三为求声望。① 自我的追求与他人的追求发生冲突,这成了自然状态中的常态。就"求利"而言,这是引起人们竞争和冲突的首要根源。如果自然的资源足够丰富,

① 参见 Thomas Hobbes,*Leviathan*,Cambridge,1991,p.88;中文版见霍布斯:《利维坦》,北京:商务印书馆 1996 年版,第 94 页。

人们完全可以满足自己,为什么人们还要争斗呢?这里,最主要的是涉及霍布斯对人的欲望的扩张性的认识。幸福不是满足一个欲望,而是为满足未来的欲望做准备。这样,单纯的欲望满足和自我保护被认为是不充分的,为了能自我保护和自我满足就必须统治别人,压制别人的欲望满足。就必须先发制人,这也意味着维持现状就必须不断扩张,不断强大自己、消灭别人。这样一来,统治别人成了自我保护和自我满足的必要条件。如果每个人都是这么来理解自己的状况的话,冲突也就不可避免。

由于人们的争斗,又由于没有一个共同权力让大家服从,所以,霍布斯得出基本结论:人的自然状态就是一种战争的状态。"这种战争是每一个人对每一个人的战争。"①当然,霍布斯所谓的"战争",并不完全是指实际的战争,而且也指每个人以战争进行争夺的普遍意图。在这个人人相互为敌的时期,人们除了自己的力量和他的发明来武装自己之外,绝无安全可言。由此,人们普遍生活在恐惧、暴力、贫困和孤独之中,没有社群,没有财产权,只有暴力和欺诈。霍布斯感到人们要生存就必须首先摆脱这种自然状态。人们实现欲望的代价太大,因此必须寻求某种准则来保护自己。理性教导人们,只有接受大家共同遵守的生活规则,也即"自然法",才能避免战争,确保和平。

霍布斯在展开对自然法的论述之前,特别区分了自然权利和自然法的概念。自然权利是一种天赋的自由,是人按照自己的判断和理性认为是最合适的手段去做任何事情的自由。霍布斯说,"权利在于做或者不做的自由,而法则在于决定并约束人们采取其中之一。"②因此,自然权利和自然法的区别也就是自由和义务的区别。这是霍布斯区别于传统自然法理论的一个特点,也是霍布斯对近代政治哲学的主要贡献之一。

那么人们究竟有什么自然权利呢?自然权利就是人们在争斗中要加

---

① Thomas Hobbes, *Leviathan*, Cambridge, 1991, p.88;中文版见霍布斯:《利维坦》,北京:商务印书馆 1996 年版,第 94 页。

② Ibid., p.91;同上书,第 97 页。

以保护的内容。在霍布斯看来,人们要保护的首先是生命,其次是自由,以后他又加上了"劳动的成果"①。从自然权利的特点来看,人的自然状态基本上就可以概括为人对于自己的自然权利的充分使用,也就是每个人"都有对于一切东西的权利,以及相互对对方身体的权利。"②在霍布斯看来,这种对于一切事物的权利,是以后所有权利的来源,包括建立国家之后,主权者的权利亦来自于每一个人的自然权利的让渡。

就"自然法"的特点来说,霍布斯认为这是理性所颁布的命令,它禁止人们去做损毁自己生命,或者剥夺保护自己生命手段的事情,禁止人们忽略有利生命的事情。③ 自然法确立的是人们追求和平的目标。如果没有和平,那么就根本没有人的存在。因此自然法的第一条就是:每一个人只要有获得和平希望时,就应当力求和平;不能和平时,寻求并利用战争的一切有利条件和帮助。这里,就人们利用一切手段保护自己来说,这是人的自然权利;就人们力求和平,信守和平而言,则是自然法在起作用。④尽管对霍布斯来说,自然权利优先于自然法。但自然法的第一条却是首先用自然法来制约自然权利。只有自然法失效时,才能重新回归自然权利。霍布斯的第二条自然法也有同样的功效。这就是:当一个人为了和平与自己的目的认为必要时,会自愿放弃这种对一切事物的权利,而在对他人的自由权利方面满足于相当于自己让他人对自己所具有的自由权利。⑤ 这里,霍布斯进一步用自然法来约束人的自然权利。也就是说,放弃自然权利是有条件的,其一是确保和平,其二是我让渡的权利,与别人让渡的权利必须是一样的。因此在权利上我们依旧保持平等。当然人们这么做都是为了人自己的利益,无论人们放弃还是转移权利,都是为了对

① Thomas Hobbes, *Leviathan*, Cambridge, 1991, p.87;中文版见霍布斯:《利维坦》,北京:商务印书馆 1996 年版,第 93 页。
② Ibid., p.91;同上书,第 98 页。
③ Ibid.;同上书,第 97 页。
④ Ibid.;同上书,第 98 页。
⑤ Ibid., p.92;同上。

自己的好处。

霍布斯把自然法归结为人们进入契约状态的努力。他认为,当人们为保护和平而准备相互放弃一部分权利时,这时就涉及了"契约"问题。"契约"的定义是,权利的相互转让。① 而自然法的实质就是每个人为了和平放弃对于一切事物的权利。而霍布斯的第三条自然法就是直接针对"契约"的:所订契约必须履行。走出自然状态,靠的就是这种"契约",通过人们让渡自然权利,就可以确立国家,从而进入政治权利的系统。

2. 契约、国家和主权者的确立

霍布斯认为,哲学的任务就是研究事物产生的原因,因此政治哲学必须研究"国家"产生的真正原因。人们希望生存、和平,但在战争的自然状态中,人不可能达到这个目的;除非有外力的加入,通过制裁强使人们服从,自然法凭自身并不能完成这一令人向往的目的。契约如果"没有剑做保护,那就只是言词而已。"②因此,必须有一共同权力来执行契约。于是,"契约"就创造了"利维坦"或者说是"国家"。人们通过进入契约而克服了自然状态的可怕危险。

订立进入国家的契约叫社会契约。这意味着"把大家所有的权力和力量付托给一个人,或一个集体,它们能通过多数的声音把大家意志化为一个意志。"③于是就有了那么一个"人格"(person)。当一个人的言行只代表自己时,他就是一个自然人格;当这个人的意见和行为代表他人的言语或行为时,他就被称为是拟人或人为的人格。

在此,霍布斯对"人格"这个概念做了专门的解释。霍布斯在论人的自然特性时,用的是"人"(man)这个概念。而"人格"更多的是指社会中

---

① Thomas Hobbes, *Leviathan*, Cambridge, 1991, p.94;中文版见霍布斯:《利维坦》,北京:商务印书馆 1996 年版,第 100 页。

② Ibid., p.117;同上书,第 128 页。

③ Ibid., p.120;同上书,第 131 页。

的角色。"人格"不是自然人,而是代表了自己或他人的人。而"代表某人就是承当他的人格或以他的名义行事。"①这就铸造了代理者和授权者的概念。即代理者是根据授权者的意志行事的。通过这个概念,霍布斯将过渡到"主权者"这一重要的政治哲学概念。

当一群人中每一个人都同意由一个人代表时,这就形成了一个统一的"人格"。这种单一性在于只有这么一个代表,人们绝对地承认对于这个人行为的授权。这一"人格"是人人相互订立信约而形成的,其方式就好像是每一个人都向其他的人说:"我承认这个人格或这个集体,并放弃我管理自己的权利,把它授予这人格或这个集体,但条件是你也把自己的权利拿出来授与他,并以同样的方式承认他的一切行为,这一点办到之后,就像这样统一在一个人格之中的一群人就称为国家,在拉丁文称 civitas,这就是伟大的'利维坦'(Leviathan)的诞生。"②这就是霍布斯对于国家诞生的一个经典论述。无论是个体或集合,他们都把自己的权力托付了这个"人格",因此国家的本质是根据授权,运用受托的权力与力量,通过威慑组织大家,对内谋求和平,对外抗御外族,这一"人格"称为"主权者",其余每一个人称为"臣民"。通过建立国家,自然人变成了主权者的臣民。

这里,主权者本身不是契约的一部分,主权者是由众人的契约得出的。霍布斯的契约论特点在于这个契约是在臣民之间订立的,而不是主权者和臣民之间订立的。③ 国家的目的就是保障社会契约中的每个人(臣民)的安全、和平。由于主权者不受契约的制约,这使霍布斯很容易地强调主权者具有绝对权力的特质。这也是后人对霍布斯诟病最多的地方。在霍布斯的契约论中,臣民并不是先建立社会,再选择一个主权者与

---

① Thomas Hobbes, *Leviathan*, Cambridge, 1991, p.112;中文版见霍布斯:《利维坦》,北京:商务印书馆 1996 年版,第 123 页。

② Ibid., p.120;同上书,第 132 页。

③ Ibid., p.122;同上书,第 134 页。

之订立契约;而是在契约诞生时,主权者、臣民、社会同时产生。契约一旦存在就需要一个外在的强制力量来保障它,否则在主权者确立之前社会就会发生混乱。主权者不是契约的部分,但源自于契约。尽管霍布斯是保王主义者,也推崇君主制,但反对君权神授。就主权者的起源而言,无论是君主制、民主制或贵族制都是一样的。"这三种国家的差别不在于权力的不同,而在于取得人民的和平与安全的方法或能力上互有差别。"①在这个意义上,无论哪一种体制主权都是绝对的。

3. 主权者的权利与臣民的自由

在霍布斯的理论中,"主权者"的根本目的就是为人民求得安全。这安全不单指保全臣民的生命,而且包括保障人们通过合法的劳动获得生活上的满足。因此,为了实现主权者的目的,主权者必须具备一系列权利,从而使主权具有绝对性。就主权者的形成而言,因为他并不是契约的一方,不受契约约束,因此在理论上主权者还保有他自己一切的自然权利。

关于主权者的权利,霍布斯规定了一系列的措施来加以保障。首先臣民一旦订立契约,就不能改变政府的形式或拒绝主权者的权威,因为这会破坏契约的成立。其次,由于主权者是人们彼此间的契约授予的,主权者不是订立方,因此,主权者不存在违反信约的问题,臣民不能找借口取消服从。最后,根据多数人同意的所建立的契约,其余的人也必须同意和服从,否则就要面临死亡的威胁。霍布斯以强悍的手段,抵制契约中可能存在的任何异议者对契约的破坏。

在霍布斯列举的主权者诸种权利中,对于社会意见和学说审订的权利非常引人注目,它已经成了暴政和专制的象征。霍布斯规定此权利的理由很简单。如果人们的行为来自人们的意见,当意见纷扰时,那就只会

---

① Thomas Hobbes, *Leviathan*, Cambridge, 1991, p.131;中文版见霍布斯:《利维坦》,北京:商务印书馆1996年版,第144页。

有造成一个结果:战争的重新爆发。所以,他认为如果每一个人都是善恶标准的判断者,那这将是国家的重大弊病,对国家非常不利。① 在国家中,民法才是公共的良心,才是善恶判断的尺度。因此,必须赋予主权者审订人们的意见和学说的全权,霍布斯高度重视意识形态的重要性。

此外,在洛克那里分立的立法权、执行权和对外权,在霍布斯那里则是统一的,都是主权者的权利。主权者既有立法权,能确立关于财产权和善恶问题的市民法;也有司法权,裁决一切争议,颁赐爵禄,惩罚犯罪;还有一切官员的甄别委任的行政权;最后主权者还有对外宣战和媾和的权利。一言以蔽之,主权者的权利是不可分割的,也是不可让渡的。即便委托他人来管理,诸如利用议会来治国,但议会也没有独立于主权者的权利,议会必须服从主权者。

主权者的权利至高无上,那么臣民还剩下些什么自由呢? 这是霍布斯必须回答的。霍布斯认为自由就是指没有阻碍的状况,这是一种类似于"消极自由"的概念。而就人而言,霍布斯说,"'自由人'一词根据这种公认的本义来说,指的是在其力量和智慧所能办到的事物中,可以不受阻碍地做他所愿意做的事情的人。"②这是关于自由的一般观念,而他更关心在人造的政治体——国家中臣民的自由。

就臣民的自由而言,霍布斯认为主要有两方面的内容:政治层面和经济层面。在政治层面,出于我们建立契约的初衷,我们有逃避杀戮的自由。虽然主权者具有"生杀予夺的主权",其主权不受我们自由的限制,③主权者有权为了契约的目的而杀死臣民;但是,臣民可以不服从杀死自己的命令,人们没有义务杀死自己。因此人们也没有义务承认自己有罪,犯人有权在法庭上保持沉默。基于同样的理由,霍布斯主张原谅胆怯的人,

① Thomas Hobbes, *Leviathan*, Cambridge, 1991, p.223;中文版见霍布斯:《利维坦》,北京:商务印书馆 1996 年版,第 251 页。
② Ibid.,p.146;同上书,第 163 页。
③ Ibid.,p.148;同上书,第 165 页。

甚至是战场上的逃兵。他认为,即便人们进入契约状态,人们并没有把自己免于死的权利转移掉,如果主权者让其自杀,不给空气、食物,或不阻止那些攻击他的人,那么人们就有不服从的自由。

霍布斯讲的另一层面的自由,是指臣民在社会经济生活中的自由。其内容十分有限,是相对于主权者的锁链而言的。也就是说,在国家的法度之内臣民是没有自由的,但自由存在于法律沉默的地方,"在法律未加规定的一切行动中,人们有自由去做自己的理性认为最为有利自己的事情。"①我们看到,霍布斯认为自由存在于法律未加规定的地方,而卢梭认为自由就在于服从法律。两种自由观的差异云泥之别。具体而言,霍布斯意义上的自由"只有在主权者未对其行为加以规定的事物中才存在,如买卖或其他契约行为的自由选择自己的住所、饮食、生产,以及按自己认为适宜的方式教育子女的自由等等。"②由此可见,这里已经出现了现代意义上市民社会的端倪,这里的契约更多的是指经济契约。霍布斯笔下臣民在国家中的自由恰恰就是属于市民社会中的自由。霍布斯认为在人们行为的广大领域中,臣民可以根据他们的意志和倾向来行动,而这种自由在任何形式的国家中都是可以发现的。

在霍布斯对主权者的权利和臣民的自由的论述中都包含着国家解体的问题,当主权者没有足够的权利来维护国家时,国家就会解体。此外,当主权者不能履行职责,放弃其主权,他的权力不再能保护臣民,使国家陷入无政府主义,或被外敌打败时,臣民也要失去了服从主权者的义务。所以,如果发生内乱,国家解体,主权者不再拥有有效的权力时,臣民应该有权退回到自然状态,以期重新建立新的主权者。

---

① Thomas Hobbes, *Leviathan*, Cambridge, 1991, p.148;中文版见霍布斯:《利维坦》,北京:商务印书馆 1996 年版,第 165 页。

② Ibid.;同上。

拓 展 阅 读

一、必读书目

1. Thomas Hobbes, *Leviathan*, ed. by Edwin Curley, Hackett Publishing Company, Inc.1994.

2. Thomas Hobbes, *The English Works of Thomas Hobbes of Malmesbury*.vols 11. Ed.W.Molesworth.London,1839-1845.

3. 托马斯·霍布斯:《利维坦》,黎思复、黎廷弼译,杨昌裕校,北京:商务印书馆1996年版。

4. 托马斯·霍布斯:《论公民》,应星、冯克利译,贵阳:贵州人民出版社2003年版。

5. 托马斯·霍布斯:《法的原理》,张书友译,北京:中国法制出版社2010年版。

6. 托马斯·霍布斯:《哲学家与英格兰法律家的对话》,姚中秋译,上海:上海三联书店2006年版。

二、参考书目

1. J. Sommerville, *Thomas Hobbes*:*Political Ideas in Histotical Context*. London,1992.

2. H.Warrender, *The Political philosophy of Thonas Hobbes*:*His Theory of Obligation*.Oxford,1957.

3. J.W.N.Watkins, *Hobbes' System of Ideas*,London,1965.

4. 昆廷·斯金纳:《霍布斯与共和主义自由》,上海:上海三联书店2011年版。

5. 马蒂尼奇:《霍布斯传》,上海:上海人民出版社2007年版。

6. 列奥·施特劳斯:《霍布斯的政治哲学》,南京:译林出版社2001年版。

7. 卡尔·施密特:《霍布斯国家学说中的利维坦》,上海:华东师范大学出版社2008年版。

21

约翰·洛克哲学

孙向晨

人心究竟如何能得到那么多材料呢？他在理性和知识方面所有一切材料，都是从哪里来的呢？我可以说一句来答复，它们都是从"经验"中来的，我们的一切知识都建立在经验之上，而且最后导源于经验的。

——约翰·洛克:《人类理智研究》,第2卷,第3章

如果同一批人同时拥有制定和执行法律的权力，这就会给人们的弱点以绝大诱惑，使他们动辄要攫取权力，借以使他们自己免于服从他们所制定的法律，并且在制定和执行法律时，使法律适合于他们自己的私人利益，因而他们就与社会的其余成员有不相同的利益，违反了社会和政府的目的。

——约翰·洛克:《政府论》,下卷,第十二章

只有争论才是传播真理唯一正确的方法；只有当强有力的论辩和充足的理由与温雅、善良的方式相结合时，真理的传播才能占据优势。

——约翰·洛克:《论宗教宽容》

洛克是英国古典经验主义哲学的奠基人，也是现代自由主义的鼻祖。洛克哲学有意思的地方在于，因其思想大都已被现代世界所实现，而在某种意义上被人所忽视。事实上，洛克的影响是巨大的，在他那个时代他被称为是世界上最伟大的人。首先是在经验主义方面，在黑格尔看来，"洛克对于整个经验主义思维作了系统的表述……如果说培根指出了感性存在是真理，那么洛克就证明共相、思想一般地包含在感性存在之内，或者说，他表明我们是从经验中获得共相和真理的。"①英国经验主义的发展完全依赖于洛克的表述，在检视和批判洛克的思想中，英国经验主义走向了某种彻底性。在政治哲学方面，洛克也是影响巨大，不仅是在那个时代的英国，我们在苏格兰、法国、美国的政治哲学中都可以看到洛克自由主义学说的影子。所以，罗素讲："洛克是哲学家里最幸运的人。他本国的政权落入了和他抱同样政见的人的掌握，恰在这时候他完成了自己的理论哲学著作。在实践和理论两个方面，他主张的意见是这以后许多年间最有魄力威望的政治家和哲学家们所奉从的。"②

在此，我们应特别注意下述三点：

首先，洛克为英国经验主义奠定了非常系统的基础，特别要注意其对于观念论所做的经典表述，以及在这种表述中所包含的含糊和混乱，英国经验主义就是在澄清这种含糊和混乱中彻底贯彻了洛克所确立的经验主义原则。

其次，洛克确立了他那个时代知识论的典范。在知识论的表述上，洛克深受理性主义者笛卡尔的影响。尽管从近代哲学的发展来看，洛克属于经验主义传统，但从知识谱系上看，洛克与笛卡尔的关系也非常密切。

① 黑格尔：《哲学史讲演录》第四卷，北京：商务印书馆1978年版，第137页。
② 罗素：《西方哲学史》下卷，北京：商务印书馆2006年版，第134页。

这从他强调直观知识最可靠可见一斑。

　　最后,洛克的政治哲学亦自成一体,在一系列问题的论述上都有别于霍布斯的理论。在自然法、财产、契约、政府论等多方面的论述上,洛克都开创了近代自由主义的传统。可以说,在今天其政治哲学远比其知识论发挥着更为深厚的影响。

　　经验;天赋观念;名义本质;实在本质;自然状态;财产;权利分立

一、生平及基本著作

　　约翰·洛克,1632 年 8 月 29 日生于威灵顿(Wrington),离布里斯托(Bristol)很近,其父是乡村律师,曾参过军,为国会一方作战。洛克出自清教氛围浓厚的家庭,约翰·邓恩(John Dunn)认为:“洛克保持了深厚的清教情感模式,这一模式的特点就是将责任感置于个人生活的中心。”①这在洛克日后的思想中有着深刻的反映。

　　早先洛克一直在家接受教育,直到 1646 年他才由叔叔资助,进入威斯特敏斯特学校上学,在那里他一直待到 1652 年。之后他进入牛津大学基督教堂学院(Christ Church),在那里获得学士和硕士学位。毕业后,在该学院担任高级研究员,直到 1684 年英王下令剥夺他的研究员资格为止。

　　洛克在大学开始学习哲学,但对经院哲学传统相当不满,他的哲学兴

---

　　①　John Dunn,*Locke*,Oxford University Press,1984.p.2.

趣主要来源于他私下对笛卡尔哲学的学习。尽管在传统的哲学史中,洛克和笛卡尔分属经验主义和理性主义,但笛卡尔对于洛克的深刻影响非常值得人们重视。

洛克在牛津的学习并不限于哲学,作为罗伯特·波义耳爵士(Sir Robert Boyle)的朋友,他对化学、物理学等实验科学都有浓厚兴趣,他还曾学习医学,并于 1674 年获得医学学位和开业执照。但洛克并没有成为一名医生,而是进入了公共事务的圈子。1665 年,洛克离开英格兰,作为外交使团的秘书,访问勃兰登堡选帝侯国。两年后,返回英国。由于洛克的医学知识和偶尔为之的医学实践,使他结识了阿什利勋爵(Lord Ashley,以后的莎夫茨伯利伯爵)。之后洛克作为医生顾问和家庭教师,开始介入了莎夫茨伯利家族的公共和私人事务。莎夫茨伯利对洛克的才干十分推崇,不仅家务事上对他多有倚重,而且在政务方面也多方咨询。1672 年,莎夫茨伯利担任大法官时,任命洛克担任管理教会的秘书;1673年,洛克又被任命为殖民地贸易和事务的国务秘书。

1675 年,莎夫茨伯利政治生涯发生转折,丢官被贬,洛克亦打道回府,重新回到牛津,他在那里仍保留着学者的身份。此后由于身体问题以及苦于英国恶劣的气候,洛克来到法国,他在法国一直待到 1680 年。其间,洛克认识了笛卡尔主义者和反笛卡尔主义者,并且受到伽森狄思想的影响。

洛克回英格兰后,再次服务于莎夫茨伯利;后者密谋反对詹姆斯二世,失利后避难荷兰。洛克害怕嫌疑落到自己头上,为避免受到威胁,1683 年,他也逃亡荷兰。即便在荷兰,他同样也有危险,因此他隐姓埋名,到处迁移。1685 年查理二世去世后,洛克的名字被列入新政府追缉的名单。洛克在荷兰积极参与了当时的政治活动,与那些准备英国革命的人一起工作,着手制订欢迎奥伦治的威廉(William of Orange)当英王的计划。1688 年光荣革命后,洛克回到自己的国家。

1689 年以后,洛克经常待在伦敦,他接受了一些较为次要的职务任命,但更多地投入了他的写作和著述的生涯。1691 年,洛克在埃塞克斯(Essex)的奥梯斯(Oates)安了家。在那里他作为玛歇姆夫人(Masham)家的客人而生活多年,尽管从 1696 年到 1700 年,洛克作为贸易和殖民事务的官员,要经常住在伦敦,但洛克生命的最后阶段,主要是生活在乡村,在此期间他出版了大量改变人类思想的哲学和政治论文。1704 年 10 月 28 日洛克去世,享年 73 岁,葬于奥梯斯教堂。

洛克主要的哲学著作是《人类理智论》(*Essay concerning Human Understanding*),1671 年他与朋友一起讨论哲学时,猛然意识到,除非人们检查头脑的能力,看看"我们理智的对象是什么,是否适应理智来处理"?否则将一事无成。这一想法形成了《人类理智论》最早两篇手稿的核心,1690 年 3 月出版了《人类理智论》第一版,以后又出了三版,并译为法文和拉丁文,该书奠定了英国经验主义的基本原则。书一经问世便立即获得成功,为洛克赢得了巨大声誉。

1690 年,洛克出版了重要的政治哲学著作《政府论》(*Two Treatise of Civil Government*),洛克首先批判费尔默(Sir Robert Filmer)的君权神授的思想,然后阐发了自己的政治理论,他的写作显然论证了 1688 年革命的合理性,从而使奥兰治的威廉登基英国具有合法性。1689 年,洛克在荷兰匿名出版了拉丁文著作《论宗教宽容》(*Epistola de Tolerantia*,*Letter on Toleration*)的第一封信,同年在英国出版英文版。1690、1693 年洛克又出版了同一主题的另两封信;1706 年,他死后出版了未完成的第四封信。这些都成为了自由主义思想史上的经典文献。

英国的财政困难又促使洛克开始思考财政问题,1691 年,他出版了《论降低利息和提高货币价值的后果》,专门讨论了提高货币价值的问题。1693 年,出版《论教育》(*Some Thoughts Concerning Education*),这是一本以给朋友的书信为基础的著作。1695 年,出版了《论基督教的合理性》(*The Reasonableness of Christianity*),针对他人对该书的异议,他写有多篇《辩护》。洛克晚年对神学兴趣浓厚,身后出版过关于保罗使徒书信的评注(*A Paraphrase and Notes on the Epistle of St Paul*),讨论神迹的著作,以及对马勒布朗士(Malebranche)关于万物在上帝之中思想的考察。此外,洛克还有未完成的短篇著作《论理智的行动》(*The Conduct of the Understanding*),这原是作为《人类理智论》的一章而写的。洛克的影响不仅在于英国的经验主义,而且对于法国启蒙思想、法国唯物主义都有非常深入的影响。他还被认为是"美国的主要哲学和政治传统之父"。

洛克相信我们知识的所有材料都是由感性知觉和内省提供的,但他并不极端,相信人心主动的作用,而不是像休谟那样认为我们只能知道感觉的呈现。洛克是自由主义传统的始祖之一,他反对权威主义,无论是在理智领域,还是在政治领域,他都是最早倡导宽容的人之一。他是一个有宗教感的人,但他不同情狂热者,他不好走极端。罗素曾说:"洛克一贯通情达理,一贯宁可牺牲逻辑也不愿意发奇僻的悖论。"①这是洛克哲学的一个重要特点,他有着极强的常识感,对于那些期望哲学家有惊人之语的人来说,洛克显得过于平淡无奇。但洛克一以贯之的形象,则是一位诚实的思想家。

二、经验主义的哲学原则

洛克在哲学史上以经验主义者著称,与培根、霍布斯强调经验不同,洛克在《人类理智论》中提出了系统的经验主义原则,对于经验作为人类知识的起点,以及如何恪守经验原则有着完全的自觉性,他开创了英国古典经验主义时代。之后经过贝克莱和休谟哲学的展开,英国的古典经验主义既彻底贯彻了经验主义的原则,一切从经验出发予以解释,同时也暴露了经验主义自身的局限。

洛克的经验主义原则首先从关注人类知识的性质开始。可以说,从

---

① 罗素:《西方哲学史》下卷,北京:商务印书馆 2006 年版,第 136 页。

洛克开始,"认识论"作为哲学的分支,获得了近代意义上的完整表述。在古代,哲学家们也以各种方式反思知识论问题,但很难说有独立的认识论体系。笛卡尔的"我思故我在"还依旧在形而上学的框架下谈论认识问题,认识论并不算是一个独立的问题框架,培根和霍布斯对人类知识也倾注了极大的关注,但很难说完成了近代的"认识论转向"。只有到了洛克,认识论才得到系统的、全面的阐述。《人类理智论》主要关注人类知识的性质、发生、范围及其限度,洛克的这一表述对康德产生深远影响,预示了康德的批判方法,并由此而发展出整个近代哲学的意图和目的的转向。

1670 年,当洛克与朋友讨论"道德和天启宗教的原则"时,他发现困难比比皆是,讨论毫无进展。洛克回顾说:"我意识到我们走错了路,并且想到在我们着手研究这种本性之前,必须先考察我们自己的能力,弄明白我们的理智适合或不适合处理什么样的对象。"①洛克认为有必要先探讨什么对象适宜理智讨论,什么对象是不适宜的;他认为人们经常浪费他们的时间来讨论人的头脑不能解决的问题,如果我们把自己的注意力只集中于人们理智范围能解决的问题,就能努力使知识进步,而不给怀疑主义以任何可乘之机。但这是一个艰难的问题,我们如何来区分呢? 标准是什么呢?

这里洛克铺垫了走向经验主义的道路,他告诉我们思想的对象就是观念,观念"最足以代表一个人思想对理解中所有的任何物象,因此,我就用它来表示幻想、意念、影像以及心能想到的任何东西。"②思想适于处置我们头脑中的各种观念,然后在观念的基础上"探讨人类知识的起源、确定性和范围,以及信仰的、意见的和同意的各种根据和程度。"③洛克要

---

① John Locke, *An Essay Concerning Human Understanding*, vol.Ⅰ Dover Publications, Inc. 1959.p.9.洛克:《人类理解论》上册,北京:商务印书馆 1997 年版,第 10 页。

② Ibid., p.32;同上书,第 5 页。

③ Ibid., p.26;同上书,第 1 页。

搜寻出意见和知识的界限来,并且考察人们应当用什么准则来规整我们的断言,调和我们的信念。这里洛克为我们展示了他的认识论纲要。这些内容就是《人类理智论》卷一、卷二的主要内容。第一卷反对天赋观念,彻底铲除经验主义的障碍,在第二卷中提出洛克自己的观念理论。第三卷洛克谈语言,是观念的表达。第四卷探讨理解凭借这些观念能有什么样的知识。

在厘清哲学基本原则之后,洛克首先处理的是"天赋观念"理论,由于笛卡尔主张天赋观念,人们通常认为洛克的天赋观念批判针对的是笛卡尔。事实上,洛克主要批判的是当时的剑桥柏拉图主义者。他们在17世纪中后期享有盛名,他们为了阻止国民丧失对英国教会的尊敬,认为真正的宗教与理智的真理是和谐一致的,倾向于维护天赋观念的学说,不仅是在知识领域,也包括实践领域。

洛克把天赋观念理解为"理解中有一些天赋的原则,一些原初的观念,如同记号,仿佛印在人的头脑中,这些观念是灵魂最初存在时接受的,带到这个世界上来的。"①在这些天赋观念中,有一些观念是思辨的,比如,"凡存在者存在","一种东西不能同时存在而又不存在";而另一些则是实践的,有关一般的道德原则。洛克反对天赋观念的主要论证,首先针对的是当时流行的"普遍同意"论。普遍同意理论认为因为所有的人都同意某种思辨和实践原则的有效性,所以就可以得出这些原则最初是印在人们头脑中,如同天生的机能一样。洛克认为即便人们都同意某些原则,也不能证明这些原则是天赋的。因为我们还可以给这种普遍同意以别的解释,天赋观念的假设显得是多余的。洛克进而指出,事实上我们并没有关于任何原则的普遍同意,比如,孩子和白痴有头脑,但对他们来说,并没有"凡物不可能既存在又不存在"这一原则。人心所不曾知道的命题,所不曾意识到的命题,根本不能说是在人心中的。而且"大部分文盲

---

① John Locke, *An Essay Concerning Human Understanding*, vol. I Dover Publications, Inc. 1959. p.37;洛克:《人类理解论》上册,北京:商务印书馆 1997 年版,第 6 页。

和野蛮人,即在其能运用理性的年纪,亦往往过了多年,还不知道这个命题及相似的普遍命题。"①至于实践的或道德的原则,则更没有一个道德规则可以像"凡存在者存在"这个命题一样得到同样普遍而直接的同意,成为同样明显的真理。洛克指出,很难相信经常侵犯这些规则的人会天生就有这些原则。人们可以狡辩说,也许原则是天生具有的,但在实践上却没有实现出来,可洛克认为既然没有实现出来,又如何说它是存在的呢?还有人认为,说人具有天赋观念,并不是说小孩天生就有,而是说当人们运用理性时,这些天赋观念就能被领会,或当人们理解相关词的意义时,就必然能看到命题的真理性。对此洛克并不认同,认为有些人根本不能领会这些抽象的普遍原则。如果人们理解相关意义,就能看到命题的真理性,人们具有的天赋原则就太多了。

天赋观念曾经盛行一时,洛克对于天赋观念的批判十分重要,通过他的批判,天赋观念的思想沉寂了。当它再一次在莱布尼茨哲学中出现时,这个问题便以更精深的方式出现,直接为康德哲学的先天范畴作了准备。洛克批判天赋观念符合其尊重常识的哲学取向,同时,对于天赋观念的批判为其提出经验主义原则铺平了道路。

排除天赋观念之后,头脑中如何还有观念呢?"人心究竟如何能得到那么多材料呢?他在理性和知识方面所有一切材料,都是从哪里来的呢?我可以说一句来答复,它们都是从'经验'中来的,我们的一切知识都建立在经验之上,而且最后导源于经验的。"②洛克理解的经验是什么呢?洛克认为我们的观念来自"感觉"或者来自"反省",这两者组成了我们的"经验"。就感觉而言,我们的感觉在熟悉了特殊的可感对象之后,按其刺激的方式,把感觉传达于头脑,它们把能产生知觉的东西传达于心。就反省而言,是对我们自己人心运作的知觉,如知觉、思维、怀疑、相

---

① John Locke, *An Essay Concerning Human Understanding*, vol. I Dover Publications, Inc. 1959. p.45.洛克:《人类理解论》上册,北京:商务印书馆 1997 年版,第 12 页。

② Ibid., p.122;同上书,第 68 页。

信、意愿等等,"它所供给的观念,只是人心在反省自己内面活动的所得到的。"①我们的观念无非从这两个渠道而来。

洛克相信经验是所有思想的源泉,如果我们观察小孩,会发现他们思想的形成、发展和增长,与经验一起与日俱增。人们的注意力首先向外,因此感觉是思想的首要源泉,人们致力于外,在成年之前,人们很少反省心中的作用。尽管人们的反省没有达到感觉的强度,但只有通过反省我们才有关于思维、意愿等心理活动的观念。另一方面,如果词语没有经验的对应,我们就不知道词的意义所在。因此洛克的结论是"一切崇高的思想虽高入云霄,直达天际,亦都导源于此,立足于此,人心虽涉思玄妙,想入非非,尽其驰骋,亦不能稍为超出感觉或反省所供给它的思维材料——观念。"②显然,观念是一切思想的基础。

三、观念理论

观念论是洛克最为主要的思想,也是其经验主义原则的直接体现。洛克提出了一整套关于观念的理论,为后世的经验主义奠定了基本的框架和理论发展的路径。

1. 简单、复杂观念与第一、第二性质的观念

就"感觉"和"反省"的观念而言,洛克似乎认为这些观念是人心被动获得的,似乎在观念的形成中,人心并没有作出积极的作用。笼统地这样讲并不正确。洛克明确把观念分为简单的和复杂的观念,我们可以说,"简单观念"是人心被动接受的,而复杂观念的形成则人心发挥了积极的作用。

---

① John Locke, *An Essay Concerning Human Understanding*, vol.I, Dover Publications, Inc. 1959.p.124.洛克:《人类理解论》上册,北京:商务印书馆 1997 年版,第 69 页。
② Ibid., p.142;同上书,第 83 页。

简单观念,如冰的冷和硬,百合的香和白,糖的甜,这些观念通过一种感觉就可传递给我们,洛克称之为"一种感觉的观念"。另一些观念,则不止一种感觉,如空间、广延、形状、静止、运动,因为这些观念在眼睛和触摸上都可以留下可知觉的印象,我们可以凭着视觉和触觉两种感觉来传递这些观念。但这些都是简单的感觉观念。还有关于反省的简单观念,如知觉、思维、意愿、意志等。此外还有一些观念"加入心中,是经过感性和反省两种途径。如快乐、愉悦或痛苦、不安,又如力量、生存和统一。"①

因此,洛克给了我们四类"简单观念":一是通过一种感官获得的感觉观念,二是通过两种以上感官得到的感觉观念,三是反省得来的反省观念,四是通过感官和反省两种途径得来的观念。这四类简单观念的共同特点是,它们都是被动接受的,感觉对象把它们的特殊观念强印在人心上;而且心里一旦有了简单观念,就不能改变,涂抹和重造新的简单观念,"人的理智无论如何高超,理解无论如何扩大,它们亦没有能力凭着神速而变幻的思想,在上述途径之外,来发明、创造新的简单观念。而且那些观念只要一旦在那里存在,则理解便没有任何力量来消灭它们。"②一言以蔽之,简单观念是一切思想的基础,这也是经验主义的起点。

另一方面,人心可以运用简单观念作为材料,主动地建造复杂观念。一个人可以把两个或多个简单观念组成复杂观念,也就是说,人不限于作单纯的观察和反省,人也不限于得到简单观念。他可以主动把感觉和反省的材料结合起来形成新的思想,每一个观念都可以视作一种事物,并赋予它一种名称,如"美丽、感激之情、人、军队、宇宙等。"在《人类理智论》中,洛克将复杂观念分成样式、实体、关系三种类型,这是以对象为标准做出的区分。

在进一步细致地论述各种复杂观念之前,洛克又对简单观念作了进

---

① John Locke, *An Essay Concerning Human Understanding*, vol.I, Dover Publications, Inc. 1959. p.160. 洛克:《人类理解论》上册,北京:商务印书馆 1997 年版,第 93 页。

② Ibid., p.145;同上书,第 85 页。

一步的考察,这就是洛克对于第一性质和第二性质观念的著名论述。首先,洛克在观念与性质之间作了区分,"人心在自身所直接观察到的任何东西,或知觉,思想,理解等的直接对象叫观念,而在我们心中产生观念的能力,叫做能力所在的主体的性质。"①如雪球有能力在我们心中产生白、冷、圆等观念,而产生各种观念的能力则称"性质"。

先来看看这些性质的特点,洛克发现,有一些性质和物体是无法分开的,如"所谓坚固性、广延、形状、运动或静止、数目,我叫它们物体原初的或第一性质,我们可以看到它们能在我们心中产生出简单的观念来。"②这些不能和物体分开的性质产生了第一性质的观念,除了这些第一性质的观念之外,洛克认为还有第二性质,"它们并不是对象自身所具有的东西,而是能借第一性质在我们心中产生各种感觉的能力。"③如颜色、声音、味道、气味等,这些则是第二性质的观念。

洛克认为,产生我们观念的第一、第二性质都是不可感的微粒作用于我们的感官而产生的。但第一性质和第二性质之间还是有很大差别,前者与物体相似,这些性质的式样存在于那些物体中。至于由第二性质在我们心中产生的观念,则完全同它们不相似;在这方面,外物本身并没有包含与观念相似的东西。它们只是物体中产生感觉的一种能力,在观念中的甜、蓝或暖,只是所谓甜、蓝或暖的物体中不可感的微粒的一种能力的运动,它作用于我们而产生的关于第二性质的观念。

如果我们说洛克认为第二性质纯粹是主观的,那也不确切。我们看到他称第二性质是对象中的能力。这些能力是存在于对象中的,这一点是根本的,也是这种性质的客观基础,否则效果就不能产生;但第二性质,不同于第一性质,它的观念不是对象中颜色、声音的摹本,而是这种能力

---

① John Locke, *An Essay Concerning Human Understanding*, vol. I, Dover Publications, Inc. 1959. p. 169. 洛克:《人类理解论》上册,北京:商务印书馆1997年版,第100页。

② Ibid., p. 170;同上书,第101页。

③ Ibid., p. 170;同上书,第101页。

在我们心中产生的感觉,因此在这个意义上,我们也可以说第二性质观念具有主观性。第二性质的理论并不是洛克首创发明,伽利略、笛卡尔、霍布斯都持有这种观点,甚至德谟克利特就已经发现了这个问题。但洛克把这个问题突显出来,成为了经验主义中的一个经典问题,以后这个问题为贝克莱所重视和批判,成为批判物质实体的一个重要路径。

2. 简单样式和混合样式

在简单观念研究的基础上,洛克花了更多精力在对复杂观念的研究上。"样式"是三种类型的复杂观念中的一种,样式被定义为"这些复杂观念,无论怎样组合成,并不含有自己存在的假设,它们只是实体的一些性质,如三角形、感激、暗杀等观念。"①有两类样式观念即简单样式和混合样式。就简单样式而言,这些观念只是同一种简单观念的多重组合,其中并没有混杂其他观念,如一打、二十等。而混合样式则是由几种不同的简单观念组合成的观念,如美就是由相形、颜色组成,并引起快乐,美就是这样一种混合的样式观念。这样的说法看似有些模糊,其实样式就是对人间事物的各种性质的一种描述。

简单的样式观念是由单一简单观念的叠加或变种而来的。洛克讨论的简单样式有空间、绵延、数字和无限、运动、静止、颜色和味道、气味等样式。比如"滑动、转动、跳、奔、行、舞"这些观念都是运动的各种变状;比如蓝、红、绿都是颜色的各种变状。

混合的样式观念包含有不同种类的简单观念,这些观念必须是相容的,其组合的,可能在现实世界中有其对应物,但并不必然有自然物与其对应。洛克谈论的混合样式,如义务、酒醉、伪善亵渎神圣、谋杀。这中间并没有一种实体与其相对应,而每一个混合样式的观念又都是由不同种类的简单观念组成。那么,我们可以说它们存在吗?如果存在,存在在哪

---

① John Locke, *An Essay Concerning Human Understanding*, vol. I, Dover Publications, Inc. 1959. p. 215. 洛克:《人类理解论》上册,北京:商务印书馆1997年版,第131页。

里呢？比如谋杀，只存在于一种谋杀的行为中，因此它的外在存在是短暂的，不可持存的。但这种混合样式的观念则被人们的思想长时间地记存。也就是说，它是作为一种观念存在的。混合样式的观念常常是由于它们的名称而长久存在下去，对于混合样式来说，名称起了很大的作用，比如说"弑亲"观念，因为有这样一个词，可以使我们把它与一般的谋杀观念相区分；但我们并没有一个专门的，关于杀害老人的词，以与杀害青年人的词相区分，因此我们就不会有这方面混合样式的观念。洛克认识到我们可以形成一个清晰的词来表达这种复杂观念，若没有名称，则就不会有相应的混合样式的复杂观念。

透过洛克对于复杂的样式观念的解释，我们看到，他所强调的不是该观念在事物中的存在，而是其在人心中的存在。特别是混合的样式观念多与人间事务相关，而人间事务的实在性，都是人的发明或创造，并通过名称将其固定化，因此复杂的样式观念主要是靠人心所发明的东西。

3. 实体观念与关系观念

实体是另一种复杂观念。洛克说，人心会接受到很多简单观念，而且会发现有一些简单观念是会经常聚合在一起的，比如你看到这样一种花的颜色、形状、味道，于是我把这些简单观念都聚合在我的脑子里，洛克认为"我们不能想象这些简单观念怎么会自己存在，于是我们便惯于假设一种基质，以为它们由此存在，由此产生，这种东西，我们叫做实体。"①但仔细考察下来，他的这个实体的观念只是一种推想，是为了能支持我们所有的各种简单观念而提出的，我们所具有的简单观念与之相比，只能称作次要方面，由此有了基质的观念，才能支撑起各种性质。所以实体最基本的含义就是"支撑"或"支持"。

洛克关于实体观念的论述似乎像是一种想象力的虚构，对此洛克回

---

① John Locke, *An Essay Concerning Human Understanding*, vol. I, Dover Publications, Inc. 1959. p.390-391.洛克：《人类理解论》上册，北京：商务印书馆1997年版，第266页。

答说,他讨论的只是实体的观念,而非它的实存。得出实体观乃是出于一种推断,因为我们并不能直接知觉到实体,我们只是推断实体是作为性质或样式的支撑的存在,因为我们不能设想这些性质本身能自己存在。实体这个观念在我们心目中的唯一特性,就是作为基质支撑各种性质。

就特殊的实体观念而言,它们只是借这些简单观念的集合体表象给我们的:我们心中对各种物类所有的观念,只是这些集合体,不是别的。比如我们有一系列简单观念,如黄金观念,其重量、可展性,可熔性,在王水中的可溶性,于是给了它一个名称叫黄金,"我们所有的各种实体观念,只是一些简单观念的集合体,同时我们还假设有一种东西是这些观念所依属,所寄托的,不过对于这种假设的东西,我们是不能有明白而清晰的观念的。"①我们关于物体实体的观念是由第一性质观念组成的,这些观念联合在一个不可知的基层中。同样,当我们把自己的思、怀疑、感觉等简单观念集合起来时,我们就需要有一个关于精神实体的灵魂观念,这里的精神实体与笛卡尔从思的活动推出思的实体如出一辙。

关系同实体、样式一起构成人的三大类复杂观念。洛克说关系源于一物与另一物相比较,比如我只能把凯乌斯(Caius)作绝对的对象来考虑。但如果我以丈夫来称呼凯乌斯,则我又指示另一个人为凯乌斯的妻子;如果我说他长得较白的,则我又指示一种别的东西,长得较黑的人。在两种情形下,我都考虑到凯乌斯之外的东西,我所思考的是两个事物。像丈夫、父亲、大小都是关系的名称,相互之间完全依存,若是单独来讲便是不完善的。

任何一种观念,无论简单还是复杂,都可以与别的观念相比,由此而得出一种"关系的观念",但我们所有的关系观念都可以化归为简单观念,这是洛克特别所注重的。如果他的经验主义原则要实施到底,则他最终要说明这些观念到底是来自感觉还是反省。

---

① John Locke, *An Essay Concerning Human Understanding*, vol. I, Dover Publications, Inc. 1959. p. 422. 洛克:《人类理解论》上册,北京:商务印书馆 1997 年版,第 289 页。

那么,什么是关系的本质呢? 洛克的有些说法表明关系纯粹是精神的,如"关系的本质就在于两个事物的相互参照,相互比较。"[1]它们之所以能发生,只是因为我们比较或考虑两种事物,并且根据比较给这两个事物名称,或者更确切说是直接给这种关系以一种名称。洛克进一步明确地说明,关系不是在事物的真正存在中所包含的,只是外面附加的;需要我们自己来形成的一种观念。显然,在上述的说法中,关系的观念是由人心主观构成的。

但在洛克那里,因果关系也是作为一种关系观念来讨论的,这显然与只是主观比较的关系观念不同。洛克说:"在我们的感官注意到变动不居的各种事物时,我们总会观察到一些特殊的性质和实体开始存在起来,而且它们的存在是由别的事物的适当的作用所引起的。从这种观察,我们便得到因果的观念。能产生简单观念或复杂观念的那种东西,我们便以原因这个普遍名词称之,至于所产生的,则叫做结果。"[2]事实上,单纯感官的注意和观察,只能使我们得到与我们因果观念相对应的那些常定的感性形象,无论如何也得不到因果观念。这一点,休谟的因果理论已经给出了证明,想从所谓纯粹的经验中寻找现成的因果观念,完全是徒劳。实际上,因果观念所涉及的能动和受动的能力,都是超出经验范围的、超出表面所观察到的事实。因此因果关系的观念是不能现成地起源于经验的,洛克在此的论述显然不如休谟的理论彻底。

四、语言论与知识论

在《人类理智论》第二卷卷末,洛克谈到,在探讨了观念的种类和范围之后,应该探讨如何应用这些材料来得到知识,但他发现在探讨知识之

---

① John Locke, *An Essay Concerning Human Understanding*, vol.I, Dover Publications, Inc. 1959.p.428;洛克:《人类理解论》上册,北京:商务印书馆 1997 年版,第 293 页。
② Ibid., p.433;同上书,第 297 页。

前,有必要先研究一下语言问题,因为观念和语言联系紧密,而我们的知识成立于命题,而命题由语言构成,语言是观念与知识之间的桥梁。

1.普遍名词

基于经验主义立场,洛克确立一切事物的存在都是特殊的,而语言的特性则在于它是概括的,是普遍的。因此,洛克特别重视普遍名词的问题。普遍名词在日常言谈中非常普遍,如果语言都是由专名组成的话,那么我们可能什么都记不住,而且单有专名对于人们之间的交流也没有用处。如果一个人只能用专名来指称各种牛,那么对于其他不熟悉牛的人来说,各种关于牛的专名都是毫无意义的。因此研究语言就必须注意研究普遍名词,对其起源、意义、运用作深入的探究。问题是"因为一切存在的事物,既然都是特殊的,那么我们怎样能得到普遍名词呢,或者说,我们在哪里发现它们所表示的那些共同性质呢?"①对此,洛克的回答是:"字眼之所以成为普遍的概括的,乃是因为它们被人作普遍观念的标记。"②也就是说,普遍名词来自普遍的观念,那么普遍的观念又是如何得到的呢? 普遍观念则是由抽象形成的,观念之所以成为普遍的乃是因为人们把普遍观念从时间、空间的特殊环境中抽象出来,把它们从使之成为或此或彼的特殊存在的其他观念中分离开来。让我们设想一个小孩,他先是熟悉了一个人,而后又熟悉了另一个人,于是形成了对人的共同特征的观察,这就去除了此人或那人的具体特征,而形成一个普遍观念,并用普遍的名词"人"来表达。随着经验的增加,可以继续形成别的更广、更抽象的观念,如生物、物体等,每一个都由一种更普遍的名词来表示。

洛克要表明名词所具有的这种普遍性不是事物本身所有的,每一个事物本身都是个体或特殊的。普遍观念只是对于内在观念而言的,"它

---

① John Locke, *An Essay Concerning Human Understanding*, vol.II, p.16.中文版《人类理解论》下册,北京:商务印书馆 1997 年版,第 392 页。
② Ibid., p.17;同上书,第 392 页。

们只是理解所做的一些发明和创造,而且它所以造它们亦只是为自己的用途,只把它们作为一些标记用——不论是字眼或观念。"①观念或名词之为普遍的是因为其意义是普遍的,也就是说,一种普遍的观念指示一类事物,而普遍名词代表其指称的观念。因此,这种普遍名词所表示的是一类事物,而它们所以能够如此表示,却是因为它们都是人心中抽象观念的标记。许多特殊的事物如果都同这个普遍的观念互相符合,则它们便归类在那个普遍的名称以下,或者也可以说是属于那一类的。可以说,尽管普遍名词以普遍观念为基础,另一方面,普遍名词也使普遍观念得以成立。

然而,当我们说普遍性属于名词和观念时,并不是说普遍观念没有任何客观的基础。洛克认为,自然在产生各种事物时,使它们相互类似,于是形成某一类,比如人心在这些特殊的事物中观察到相似性以后,就会以此为契机形成某种普遍观念。

这里特别看重洛克对于普遍名词的论述,是因为这种说法为贝克莱后来对洛克的辩驳提供了机会。洛克式的普遍观念是一种矛盾因素组成的意向,比如"三角形观念不是单单斜角的,直角的,等角的,等腰的,它俱是又俱非,实际说来,它是一种不完全的东西,是不能存在的,在这个观念中,各种差异而互不相容的观念底各部分混杂在一起。"②这里一方面是抽象的过程,人心省略了各种三角形的特殊性质;另一方面,又是把不同类种三角形的共同特征组合在一起,形成三角形的观念。在形成普遍观念或普遍名词时,这种矛盾的说法,对洛克哲学是一个巨大的挑战。

2. 实在本质与名义本质

与普遍名词相关的,则是如何理解事物的本质,这些本质仅仅是人们

---

① John Locke, *An Essay Concerning Human Understanding*, vol.II, p.21.中文版《人类理解论》下册,北京:商务印书馆 1997 年版,第 395 页。

② Ibid., p.274;同上书,第 590 页。

的记号,还是事物实在的本质,这里涉及洛克对名义本质和实在本质所做的区分。在洛克看来,名义本质就是各种事物之共相,就是标志个体存在物的记号,是与普遍名词密切联系的;而实在本质,首先它是个体存在物的不可知的实体内在组织及其表现,又是可见个体存在物的内部微观的结构,它是不为人所认识的。

关于本质,洛克区分了两种态度,"有一些人是用本质一词来表示他们所不知道的一种东西,他们假设宇宙间有一定数目的本质,一切自然的事物都依此以生,而且各种事物只因精确地具有这些本质,才能成为此一种或彼一种。"①这显然是一种实在论的立场,是一种柏拉图主义的立场,洛克认为,这种理论假设很难维持。这种理论假设了固定的特殊本质,但不能解释多变的类种,一如柏拉图的相论所面临的困境,这种假设同经验世界的现象也是相矛盾的。另一种态度是,"有些人以为一切自然事物中的不可觉察的各部分虽有一种实在,不可知的组织,可是我们所以能分别它们,所以能按照需要把它们分种列属,并给它们以公共名称,只仅凭由那种内在组织流出的一些可感性质。这是另一种意见,是比较合理的意见。"②显然洛克本人认同这种态度。在这种论述中做出了某种区分,即事物内在不可知的结构与表现出来的其可知性质之间的区分。每一个简单观念的集合,依赖事物的实在特性,但事物真正的组织结构却是我们不知道的。

这样,洛克就从实在本质中区别出名义本质来,当我们决定一物是否是黄金时,这是由是否具有黄金的共同特性来决定的,这种特性便是黄金的名义本质,洛克说:"每一个独立的抽象观念就是一独立的本质。"③名义本质就是这样抽象出来的本质,去除个体中的特殊性质,而保留共同特

---

①　John Locke,*An Essay Concerning Human Understanding*,vol.Ⅱ,p.27.中文版《人类理解论》下册,北京:商务印书馆 1997 年版,第 399 页。

②　Ibid.;同上书,第 400 页。

③　Ibid.,p.24;同上书,第 398 页。

征。所谓名义本质就是在简单观念的基础上,对认识对象所形成的普遍性或抽象性的实体观念。

在简单观念和样式中,实在本质和名义本质是同一的,"如空间被三条线所围成的形相,既是一个三角形的名义本质,亦是它的实在本质。"①但是对实体概念则不同,黄金的名义本质是归于黄金类中可观察的共同特性,但其实在本质是不可感的实在构成,"因为黄金的颜色、重量、可熔性,确定性等等性质,所倚靠的微妙部分的实在组织,才使那团物质成为黄金,使它有权利得到黄金的名称。"②这种微妙的实在组织,是我们所不知道的。洛克以这样区分实在本质与名义本质的方式,既保留了经验主义的立场,同时也维护了其唯物论的立场。

3. 知识的四种形式

在观念论的基础上,在《人类理智论》的第四卷,洛克开始讨论他的知识论。因为观念是认识的对象,洛克说:"人心在一切思想中、推论中,除了自己的观念外,既然没有别的直接的对象,可以供它来思维,因此,我们可以断言,我们的知识只有关于观念的。"③既然观念是认识的对象,则观念本身还不是知识,在洛克看来"思维知识不是别的,只是人心对于任何观念间的联络和契合,或者矛盾和相违而生的一种知觉。知识只成立于这种知觉。"④如三角形的观念不是知识,但当我们得出结论说,三角形的三角必等于两直角时,这就是知识了。可见,在观念论中,最基本的感觉和反省是被动得来,而一切其他观念不过是在此基础上建立的,而知识的建立则全靠人心的主动作用才能产生。人心通过对观念间的关系作出判断才能产生知识。

观念间的不同关系洛克归纳为四种形式,人心可以做出判断。第一

① John Locke, *An Essay Concerning Human Understanding*, vol.Ⅱ, p.29.中文版《人类理解论》下册,北京:商务印书馆 1997 年版,第 400 页。
② Ibid., p.29;同上书,第 401 页。
③ Ibid., p.167;同上书,第 515 页。
④ Ibid.;同上。

种是观念之间的契合和不契合的关系，就是对事物同一性或差异性的判断。当一个人知道了“白”、“圆”等观念时，他就能做出判断，这些观念是白，圆，而不是红或方的。第二种形式是观念之间的关系，这种契合是人心对于任何两个观念间关系的一种知觉，数学命题就是最好的例证。第三种形式是共存关系，就是同一实体中的共存性或不共存性，这种契合只属于实体观念，即实体这一种性质与其他性质的共存关系，或不共存关系。第四种是关于实在的存在。即现实的实在存在与观念之间的完全契合，洛克给出的例子是“上帝的存在”。

在这四种形式中有两点是明显的。首先，同一和共存的知识都是关系，只是观念间一种特殊的契合方式而已。其次，是关于实在的存在，因为我们的知识只是关于观念的，我们如何知道它是相应于实在存在的呢？因为后者不是我们的观念，于是我们看到，其实洛克的知识既是观念间相契合的问题，同时也是观念同物相契合的问题。这是洛克为了使他的论述符合常识而在哲学中留下的又一个漏洞。

4. 知识的等级

洛克在讨论知识等级时，表现出一种鲜明的理性主义的转向。在他的论述中，知识有三种等级，他高度评价了直觉和解证的知识，这恰恰是数学知识的特点。当然，他并没有放弃一般的经验主义原则。我们所有的观念都来自经验，来自感觉或反省，尽管如此，他还是以数学为知识的范本，在这一点上，他与笛卡尔更为接近。

第一类是直觉的知识，这类知识是人心不借助别的观念为媒介就能直接看到它的两个观念间的契合或相匿的知识，如白不是黑，三比二多，这是最确定的知识，没有任何怀疑的余地。“我们一切知识的确定性，明白性，就依靠这种直觉。”①这与笛卡尔的论断如出一辙。

---

① John Locke，*An Essay Concerning Human Understanding*，vol.II p.177.中文版《人类理解论》下册，北京：商务印书馆 1997 年版，第 521 页。

第二类知识被称为解证的或证明的知识。心不能直接感受观念间的契合和相违，而是需要中介观念来达到这一点，如数学的推理，没有关于三角形三角等于二直角的直觉知识，我们需要中介观念的帮助才能解决诸如此类的问题。

第三类是关于感性的知识，是关于特殊存在的知识。洛克说，有些人会怀疑是否有存在的事物与我们的观念相对应，洛克认为"我们这里有充分证据，可以解除我们的疑惑。"①即回忆与实在的感知是有差异的，就像在梦中的火与现实中的火之间是有差异的一样。

洛克的立场很容易被归纳"我们对于自己实在的存在有一种直觉的知识，对于上帝的实在存在有一种解证的知识，对于一些别的东西的实在存在有一种感觉的知识，这种知识超不出感觉当下所取的对象之外。"②对于我们自身的存在很明白，无须更多证据，"我虽然可以怀疑别的一切东西，可是只有这种怀疑就可以使我们知觉到自己的存在，而不容我来怀疑它。"③洛克并没有说我们对于自己非物质的灵魂的存在有知觉的确定性，只知道我是一个思的自我，这种说法几乎是照搬了笛卡尔在论述"我思故我在"时的说法。

那么，我们对于上帝和其他事物的知识又如何呢？洛克认为，我们对于上帝有解证的知识，这意味着我们必须从"我们的某一部分直觉的知识"④来推导出上帝的存在，我们对自身存在有直觉知识，是我们知识的开始。更确切地讲，个人对于上帝存在的解证知识是基于对自己存在的直觉知识。但对于自己存在的知识本身并不能证明上帝的存在，我们还需要别的直觉真理，诸如"虚无之不能产生任何实在的存在。"对自己存在的直觉，表明至少一样东西是存在的，我们知道自己存在不是永恒的，

① John Locke, *An Essay Concerning Human Understanding*, vol.II, p.186.中文版《人类理解论》下册，北京：商务印书馆1997年版，第527页。
② Ibid., p.212；同上书，第544页。
③ Ibid., p.305；同上书，第614页。
④ Ibid., p.306；同上书，第615页。

而是有开端的,"任何东西如果是由别种东西开始存在的,则它自身所有的东西和依属于它的东西,显然一定是由那另一种东西来的。它所有的一切能力都一定是从那个根源来的。"①因此,正如人是有能力、知觉的,则其所依赖的则是更为有力,更有智慧,因为一东西自己没有知识是不可能产生认知的存在的,由此,洛克得出结论"有一位永恒的,全能的,全知的主宰。这位主宰,人们叫做上帝与否,都无关系,事实是明显的,在仔细考察这个观念以后,我们更会由此演绎出这位永恒主宰的一切品德。"②这便是洛克对上帝存在的论证,与笛卡尔的论证也相当一致。

　　人对于自己存在靠直觉,对上帝的存在靠解证知识,至于我们对任何别的事物的存在所有的知识,则只是由感性而来的。我们对事物有观念并不意味着该事物存在,只有当它作用于我们时,我们才知道其存在。如果张开眼睛,看什么不由我选择,或手伸向火,则感到痛;如果我只是想一想,则不会觉得痛,这表明我们对外物存在的确信不是虚幻的,但我们对外物的知识只延伸至我们的感觉,如果一个人对此仍需解证,则他很愚蠢,"因为一个人在日常生活中如果除了直接明白的解证之外,再不愿承认别的一切,则他便不能确信任何事物,只有速其死亡罢了,他的饮食虽精美,他亦不敢尝试;而且我亦真不知道,还有什么事情,他在做时,是凭借毫无意义、毫无反驳的根据的。"③这就是洛克关于自我、关于上帝以及关于世界的三类知识,也是三种等级的知识。

五、政 治 哲 学

　　洛克的政治哲学是从契约论来论证国家和政府的起源,但与霍布斯

---

①　John Locke, *An Essay Concerning Human Understanding*, vol.II, p.308.中文版《人类理解论》下册,北京:商务印书馆 1997 年版,第 616 页。

②　Ibid., p.309;同上书,第 616 页。

③　Ibid., p.336;同上书,第 633 页。

强调国家的绝对权力不同,他更强调所有人生来自由,统治者要保护人民的生命、自由和财产;以及统治者在建立政府时权力要分立。洛克的《政府论》包括两篇,第一篇驳斥了罗伯特·费尔默爵士(Sir Robert Filmer)的绝对权力学说。费尔默爵士在《父权论》(*Patriachia or the Natural Power of Kings*)认为国王靠从亚当那儿继承下来的神圣权力进行统治,费尔默的立场是"一切政府都是绝对君主制;所根据的理由是:没有人是生而自由的。"[1]洛克对此进行了系统的批驳。第二篇洛克试图提出他所认为的统治权的真正根源,以及制订一种调和公民自由与政治秩序的政治理论。

1. 自然状态与私有财产的权利

洛克假定在一切的政治社会之前有一个"自然状态"。在自然状态中,没有政府,人们服从于道德法,人们生而自由并且平等,"那是一种完备无缺的自由状态,……这也是一种平等的状态。"[2]在这中间,众人是遵循理性和良心在一起生活,在人世间没有共同的权威在他们之间裁决,这是真正的自然状态。

这种自然状态是一种平等的状态,人的权力和支配权是相互的,承受同样的恩惠,运用同样的官能,相互之间没有隶属关系。这种自然状态也是一种自由状态,"在这种状态中,虽然人具有处理他的人身或财产的无限自由,但是他并没有毁灭自身或他所占有的任何受造物的自由……"[3]所以自然状态虽是一种自由的状态,但并不是一种放纵的状态,他需要依靠自然法来约束每一个人。在洛克的笔下,自然法"教导着所有有意遵从理性的全人类:人们既然都是平等和独立的,任何人就不得侵害他人的

---

① John Locke,*Two Treatises of Government*,Ed.Peter Laslett,Cambridge University Press, 1988.p.142;中文版见洛克:《政府论》上卷,北京:商务印书馆1993年版,第4页。

② John Locke,*Two Treatises of Government*,p.269;中文版见《政府论》下卷,北京:商务印书馆1993年版,第5页。

③ Ibid.,p.271;同上书,第6页。

生命、健康、自由或财产。……在同一自自然社会内共享一切，就不能设想我们之间有任何从属关系，可使我们有权彼此毁灭，好像我们生来是为彼此利用的，如同低等动物生来供我们利用一样。"①洛克在此描述的自然状态中，人们和谐生活，自由、平等和独立。任何人都遵循自然法和理性，不损害他人的生命、健康、自由和财物。这与霍布斯描述的"人与人的战争"自然状态完全不可同日而语，显然洛克式自然状态的人比霍布斯受到更多的约束。

　　洛克对自然状态的描述，显然是明确针对霍布斯的，他说"'自然状态与战争状态'不是一回事。对于这两个状态，尽管有些人把它们混为一谈，但是相去之远犹如一个和平、亲善、相互辅助和保护的状态，与一个敌对、仇恶、暴力和相互破坏的状态，彼此相去之远一样。"②可见，洛克的自然状态正好是霍布斯的反面。既然自然状态如此美妙，那么我们为什么要改变呢？霍布斯的问题，洛克同样需要面对。

　　洛克的自然法概而言之就是要保护自己和保护人类，但洛克认为一个人可以毁灭向他宣战或对他的生命有敌意的人。自然法显然有更强烈的保护自我生存的义务。如果没有共同的法官，一个人的"自我保卫"势必会引发与他人"自我保卫"之间的竞争。自然状态显然是有欠缺的：一是没有法律，缺少人们共同的是非标准和裁判尺度，因此就没有裁判来公正地解决争端；二是没有执行法律的权力机构。于是"人人都拥有执行自然法的权力。"每个人都同等有权惩罚犯罪者。这样一来，自私就会偏袒自己和朋友，而心地不良、感情用事和报复心理就会过分惩罚别人。于是就会带来诸多的罪恶。此外，洛克强调，人生而自由，但这种自由也产生孤单、不安全、不确定，除自由之外，还需要合作、互助、秩序、权威以保证安全，所以，自然状态是一种尽管自由却是充满恐惧和经常危险的

　①　John Locke, *Two Treatises of Government*, p.271；中文版见《政府论》下卷，北京：商务印书馆1993年版，第6页。
　②　Ibid., p.280；同上书，第14页。

状况。

尽管洛克强调,自然状态不是一种战争状态,但是由于没有公共的法官,一旦发生战争就会持续下去,因此逃离战争状态组成人类社会,是脱离自然状态的一个重要原因。人们进入国家只是因为自然状态的不方便。人们为了更好地施行公平,便同意把这种职权交给某些公职人员,这样政治社会便开始了。因此,政府是通过"社会契约"建立起来的。

关于人类进入政治社会状态的原因,洛克还有另一番独具特色的论述。那就是洛克关于财产问题的思考。洛克政治哲学的一个显著特征就是极为重视财产问题。他认为在自然状态,上帝将一切赋予人,"没有人对于这种处在自然状态中的东西原来就具有排斥其余人类的私人所有权。"①在自然状态中没有所有权,也就谈不上什么财产问题。于是,我们就要解释这财产究竟是如何产生的?

洛克认为尽管人们在自然状态中对一切都没有所有权,但有一件东西,他天生就有所有权,那就是他自己。"土地和一切低等动物为一切人所共有,但是每人对他自己的人身享有一种所有权,除他以外的任何人都没有这种权利。他的身体所从事的劳动和他的双手所进行的工作,我们可以说,是正当地属于他的。"②这里,通过对自身的所有权,以及对这种人身所从事劳动的所有权,构成了其所有权的来源,一切财产皆源于此。

由于广大的资源是属于所有人的,在这样的前提下,你通过自己的劳动所拿到的就是你所有的,因为在其中已经加进了你的劳动。既然劳动是劳动者无可争议的所有物,那么对于通过劳动所增益的东西,除了劳动者以外,别人就不能享有这份权利。洛克的这一考虑是在资源充足的条件下做出的。人人都有份,你付出劳动,就是你的财产。可以说,自然的价值和充裕都是潜在的,需要通过劳动来实现。

---

① John Locke, *Two Treatises of Government*, p.286;中文版见《政府论》下卷,北京:商务印书馆1993年版,第18页。
② Ibid., p.287;同上书,第19页。

事实上,自然并不充裕,而且即便充裕,人类生活中大部分有用的东西,也会因为时间关系而自行腐烂毁坏,这加剧了人世间的匮乏。于是人通过劳动,尤其是农业生产,增加积累,增加剩余。因为积累是人类状况得以改善的必要基础。为此,人类需要发明一样新的东西,洛克认为就是"货币"。

洛克对货币的定义:"这是一种人们可以保存而不至于损坏的能耐久的东西,他们基于相互的同意,用它来交换真正有用但易于败坏的生活必需品。"①货币乃是基于人们的"相互同意"而流行起来。这种相互同意也带有契约性质,但并非每一种契约都起终止人们之间自然状态的作用。货币并没有使人走出自然状态,但货币加速了这一状态的结束。由于货币,人们得以扩大他们的所有物。所有物扩大了,公共资源却在减少,最明显的就是土地资源的减少,尤其是当人口繁衍增多的时候,土地变得越来越匮乏。

通过货币,财富增加,匮乏却加剧了。原来的自然平等逐渐为经济上的不平等所取代,与卢梭由此而批判不平等不同,洛克首先想到的是,必须保护辛勤而有理性的人的所有物免受他人的侵夺。这就需要超出自然法所提供的东西而进行统治,"人类结合成国家,把自己置于政府之下,其重大的和主要目的是保全他们的财产;在这方面,自然状态有着许多的缺陷。"②这里洛克通过财产这个问题论述了人类进入政治社会的必然性。洛克将政府的起源追溯到了经济基础上去了,这在近代政治哲学中开辟了一个新的方向,以后卢梭、黑格尔、马克思都曾受到影响。

2. 社会契约论

关于政治社会的起源,或关于公共权力的起源,传统理论认为,这类

---

① John Locke, *Two Treatises of Government*, p.300;中文版见《政府论》下卷,北京:商务印书馆 1993 年版,第 31 页。

② Ibid., pp.350−351;同上书,第 77 页。

权力是神所授予的,由其后代继承,这构成了权力的基础。洛克与霍布斯一样,主张政治社会并非由神确立,而是纯粹现世的东西。洛克把他的《政府论》的主旨界定为"正确了解政治权力"。

与霍布斯强调国家高于一切不同,而洛克认为国家宁缺毋滥。尤其是通过洛克对于财产权的论述,我们看到在国家建立之前,某种意义上的社会已经存在,在财产活动中已然包含了契约的成分,但这个契约还不是建立国家的契约。这里可以隐约地看出洛克式社会优先于国家的理论。于是进入国家就不是强调放弃自然权利,而是为了更好地保护财产、和平、安全和公共福利,"生命、自由和财产"是不可剥夺的自然权利,政治是为其服务的。

洛克对于契约论的描述比较弱,"处于自然状态下的任何数量的人们,进入社会以组成一个民族,一个国家,置于一个有最高统治权的政府之下。"①这里没有大张旗鼓地强调,人们让渡权利来强化国家,而是人们同意将每个成员在自然状态下所据有的一部分权力转移到政府手中。人进入社会不是为了放弃自然权利,而是为了更好地实现生命权、自由权和财产权,以弥补自然状态中的种种不便。

那么转让的是什么权力呢? 在洛克看来,在自然状态中,人有自我保护的权力和私人的审判权力,这两种自然的权力是"公民社会的立法权和执行权的起源。"②契约将自然状态下的人的自然权力转变为公民社会的政治权力。与霍布斯不同的是,洛克一开始便指出,这些政治权力受着人们造就这些权力的意图的制约。像霍布斯那样使用绝对的专断权力,或者不以确定的法律,只以主权者的意志来进行统治,这都是与建立社会和政府的目的不相符合的。而且会使人们陷入一个比自然状态更糟糕的状态,而霍布斯却让人受制于自己创造的强大无比的利维坦。

---

① John Locke, *Two Treatises of Government*, p.325;中文版见《政府论》下卷,北京:商务印书馆 1993 年版,第 54 页。
② Ibid., p.325;同上书,第 54 页。

3. 政府论的特点

洛克在他的政治哲学中明确地区分了政治社会和政府。当然,他并不认为政治社会可以没有政府而独立存在。人们建立政治社会的目的就是要接受一个不变的法律约束,这个目的只能通过政府的立法权和行政权来达到。

洛克接受辉格党的主张,强调立法部分的至高性。"立法权,……是每一个国家中最高的权力。"①于是,就有选择政府形式的问题,多数人掌握立法权,就是民主制,少数人掌握就是寡头制,一个人掌握就是君主制。一般而言,立法权是授予一个集体,可以叫国会,也可以叫别的名称,但无论如何,其权力对于人民的生命和财产都绝对不是专断的,洛克的立法权不是无限的。因此他强烈要求限制立法权的范围。首先,立法权以公众的福利为限,对于人民的生命、自由和财产不能是绝对专断的。自然法给予人们的保护自己和其余人类的权力,人们在自然状态中不享有支配另一个人的专断权力,所以立法机关的权力也不可能超出此种限度。其次,立法机关必须以正式公布过的成文法来进行统治,而不是以临时的专断命令来进行统治。再次,最高权力,未经人民或其代表同意,不能攫取任何人的财产。因为既然保护财产是政府的目的,对于那些根据法律属于他们的财产,任何人都无权剥夺。最后,立法机关不能把制定法律的权力转让给任何他人,因为立法权只是得自人民的委托权。人民和统治者之间签订契约,如果统治者不能保证人民的基本权利,当人民发现立法行为与他们的委托相抵触时,人民仍享有最高的权力来罢免或更换立法机关。②

就政府而言,洛克清楚地表达了权力分立的基本原则。尽管这一思想有着现实的要求,但是其依据仍在于洛克式的自然状态和社会契约理

---

① John Locke, *Two Treatises of Government*, p.357;中文版见《政府论》下卷,北京:商务印书馆 1993 年版,第 83 页。

② Ibid., p.367;同上书,第 91 页。

论。他认为,在自然状态下,人有做什么的权力和实际做什么以及如何做的权力。那么在组织有序的国家层面中,主要权力也是分开的,人在自然状态的这两种权力是国家中立法权和执行权的来源和基础。其之所以要分开,洛克的理由是:"如果同一批人同时拥有制定和执行法律的权力,这就会给人们的弱点以绝大诱惑,使他们动辄要攫取权力,借以使他们自己免于服从他们所制定的法律,并且在制定和执行法律时,使法律适合于他们自己的私人利益,因而他们就与社会的其余成员有不相同的利益,违反了社会和政府的目的。"①而且针对霍布斯无限专权的主权者,洛克有一段话是直接反对霍布斯的,他认为让主权者自己直接充当法官的巨大危险,这样的话,人们还不如继续留在自然状态中。他说:"他们中除了一个人外,大家都应当受到法律的约束,只有他一个人仍然可以保留自然状态中的全部自由,而且这种自由还由于他掌握着权力而有所增加,并因为可以免于受罚而变得肆无忌惮。这就是认为人们惊人如此愚蠢,他们竭力避开臭鼬或狐狸可能的骚扰,却甘愿为狮子吞食,并且还认为是安全的。"②这是洛克反击霍布斯理论的一个著名比喻,洛克对于解除自己的武装,而全力武装统治者充满警惕,且谁也不能保证统治者的意志就一定比别人要好。

洛克的行政权和立法权在理论动机上讲得很明白,在理论区分上也很清楚,后世的分权理论深受洛克的影响。在洛克的理论中,尽管洛克强调法官的独立性,也反对国王自任法官,但在现代政治的三权分离中,洛克几乎没有涉及司法组织,而是将司法功能视之为行政权力一部分。洛克讲三权分立,这第三权是"发动战争和寻求和平,缔结同盟和联盟的权力"③称之为"对外权"。无论如何,在洛克的政治哲学中已经鲜明地提

---

① John Locke, *Two Treatises of Government*, p.364;中文版见《政府论》下卷,北京:商务印书馆 1993 年版,第 89 页。
② Ibid., p.328;同上书,第 57 页。
③ Ibid., p.365;同上书,第 90 页。

出了政治权力的制约和均衡的学说。

在洛克对政府的解读中,还包含了政府解体的问题,政府不再满足人民的需要的时候,人民有权作出变更,这最终的权力人民手中。政府的解体首先涉及立法机关的变更。因为立法机关作为社会的仲裁者能排除战争状态,并且表达大多数人的意志,一个国家因此而成一个有机体,所以当立法机关变更时就会导致政府的解体。此外,当立法机关或君主违背了人民的委托时,比如立法机关企图侵犯人民的财产,他们就背弃了他们所受的委托。于是权力便回归人民,人民恢复了他们原来的自由权利,并有权建立新的立法机关以谋求他们的安全和保障。这里,洛克暗含了强烈的人民反抗的权利。

我们看到,在洛克的理论中包含了自由主义政治哲学的诸多要素,最为关键的是他强调权力对公民的服务。在此基础上,他提出对于权力的限制,权力的分立,以及权力的更替的问题。这些问题在现代政治生活中依然有着极为重要的意义。

拓 展 阅 读

一、必读书目

1. John Locke, *An Essay Concerning Human Understanding*, Dover Publications Inc.1959.

2. John Locke, *Two Treatises of Government*, Ed. Peter Laslett, Cambridge University Press,1988.

3. John Locke, *The Works of John Locke*, 10 vols. A New Edition, London, 1823.

4. 洛克:《人类理解论》上、下卷,关文运译,北京:商务印书馆1997年版。

5. 洛克:《政府论》上、下卷,瞿菊农、叶启芳,北京:商务印书馆1993年版。

6. 洛克:《论宗教宽容》,吴云贵译,北京:商务印书馆1996年版。

7. 洛克:《教育片论》,熊春文译,上海:上海人民出版社2005年版。

二、参考书目

1. John Dunn, *Locke*, Oxford University Press, 1984.

2. John W. Yolton, *Locke: An Introduction*, Blackwell, 1985.

3. W. M. Spellman, *John Locke and the Problem of Depravity*, Oxford University Press, 1988.

4. 邹化政:《〈人类理解论〉研究》,北京:人民出版社 1987 年版。

5. 纳坦·塔科夫:《为了自由:洛克的教育思想》,北京:三联书店 2001 年版。

6. 彼得·拉斯莱特:《洛克〈政府论〉导论》,北京:三联书店 2007 年版。

22

贝 克 莱 哲 学

高 新 民

如果没有经验,则我们不能由模糊和渺小,对物像的距离
作任何判断。

——贝克莱:《视觉新论》,§3

本身原被认为个别的一个观念,所以能成为普遍的,只是
因为我们用它来表示同类的一切其他个别的观念。

——贝克莱:《人类知识原理》,§9

我否定其存在的唯一的东西是哲学家们叫做物质或有形
体的实体。

——贝克莱:《人类知识原理》,§35

通过对我们所见的各种现象的孜孜不倦的观察,我们可
以发现普遍的自然规律,再由此推演出别的现象来。

——贝克莱:《人类知识原理》,§107

贝克莱哲学是西方哲学史上第一个以经验论为基础、以主观唯心主义为核心内容和标识的哲学体系。其历史和逻辑起点是他的这样的视觉理论：视觉只能看到光色及其变状，不能直接知觉到距离、空间、大小等。基于对视觉的所谓"科学"研究，他得出了视觉对象不在心外存在的局部主观唯心主义结论。在共相问题上，他既反对唯实论，又不赞成洛克等人的温和唯名论，认为事物中不存在共性，人也没有能力从对象中抽象出一般观念，如果说有一般观念，那它也不过是用来表述一类对象的一个特殊观念。在本体论上，他否认心外有物，而坚持世界上只存在着能感知的精神和被感知的对象的主观唯心主义原则。其著名命题是：存在就是感知和被感知，事物是观念或观念的复合。据此，对唯物主义的"物质"概念作了尖锐批判。在认识论上，既继承了洛克等人的经验论原则，又在克服有关矛盾的过程中作出了发展。他的后期哲学较之早中期哲学来说的确发生了很大变化，建立了以精神为中心、以以太为纽带、多统一于一、充满着丰富辩证法因素的宇宙结构图景，但从实质上看，他并未抛弃他的主观唯心主义的基本原则，只是增添了较多的神学和客观唯心主义成分。

要把握贝克莱哲学，首先必须从视觉理论出发，因为这同时是他的哲学的历史和逻辑起点。其次应认识到：贝克莱哲学的独特而核心的内容是他的主观唯心主义。而在理解这一内容时，既应有本体论的维度，又应有本原学说和因果理论的视角。第三，在理解他的"存在就是感知和被感知"、"事物是观念和观念的复合"时，要力避望文生义，而把着眼点放在他提出这两个命题的动机和具体论证之上。第四，在理解他的非唯物主义时，既应看到它与他的抽象学说的联系，又应看到它们的区别，尤其是认识到：他所批判的物质学说不是一般的唯物主义，而是洛克式的唯物主义，在批判作为这种物质学说之基础的洛克抽象学说时，贝克莱针对的是洛克的这样的观点，即认为存在着把可感物与被感知分离开的抽象作用。在贝克莱看来，人没有这种抽象作用，因此没有形成洛克所说的那种物质概念的能力。

视觉；抽象观念；有限精神；无限精神；观念；意念

贝克莱（George Berkeley，1685—1753）是英国近代哲学发展过程中将唯物主义经验论转化为唯心主义经验论的重要哲学家。1685 年 3 月 12 日生于基尔肯尼郡，1700 年 3 月进入都柏林三一学院。1707 年，年轻的贝克莱经过考核取得了该校的研究员资格。1710 年，他被委任为牧师，不久便进入爱尔兰教堂，从事专职的宗教工作。1710 年前后不到五年的时间，他分别发表了《视觉新论》（1709）、《人类知识原理》（1710）和《哲学对话三篇》（1713）三本著作，阐发了以经验论为基础、以主观唯心主义和非唯物主义为标识的崭新的哲学体系。在中后期，他尽管主要从事宗教活动，但并未放弃哲学研究，仍孜孜不倦地思考和写作，完成了大量论著。其中最有名、争论最大的是他后期完成的《西利斯》（1744）。

一、视 觉 理 论

视觉理论既是贝克莱认识论的心理学基础，又是他为其"存在就是被感知"的本体论所提供的最初的、最基本的"科学"根据之一。因此，要揭开贝克莱哲学体系特别是认识论体系的内在逻辑结构和真谛，必须考察他的视觉理论。

对象的距离、空间、方位、运动等属性是不是视觉的对象？如果是的，人们是怎样知觉到它们的？它们是存在于人心之内，还是存在于人心之外？在贝克莱之前，霍布斯、洛克等经验论者和笛卡尔、马勒伯朗士等唯理论者对这类问题进行了大量的探讨，发表了许多颇有影响的看法。洛克认为：距离、空间、运动、静止像软硬等属性一样，是物体所固有的属性，即"第一性的质"。它们能刺激我们的感官，使我们形成对它们的感觉观念。这种观念属于简单观念，是"经过感官单纯地并不混杂地进来的"①。它们既可以经过触觉被感知，也可以经过视觉被感知；既是触觉的直接对象，也是视觉的直接对象，是两者的共同对象。唯理论者笛卡尔、马勒伯朗士等人看到了理性因素在空间、距离属性的视知觉中的作用，并且把这种知觉形成的原因归结于人的理性。笛卡尔认为：眼睛看到这些属性离不开理性的计算、估量之类的活动。当人视物时，由眼睛射出的两条光轴会在对象之上相交以至形成一个角。既然如此，人们就能根据计算、估量角的大小来推断物像到眼睛的距离。除这种几何学方法之外，还有一种光学的方法，即根据来自于对象的光线落于眼瞳时的分光的大小程度来推断距离的远近，一个点如果落在眼瞳上表现为最分散的光线，则被判断为最近的，反之是最远的。

贝克莱不否认人能通过感官接受各种对象的刺激进而得到各种感觉和知觉。但是他强调：人的感官、感知的方式和感知的对象都各有其特殊的限制。各种感官都有其特定的对象，如声音是听觉的特定对象，而不是触觉的对象；软硬是触觉的对象，而不是听觉的对象；视觉也有其他感官所不能感知的特定的对象，贝克莱把它称为视觉的"固有对象"②，这种对象就是"光和颜色"及其"各种变状"③。除此之外，视觉不能感知到任何东西。贝克莱反复强调：我们的眼睛是看不到事物的空间、距离、方位和运动等属性的，我们所能看到的只是光和颜色及其各种变状，就像耳朵只

① 《十六—十八世纪西欧各国哲学》，北京：商务印书馆1975年，第368页。
② 贝克莱：《视觉新论》，关文运译，北京：商务印书馆1957年版，§103。
③ 同上书，§130。

能听到声音不能感知到色香味一样。距离、空间等是触觉的固有对象,只能由触觉去认识。

贝克莱清楚地意识到:正常的成人都有这样的知觉经验,即当看到一个立方体时,他会说那是立方体,而不会说它是圆形。眼前一个 100 米远、一个 10 米远的两个东西,他一看就知道哪个远、哪个近。这不是充分说明了人能通过眼睛看到事物的空间、体积和距离之类的属性吗?对此,贝克莱是这样辩解的,他认为:通过视觉,人心中是可以出现事物的空间、距离等观念的。但他强调:问题绝不像镜子照物那么简单明了,人并不是真的通过眼睛看到了这些东西。通常所说的"看到"体积和距离,实际上是在复杂的感觉、心理过程之后想象到了触觉所感知到的体积和距离。这也就是说,一看就知距离等属性其实是假象,其内包含着一个较长的过程,如从看光色的特定混合、经过提示作用、经验的习惯性联想到形成判断最后想象到了这些东西。视觉从看光色的混合到心中想象到体积或距离之类的观念中间不仅要经历复杂的心理历程,而且还依赖于许多条件,如视知觉时肌肉的运动、具体的情景、对象的背景等,同时任何视知觉都要以一个既不同于认识主体、也不同于对象的第三者作为原因,这个原因就是上帝。例如,当看到光色的一定组合时,人的想象力就可把过去经验中与它经常联系在一起的触觉观念提示出来,使我们得到一触觉观念,就好像我们真的看到了这个触觉观念,事实上我们不过是借经验的习惯性联想想象到了它而已。人们常说的看到某物有多大,实际上是想象力把触觉所知觉的某物的大小观念提示出来了,人并不是真的看到了它的大小。

视觉所知觉的光色组合与被提示出来的触觉观念之间的这种联系并不是必然的,而是经验的、习惯的产物。在过去的经验中,事物的某些触觉观念常常伴随着某些光色及其混合观念的出现,人们接触多了,就在心中固定下来了,以至在后来的知觉中,当看到了光色及其混合时,人就联想到了以前常与之伴随的触觉观念,结果人就"看到"了对象的距离和大小等属性。他说:"如果没有经验,则我们不能由模糊和渺小,对物像的距离作任何判断"①。不难看出,贝克莱不仅重视经验对视知觉的作用,而且还突出判断的作用。当然,在这两种作用中,经验的作用是第一位的,因为"离了经验,我们既不能判断出模糊的或纷乱的现象和大或小的距离有联系,亦不能判断出它们和大或小的体积有联系"②。当我们看到对象的模糊纷乱的现象时,一方面,想象力要把过去与之相联系的触觉经验提示出来了,另一方面,人心要依据纷乱的程度借助经验对距离的大小作出判断。

贝克莱的视觉理论在为他的经验论提供论证的同时,也为他的主观唯心主义作了铺垫,因为他强调:视觉对象不在"心外",而在"心内"。有论者据此把他的视觉理论称作"眼睛的唯心主义"(idealism of the eye)③。其根据在于:视觉的固有对象——光色及其各种变状具有相对性,如在不同的明暗条件下,对象的颜色看起来是不一样的,对象从不同的角度看有不同的形状等等。似乎视觉的对象是以人心为转移的。贝克莱看到了视觉的相对性,这里有可取的一面。问题在于:没有同时看到视觉对象还具有恒常性,如黑炭在晚上有时会发亮,但不管怎么亮,它总是黑的。由于这一形而上学的局限性,他便得出了他的上述有失偏颇的结论。

二、共相学说

共相问题或一般与个别及其相互关系问题是一古老而常新的、贯穿于哲学史始终的哲学问题。在西方古代和中世纪,它主要表现为本体论

---

① 贝克莱:《视觉新论》,关文运译,北京:商务印书馆1957年版,§3.
② 同上书,§58.
③ 参阅 G.A.Johnston:*The Development of Berkeley's Philosophy*,London:Macmillan,1923,pp.105–115.

问题,即一般或共相的本质是什么,在哪里存在,以什么形式存在,怎样存在等。到了近代,随着哲学重心向认识论问题的转移,上述问题仍继续存在,但又增添了新的认识论意义,表现为具有认识论性质的问题,如一般或共相是怎样被认识的,在主体的认识中以什么形式存在等。在近代英国经验论哲学中,共相问题尽管已失去了它作为中世纪哲学中的中心问题的地位,但仍然是一个十分重要的、为哲学家们普遍关注的问题,并融合于当时作为哲学中心问题的认识论问题之中。经验论的代表人物如霍布斯、洛克、贝克莱等人力图把这一古代中世纪哲学家们在本体论范围内无法解决的问题放在认识论框架内予以解决。他们所阐述的共相学说既是他们批判作为中世纪正统经院哲学之核心内容的唯实论的武器,又是他们认识论思想的中心内容之一,在一定程度上表现了乃至规定、制约了他们在认识论上的经验论倾向。因此要弄清他们哲学的内容、实质和秘密,必须了解他们的共相学说。

贝克莱的共相学说是在批判洛克的抽象学说和企图克服洛克的困难和矛盾的基础上建立起来的。他同意洛克的这一带有唯名论倾向的结论:对象世界存在的都是个别、特殊的东西,没有一般或共相存在。但在共相的其他问题上,如在共相的本性、在观念世界中的存在方式、产生过程与作用等方面,贝克莱则又与洛克分道扬镳。洛克认为:尽管客观世界不存在共相,但在人的理智世界中共相则是存在的,并有不同于特殊的、个别的观念的存在形式,它就是抽象观念。什么是抽象观念呢? 洛克认为:抽象观念就是"种"或"类"的本质,或"名义的本质",虽然它不是天赋的,但却是"人为的构造",因为外部世界没有它的原型,或者说,它在外部世界没有客观的存在。它是通过一般名称表现出来的,也即是说是一般名称所附着的含义①。如抽象的广袤观念就是这样。我们感知到的广袤的都是有一定大小、形状、体积、颜色的东西,但我们的理智有一种抽

---

① 洛克:《人类理智论》,见《十六—十八世纪西欧各国哲学》,北京:商务印书馆 1975 年版,第411—412 页。

象能力,能"把一些观念与其他一切在事实上和它们同时存在的观念分开来"①,如我们可以撇开其他相联系的属性如颜色、硬度等来单独考察广袤。然后我们可以借心灵的概括作用,撇开各个事物的广袤的特殊的大小、形相,把其中共同的东西集合在一起,组成一个抽象的广袤观念,这个广袤观念既不是表示线的,也不是表示面的、体的,也没有形相和体积,它就是那么一个非此非彼的纯粹的抽象观念。抽象的样式观念都是这样做成的。抽象的实体观念则是把抽象出来的样式与其纯粹实体或支撑物组合在一起而形成的。如抽象的动物观念就是由生命、感觉、自发的运动和身体等部分所构成的。这个观念及其各部分是既非此又非非此的那么一种纯粹的抽象物。洛克的上述理论实质上是一种温和的唯名论,即概念论,包含有一般唯名论所固有的各种矛盾和问题,如把一般当作脱离个别而存在的东西,割裂一般和个别的辩证关系等。

贝克莱认为:既然抽象观念是那种既非此又非非此的包含逻辑矛盾的东西,因此它不可能存在。他说:"一种事物如果在它的概念中包含了矛盾,你还能想象它可以真正存在于大自然中吗?"人也没有洛克所说的那种抽象能力,"假如你还相信自己的感官,一切可感的性质不是分明都共存着吗? 那些感觉不是觉得它们在一块吗? 离了一切可见可触的性质感官还能表象出任何运动形相吗?"再说,无论是感觉还是理智,都没有形成洛克所说的那种抽象观念的能力。他说:"纯粹理智任凭它是什么官能,也不能借它形成抽象观念……我们已经明白:一切可感的性质还不都是为感官所知觉或表象在想象上面的吗? 形相和广袤既然原来是为感官所知觉的,因此它们便不能属于纯粹理智。"②

贝克莱否认了洛克所说的抽象能力、抽象观念及其存在方式和作用,这是否就表明贝克莱完全否认了一般或普遍观念的存在以及人有形成一

① 洛克:《人类理智论》,见《十六—十八世纪西欧各国哲学》,北京:商务印书馆1975年版,第381页。
② 贝克莱:《哲学对话三篇》,关文运译,北京:商务印书馆1957年版,第28—29页。

般观念的能力呢？回答是否定的。贝克莱说："坦白地说，我承认我自己可以在一种意义下实行抽象"，如可以"用各种方式分合（dividing and compounding）"特殊事物的观念①；"人们应该知道：我并不绝对地否认有普遍观念（general ideas），我只是否认有抽象的普遍观念（abstract general ideas）"②，即洛克所讲的抽象观念。他认为：人有一种抽象能力去分合特殊的观念。"虽然我不曾借感官知道它们（即可感的属性——引者注）是分离的，可是我也可以在思想中把它们彼此分开。"这种分合不是洛克所说的自由的构造，而是受着由属性集合而成的对象的严格的限制的，即对象允许分合就分合，允许分合多少就分合多少。"这里我所设想分离的各种事物仅仅限制于那些实际能分开存在的（或被感知为分开存在的）各种对象"③。"各种性质如果不能单独存在，则我们便不能把它们分开来加以设想"④。这里的分离、抽象只有两种可能，第一，如果一个对象的各个部分可以独立存在，那么就可以把它们单独抽出来考察，如把人的躯干和他的四肢分开考察；第二，如果一个对象的相互结合在一起的某些属性可以分开来单独予以考察，那么就分开来考察，如撇开玫瑰花专想它的香味⑤。

　　什么是贝克莱所说的普遍观念呢？他认为：一切观念都是特殊的，在思想中并没有什么虚构出来的、独立于特殊观念而存在的普遍观念。即使承认有普遍观念，那也不过是特殊观念的代名词，因为它是由特殊观念变来的。他说："本身原被认为个别的一个观念，所以能成为普遍的，只是因为我们用它来表示同类的一切其他个别的观念"⑥。可见普遍观念本来是特殊的，或者说普遍观念就是特殊观念，即是用来表示同类其他的

---

①　贝克莱：《人类知识原理》，关文运译，北京：商务印书馆 1973 年版，§7。
②　同上书，§9。
③　同上书，§22。
④　同上书，§7。
⑤　同上书，§22。
⑥　同上书，§9—10。

观念的特殊观念;特殊观念也可以说就是普遍观念,当然是当它被用来表示同类其他特殊观念时才有这种资格的。

一般观念都是特殊观念变来的,特殊的为什么能成为一般呢? 一个特殊的东西为什么能够表示同类其他的东西呢? 他以三角形为例指出:当证明一个直角等腰三角形三内角之和等于两直角之和之后,就可把这一结论推广到其他一切三角形之上。之所以能如此,或者说,它之所以适用于其他任何三角形从而成为普遍的,是因为其他三角形与这个直角等腰三角形有相似性。有何根据说它们有相似性呢? "因为我在知觉它时和我在知觉它所属的那一类观念时,所循的方式是一样的,或者因为它与所属的那类观念是类似的、是联合的,是在同一方式下刺激我的"①。即尽管有许多差异,但都是以同一方式被感知的。既然是同类的,因此我们只要知道其中的一个特殊的观念,就可通过经验的联想将它推广到其他类似的观念上。这一来,这个特殊的观念就成了这类观念的代表,因而也就成为普遍的观念。

贝克莱的共相学说实质上是一种极端的唯名论。因为他不仅否认实在世界中存在着一般,而且也否认理智世界中有反映事物共同性质的一般概念或抽象概念,尽管他在一定范围内保留了普遍概念或观念,但强调它只是个别的名称或标记。不过,其思想中也包含有合理的因素,如他朦胧地意识到:普遍的观念应是一种具体,应是包含有规定性的东西,因而他就把普遍观念下降为或等同为一个特殊的观念,因为只有这种东西才有具体性、实在性,才能作为分类的标准,但这种具体可惜只是一种感性的具体。贝克莱暴露了洛克概念论的问题,批判了洛克的片面性,这里包含有片面的真理,但自己又陷入了新的片面性,即因强调具体、个别而牺牲了一般。其启示在于:只有用辩证法才能解决这里的问题。共相是具体的,但不是感性的具体;共相是理性的抽象,但不是跳开或离开感性具

---

① 贝克莱:《视觉新论》,关文运译,北京:商务印书馆 1957 年版,§ 55。

体的纯粹、空洞的抽象,而是一种理性的具体,或者说是由感性的具体到理性的抽象再到理性的具体的辩证思维过程的产物。

三、存在论与非唯物主义

贝克莱的本体论或存在论试图把握整个世界,认为"存在"是可囊括一切的最广泛的范畴,而以此为基础的存在论又是认识论的逻辑前提。他说:"要想建立一个坚实的、健全的知识系统,……最重要的步骤似乎应该是在一开始就清楚地解释一下,'事物'(thing)、'实在'(reality)、'存在'(existence)三个名词的含义。"①在他那里,这三个概念是同义词,泛指世界上一切有存在地位的东西。大致说来,存在有两大类,即能感知的精神和被感知的事物。正是基于此,他提出了他的"存在就是感知和被感知"这一基本原则。

两类存在的实在性程度是不一样的。在他看来,最真实的、能称作实体的东西不像笛卡尔和洛克所说的那样有物质和精神两个,而只有一个,即精神实体。不过,实体尽管只有一个,但名称却有多个,如"心灵"、"灵魂"和"精神"等。就其能支撑世界上的其他事物、属性来说,它是名副其实的实体,因为不论是内在的观念还是外在的作为事物的观念,离开心灵的感知,其存在都是不可设想的。就心灵有能动的感知作用来说,它是主体。他说:它是"能动的、具有感知能力的主体。"②从表现方式来看,精神无广延,不具有任何形体性,因此不可分割。正是有此特点,它才表现为能动的主体。从与观念的异同来看,它根本不同于被它感知到的事物或观念。"要说这个能知觉,能支撑各种观念的实体本身也是一个观念或类似一个观念,那就显然很荒谬了。"③因为主体是能动的,是力量、动力

---

① 贝克莱:《人类知识原理》,关文运译,北京:商务印书馆 1973 年版,§89。
② 同上书,§2。
③ 同上书,§135。

的源泉,是动因:同时主体是永恒不灭的,因为它不受自然规律即上帝所规定的事物或观念之间的联系和秩序的约束,不为自然规律"所打破、所毁灭"①,在这个意义上也可以说它是自由的。而观念则是被动的、易逝的、迟钝的,是受自然规律严格控制的,是精神的结果。这样看来,主体与观念是"异质的""异类的"。

作为主体或实体的精神有两种形式,即有限的精神和无限的精神。前者即个别的主体。它又有两种,一是每个个体的人的精神,二是人类的精神。它们是各种不同等级的能力的统一体。无限的精神即是上帝。它也是一个由不同等级的精神所构成的统一体。贝克莱还强调:自我、其他有限的精神、上帝或无限精神之间也具有等级性,因为上帝是最高级的精神。贝克莱有时也把"自我"与"有限精神"两词等同起来使用,表示人的精神,如说"心灵、精神或灵魂、或自我"②,它们与上帝相比是低一等级的,只具有有限的能动性,有限的动力,而无限的精神则具有无限的能动性,无限的动力。但它们的能动的作用又是统一的。它们是构成宇宙万物的动力的源泉,因为除了精神以外的一切事物都是被动的,没有动力、动因,需要精神的推动、支撑。

精神以外的存在亦即第二类存在是包括人的肉体在内的一切有形的东西。从存在的等级上说,它们是低级的存在,是没有独立存在性的存在,因为它们是依赖于主体、离开了主体的感知就不能存在的观念或观念复合。从实在性上说,这种存在不是客观的存在,而就是"被感知"。这是贝克莱赋予它的一个最根本的规定性。正是这一看法把他与唯物主义者和其他唯心主义者区别开来。在他看来,被感知的事物不可能是心外之物,即不可能是物质实体及其所支撑的属性。因为人的感觉观念所认识的只能是感觉所接触的东西。"我们只能借感官来知道我们的感觉、

---

① 贝克莱:《人类知识原理》,关文运译,北京:商务印书馆 1973 年版,§141。
② 同上书,§2。

观念或直接为感官所感知的那些东西"①。因此精神之外的有形事物作为可感对象并不是"异于被感知的一种存在"②,它是存在于人心之内的。质言之,它同一于、统一于观念。他这样说的根据很多,如以视觉为例,视觉的固有对象——光色及其变状——随人心变化而变化,足以说明它是依赖于人心,存在于人心之中的。他说:"同一只眼在不同的几个位置或组织不同的几只眼在同一位置所见的形象和广延都是不一样的。因此它们并不是心外存在的任何确定的事物的影响。"③其他的第二性的质如声音、气味等也是如此。第一性的质也是这样,因为它们与第二性的质是彼此"不可分离的、紧连在一块的,而且即使在思想中也不能分离,那它们分明也是在人心中存在"④。

贝克莱由此进一步规定了认识对象:"感官的对象既然只存在于心中……因此我就宁愿以观念一词来表示它们。"⑤"感官对象不是别的,只是离开知觉就不能存在的观念"⑥。简言之,事物(当然是精神以外的事物)是观念或观念的复合。

在正面阐述自己观点的基础上,贝克莱对当时盛行的唯物主义作了全面的、火药味极浓的批判。人们通常把他的哲学的这一组成部分称作"非唯物主义"。他对唯物主义的批判主要集中在它的"物质或有形的实体"这一概念之上。在他看来,"物质"概念是无神论和"一切古怪的系统"的"基石","一旦把这块基石去掉,整个建筑物就不能不垮台"⑦。可见,贝克莱站在唯心主义立场上也看到了唯物主义的其他学说对"物质"概念的必然依赖关系。在了解贝克莱的非唯物主义时应特别注意的是,

---

① 贝克莱:《人类知识原理》,关文运译,北京:商务印书馆 1973 年版,§ 18。
② 同上书,§ 91。
③ 同上书,§ 14。
④ 同上书,§ 10。
⑤ 同上书,§ 39。
⑥ 同上书,§ 48。
⑦ 同上书,§ 92。

贝克莱批判的唯物主义不是一般的唯物主义,如不是古希腊的唯物主义,更不是后来的唯物主义,而是当时盛行的洛克等人的唯物主义。在批判唯物主义时,由于他看到了物质概念对于唯物主义的重要作用,因此分析的重点是这一概念。

贝克莱所批判的"物质"概念是什么样的"物质"概念? 他是怎样批判这一概念的? 应注意的是,贝克莱所批判的物质概念是有特定所指的,即不是古代中世纪哲学中的物质概念,更不可能是我们现在的辩证唯物主义的物质概念,而主要是洛克所阐发的物质概念。贝克莱说:"我决不对我们通过感觉或思考能够认识到的任何一物的存在提出异议,我用眼睛看到的和用手触到的那些是存在的,是真实存在的,这一点我毫不怀疑,我否定其存在的唯一的东西是哲学家们叫做物质或有形体的实体"①。"如果就通常的意思来了解实体这个词,就是说把它了解为广延性、硬度、重量等等感性的质的组合,那就不能责难我消灭了有形实体。但是如果就哲学的意思来了解实体这个词,就是说把它了解为意识之外的偶性或质的基础,那么只要对于根本不存在的,甚至在想象中也不存在的东西说得上消灭的话,我就真的承认我消灭了它"②,这里的"哲学意思"上的物质或实体概念正是洛克唯物主义哲学的基石。洛克是怎样规定物质或实体概念的呢? 洛克认为:由于不能想象事物的性质或简单观念如何能够独立存在,"因而惯于假定一个基质,作为它们产生的原因,因此我们就称这个基质为实体"。"如果有人愿意考察一下自己关于一般的纯粹实体概念,他就会发现他根本没有什么别的观念,只不过有一个假设,认为有一种他不知道的什么东西在支撑那些在我们心中产生简单观念的性质"。"我们用实体这个一般性的名称来命名的那个观念只是一种假定的并不认识的支撑物"。这就是洛克所认识的物质或有形的实体。除了这一规定之外,他有时还赋予物质或有形的实体概念这样的含

① 贝克莱:《人类知识原理》,关文运译,北京:商务印书馆1973年版,§35。
② 同上书,§37。

意:即是人们不知道的那个起支撑作用的基质即上面所说的纯粹实体和可感的偶性的集合①。不管他怎样论述物质,其中总包含有实体这一假定。尽管实体"可以称为事物的本质"或"实在的本质",但对这个东西"我们更是不知道的,因为我们根本没有达到这种知识的官能"②。我们所能认识的仅仅是"名义的本质",而名义的本质仅仅是人为的构造,是人心的虚构③。可见洛克的物质概念是有重大缺陷的,包含有想象、假定、猜测以及强烈的不可知论倾向,因而不能与辩证唯物主义的物质概念同日而语。贝克莱抓住并试图铲除的正是洛克的神秘的、不可知的、设想起支撑作用的实体或实在本质。他批评说:上述规定是"对于物质或有形实体所作的含糊不定的描述"④。"物质是支撑"各种"偶然"的"基质",这里的"支撑""是什么意思"?"究竟应当作何解释"⑤?"既然主张物质的人们自己也没有妄称在外物与我们的观念之间有任何必然的联系"⑥,而倒是认为物质实质上是人们所不知道的一种假设或虚构,那为什么还要相信它存在呢?这些字只是标示一个明显的矛盾,要不然就是毫无意义的⑦。贝克莱对这种物质或有形的实体概念的批判,具体地、历史地看又有其合理性,在一定程度上揭露了当时影响最大的物质学说中包含的矛盾和问题,他虽然没有、事实上也不可能作出正确的解决,但他的责难对唯物主义的发展是有进步作用的。

与物质概念密切相关的一个重要问题就是抽象学说。如前所述,贝克莱对抽象或共相问题的探讨,旨在批驳洛克的抽象学说,而这一批驳又具有批驳洛克物质学说的客观作用。如上所述,洛克的物质概念并不是

---

① 《十六—十八世纪西欧各国哲学》,北京:商务印书馆 1975 年版,第 383—385 页。
② 洛克:《人类理解论》,关文运译,北京:商务印书馆 1993 年版,第 286 页。
③ 《十六—十八世纪西欧各国哲学》,北京:商务印书馆 1957 年版,第 411 页。
④ 贝克莱:《人类知识原理》,关文运译,北京:商务印书馆 1973 年版,§ 11。
⑤ 同上书,§ 16。
⑥ 同上书,§ 18。
⑦ 同上书,§ 24。

科学理性抽象的产物,并没有概括出万物客观存在这一共同本质。他的物质概念有想象、猜测、假设的因素,也即是说,这一概念表示的是支撑诸属性(如空间、运动、凝固性等)的一种神秘的、想象的基质或支托。因而当贝克莱论证了属性依赖于精神而存在时就去掉了那种假设出来的支撑物即物质实体的存在。当然洛克的物质概念也有理性抽象的某种作用,但这里的理性抽象只是一种低级的分离、分解作用,因为洛克所说的抽象就是指分解或"分开来"。贝克莱并不一概否认洛克所说的这种抽象作用,因而贝克莱并不是像人们通常所理解的那样否认洛克的抽象学说旨在否认理性所抽象概括出来的物质概念。贝克莱主要是从这一角度批判洛克的物质概念所依赖的抽象作用的,即在贝克莱看来,物质概念是依赖于这样"一种最精巧的抽象作用",即"把可感物的存在与其被感知分离"①。这实际上仍是用唯心主义批判唯物主义。

四、唯心主义认识论

在认识主体与对象及其相互关系这一问题上,贝克莱明确指出:世界上真正有认识作用的只能是精神,如有限的人的精神和无限的上帝的精神,其他一切事物只能作为对象存在。当然,认识对象的范围比非精神事物的范围要大,因为精神本身尽管不能用感知的方式去认识和把握,但同样是人类认识的一个对象。由此说来,对象有可感的外物和不可感的精神两类。关于可感对象与主体的关系,贝克莱认为:它们既是有区别的、"异质的"、"异类的",即对象或观念尽管存在于主体之中但不能归结为、等同于主体;另一方面,对象与主体又是同一的,都具有精神性。它们的区别表现在:

主体是能动的、充满活力的,是推动者、施动者,是力量运动变化的源

---

① 贝克莱:《人类知识原理》,关文运译,北京:商务印书馆1973年版,§5。

泉,可感对象是被动的、无活力的,是被运动者、受动者。主体是原因,世界上的一切运动变化、联系的根源甚至认识产生的原因皆出自于主体,主体是绝对的、唯一的原因。所有一切可感的对象或观念都是结果,它们中的任何一个都不能成为原因,至多只能作为符号或信号提示背后起作用的原因。主体是无广延、不可分的,不受自然规律的约束,因而是永恒不灭的,同时它还是杂乱无章的观念或对象具有规律性、和谐性、统一性,自然齐一律的根源和基础。

可感对象与主体的统一性、同一性表现在:对象具有精神性,其本性、其存在就在于被主体所感知,而主体的现实存在则正在于感知对象。这一共同性是对象可以与精神直接相联结,为精神所认识的根本条件。主体是对象存在的基质、支撑物,对象受支撑于、统一于主体。因为世界上的唯一实体就是主体,对象或观念不过是依附于精神的附性而已。杂多的、混乱的世界由于精神的统一性、精神的能动作用才表现为"一"。由于对象是从属于、受支撑于、统一于主体的,本来就是存在于主体中的,因此对象能毫无困难地为主体所认识。

在认识对象与主体的理论的基础上,贝克莱阐述了知识的起源、作用、范围、分类、形成过程以及真理性标准等问题。

知识的来源不是经验论所说的经验这一个来源,而有两个,即观念(idea)和意念(notion)。贝克莱认为,人们所得到的大部分知识是以观念为材料做成的。他说:"自然科学和数学是思辨科学中的两大部分,它们所研究的是由感官得来的各种观念及其关系。"①物理学、机械力学、化学、医学等也是都是如此。我们所有的观念都是通过三个途径来的:感觉、反省、想象。感觉观念是关于心外(相对于特定感知主体而言)的可感物的。反省观念的对象是人心的各种作用和活动及其结果,并且我们只能对这些形成反省观念,决不能对心灵本身、心灵的本质形成反省观

---

① 贝克莱:《人类知识原理》,关文运译,北京:商务印书馆1973年版,§101。

念,因为心灵本身不是观念,而观念所能表现的只能是与观念相似的、被动的可感物或观念。这些看法与洛克的是一致的。想象的观念"是在记忆和想象的帮助下形成的,"①是前述两种观念在心中的任意唤起、联想、结合和分离,是受人的意志作用支配的,在形成这种观念时,人的意志是自由的,最能体现心灵的能动性。

意念(notion)在当时是一个用得很多且很混乱的词。可以在感觉、知觉、印象、概念、观念、内容、意思、含意、见解、想法等意义上使用。在贝克莱之前,洛克哲学的批评者、苏格兰神学家、哲学家 J.萨金特(Sergeant,1622—1707)第一次在哲学上对意念作了严格的规定,把它看成是与经验无关的、由理智直接得到的思维材料,认为它是通向真理的唯一途径。意念是人所独有的,但在人类中又是普遍存在的。人们既可以得到关于观念的知识,也可以得到意念的知识。关于意念的知识不仅包括对上帝、自我、关系的知识,而且在关于世界上其他一切事物的认识基础上也可形成关于意念的知识。这种知识高于关于观念的知识,但又不以关于观念的知识为材料,它是最可靠、最真实的知识。② 贝克莱从这些观点中吸取了对他有用的思想,进一步赋予意念以特殊含意,即认为它是纯粹理智不以观念、不通过感觉经验作媒介对超经验对象如上帝、自我、关系等的直觉或直观。意念的对象包括感觉经验所无法把握的超经验对象,如原因、动因,智慧、秩序、规律、德性、永恒性、统一性等都可看作是意念的存在③。这种存在是"本质、真正的存在,没有颜色、形状,没有任何可感可触的性质,仅仅是理智的对象"④。主体中有专门形成意念和利用意念做成知识的能力,这就是直觉和纯粹理智。贝克莱认为:直觉和纯粹理智是主体中最高级的认识能力,专司认识感官所无法认识的超经验对象的职

①　贝克莱:《人类知识原理》,关文运译,北京:商务印书馆1973年版,§1。
②　参阅 G.A.Johnston, *The Development of Berkeley's Philosophy*, London: Macmillan, 1923, pp.161-167。
③　贝克莱:《西利斯》,高新民等译,北京:商务印书馆2000年版,§335。
④　同上书,§366。

能。在认识超经验对象中,直觉认识是基础。"我知道'我'和'自我'这两个述语的意义,我是直接地或直观地得到这样的认识的"①。借助推理等作用,就可形成关于超经验对象的意念。

在知识本质与作用问题上,贝克莱认为,观念和意念是做成知识的全部材料,人们对观念和意念进行思考、判断、推论,从而就得到了知识。观念不能揭示自然事物中的关系、联系,意念尽管能说明观念、事物间的某些关系,但意念所注意的范围毕竟有限。观念、意念与知识的关系就是机器的零部件与机器、字母和文字的关系,观念和意念都是单一体,而知识"则是按照规律和聪明的设计做出来"的"组合体"②。知识的作用在于:"可以扩大我们的眼界,使我们超越眼前切近的事物"③,对过去和未来的事情作出判断,对其他地方的事物作出预言④,深入到事物的内部组织、内在结构、本性、实在的本质里去⑤。以意念为材料所做成的知识还能揭示隐藏在一切自然结果、自然现象后面的动因、原因,帮助人们理解世界的合规律性、自然齐一性、奇妙结构、和谐统一的真正根源。

贝克莱对知识的分类有不同的方法。在《人类知识原理》中他根据知识的对象对知识进行分类,认为"人类知识可以自然分为两类,一为观念方面的知识,一为精神方面的知识"⑥。所谓观念指的是"不思想的事物",即与主体相对的一种存在。在《西利斯》中仍坚持这种分类,不过变换了一下名称,关于观念方面的知识,他称之为关于结果的知识,诸如自然哲学、数学、力学、化学、植物学、医学等,它们是通过对结果或观念进行实验、观察、探讨而形成的。其作用在于:认识事物的机械结构和运动变化,发现里面的各种关系、规律等。关于精神的知识,他称之为关于原因

---

① 贝克莱:《哲学对话三篇》,关文运译,北京:商务印书馆 1957 年版,第 74 页。
② 贝克莱:《人类知识原理》,关文运译,北京:商务印书馆 1973 年版,§65。
③ 同上书,§105。
④ 同上书,§59。
⑤ 同上书,§105。
⑥ 同上书,§86。

的知识或者称之为形而上学的知识(有时也称之为"第一哲学")。它"探讨的是真正的实在的原因"①,追溯事物的真正动力,揭示"生命和存在的理智源泉"②。

在知识的形成过程问题上,贝克莱不反对运用演绎推理,也不反对把数学中的几何学方法扩大化,但他认为:科学知识及其体系并不是从自明的公理演绎出来的。他批判了唯理论者的由自明公理出发经过演绎推论建立知识体系的方法,说:"他们并不曾上升一步来考察那些影响一切特殊科学的超越的公理,因此那些公理如果一有错误,则各科学也跟着错误,数学也并不例外"③。"原则没有科学性,结论能有科学性吗?"④因此科学知识的形成过程不是一开始就根据自明的公理去进行演绎推论,而应是运用归纳、类比去发现"一般的规律"。演绎在时间上、逻辑上是后于归纳法的。因为只有根据现象得到一般的规则,然后才能根据那些规则去推演出现象。"通过对我们所见的各种现象的孜孜不倦的观察,我们可以发现普遍的自然规律,再由此推演出别的现象来。"⑤当我们依这样的程序来寻求知识时,"很难想象,由真正原则所得的正当推论会陷入自相矛盾中"⑥。除强调归纳——演绎这种知识的发现模式处,贝克莱还十分重视类比推理的作用。他认为,不论是关于原因的知识还是关于结果的知识都可以通过类比推理得到,如当我们知道某药物在一定条件下有某种效果、某行星的运动情形、某种化学、力学实验的结果之后,在其他场合,当我们发现实验对象、过程的"类似性"时,我们就能有根有据地运用类比推论推知:先前实验结果会出现在这些场合⑦。

---

① 贝克莱:《西利斯》,高新民等译,北京:商务印书馆 2000 年版,§285。
② 同上书,§296。
③ 贝克莱:《人类知识原理》,关文运译,北京:商务印书馆 1973 年版,§118。
④ 贝克莱:《分析家》,见弗雷泽编:《贝克莱全集》第三卷,牛津 1901 年版,第 56 页。
⑤ 贝克莱:《人类知识原理》,关文运译,北京:商务印书馆 1973 年版,§107。
⑥ 同上书,"绪论"第 4 页。
⑦ 贝克莱:《西利斯》,高新民等译,北京:商务印书馆 2000 年版,§252。

在知识的真理标准问题上,贝克莱反对霍布斯、洛克等人的契合论,同时也主张知识的真理性"不是由权威所决定的"①。而否定契合论的方法很简单,那就是抛弃物质概念。他说:"除掉物质,则我们的知识就能得到确实性"②。因为取消了物质,否定了心外存在着认识对象,就无须比较知识是否与心外的事物相契合,这样就从根本上解决了知识真理性检验中的困难问题,让知识建立在确定性、实在性的基础上了。贝克莱认为:只要依据"真正的原则",依照上述推理的规则和秩序,只要能"同正确的理性相契合",就一定能得到真理性的知识③。检验知识是否具有真理性可通过检查、证明的方式进行。当检查我们形成知识的全部过程,证明它依据了正确的原则,遵循了正确的规律和秩序,就可判定它是真理。有两种检验或证明真理的方式,即经验的证明和先验的(a priori)证明。所谓经验的证明是指用来检验关于结果的知识的真理性的方法。当能够为它们提供可靠的证据如具有实在性的或感官直接得到的经验材料或"共同感知"到的经验材料时,能够提供"充分的、有根据的""论证"时④,我们就可确认这种知识是真理,反之则不是,这一观点与洛克的有点相似,甚至他也用了"契合"一词,强调要把知识与经验材料相比较,但从实质上看,与洛克的是有根本区别的。因为这里的逻辑论证和经验材料都是纯粹主观范围的事情,经验材料是存在于心灵中的东西,作为认识对象的"物"也不过是观念或观念的集合,决不是洛克所说的心外存在的客观对象。因此,所谓"契合"也只是看知识是否与"正确的理性"相契合;知识是否有充分的根据也只是看能否在思想中找到经验的根据。总之,这种证明是超不出主观范围的。所谓先验的证明是指检验那些无法用经验材料证明的知识如关于上帝的知识的真理性的方法。贝克莱说:这种知

---

① 贝克莱:《西利斯》,高新民等译,北京:商务印书馆 2000 年版,§248。
② 贝克莱:《人类知识原理》,关文运译,北京:商务印书馆 1973 年版,§86。
③ 贝克莱:《哲学对话三篇》,关文运译,北京:商务印书馆 1957 年版,第 46 页。
④ 贝克莱:《札记簿》,见弗雷泽编:《贝克莱全集》第一卷,牛津 1901 年版,第 69 页。

识是不是真理,人们可以"把它们先验地证明出来",即在纯粹理智中从逻辑上"用充分的证据、严密的论证"加以证明①,如果证明它们没有矛盾,就可以认为它们是真理。他认为,他所论证的关于上帝的知识没有包含矛盾,而且有充分的证据,因而这种知识就是真理。可见贝克莱的真理标准理论完全是主观主义的。

　　总的来看,贝克莱的认识论是由两类认识对象、两种认识能力、两类知识途径、两种检查证明真理的方法这些相互联系、相互制约的观点所组成的动摇的、矛盾的体系。在揭露、解决洛克的经验论所包含的矛盾和问题的过程中,他尽管吸收了唯理论的某些思想,动摇了经验论的立场,但另一方面我们又应看到,他并没有完全倒向唯理论,更没有超越经验论而进入更高的认识论形态。毋宁说,他建立的是一种熔各种体系于一炉的、以经验论为主的折中主义的认识论,里面既有唯理论的成分,又有古代柏拉图的思想因素,更有英国经验论的传统,特别是早期,他的经验论的色彩更浓一些。之所以说经验论是其主要倾向,是因为,从中世纪的罗·培根、邓·司各脱、近代的弗·培根、霍布斯、洛克、休谟等经验论者那里,我们可以看到经验论的一个共同的、本质的倾向,那就是主张:真理性的知识来源于感性经验,凡在理智中的无一不先在感觉经验中②。贝克莱的认识论特别是早期认识论部分地容纳了或者说坚持了上述原则。尽管他不认为所有知识都直接起源于感觉经验,不认为感性认识完全可靠,有时反倒强调理性认识在知识形成中的作用,但他认为:关于结果或自然事物的知识来自于感觉经验而非天赋观念,在内容上是以感觉经验为材料做成的,意念和关于原因的知识尽管在内容上与感觉经验无关,但整个地说来,它们不能先于感觉经验而存在于人的理智中,也不是从自明公理推演

---

①　贝克莱:《人类知识原理》,关文运译,北京:商务印书馆1973年版,§61。参阅弗雷泽编:《贝克莱全集》第一卷,牛津1901年版,第291页。

②　参阅陈修斋:《关于经验论与唯理论对立的几个问题》,见《外国哲学史研究集刊》,第五集,上海:上海人民出版社1982年版,第42—52页。

出来的，它们是后于感觉经验、以感觉经验为信号、标记所形成的。在知识的形成过程问题上，贝克莱反对唯理论的从自明的公理演绎出知识系统的方法，认为归纳先于演绎，演绎的前提来自于归纳所得的结论。这些显然是他区别于唯理论者的基本特点。

五、《西利斯》与后期哲学

如果不是著名哲学史家、《贝克莱全集》（四卷本）编纂者 A.弗雷泽的发现、研究以及所提出的一系列新见解、新问题，那么对贝克莱哲学的研究就无须再往前行进了。在弗雷泽之前，哲学史家们一般认为：贝克莱后期主要从事宗教活动、在哲学上再没有什么建构，因此对贝克莱哲学的了解和研究只关注早期著作就够了。而在弗雷泽之后，研究贝克莱哲学的领域在时空上则大大拓展了。弗雷泽通过对贝克莱后期著作《西利斯》的研究，强调：它不仅包含了丰富的、新颖的哲学思想，而且在贝克莱哲学乃至整个哲学发展进程中都具有不可小觑的意义，贝克莱从《人类知识原理》进到《西利斯》其实是从洛克转向了柏拉图，《西利斯》表达了一种不同于早期哲学的新哲学①。从此，是否有两个贝克莱，或者说贝克莱是否有两套不同的哲学，成了贝克莱哲学研究中的一个焦点问题。一种观点即转变论认为，贝克莱早期坚持的是非唯物主义和唯我论，而《西利斯》坚持的是神中心论、万有在神论。因此贝克莱有两套不同的哲学。除此之外，还有一贯论、统一论和重建论等不同的看法。②

《西利斯》作为他的最后一本系统的、规模较大的著作，其问世无疑是他的哲学发展的合乎逻辑的结果。在他早期的三本成名之作即《视觉

---

①　参阅弗雷泽为《西利斯》一书所写的"编者导言"，载《贝克莱全集》第三卷，牛津1901 年版，第 117—136 页。

②　参阅高新民：《贝克莱哲学及其重构》，武汉：华中师范大学出版社 1993 年版，第161—168 页。

新论》、《人类知识原理》和《哲学对话三篇》中,他已表达了他的哲学的基本论纲,如物体和精神相互对立、物体是依赖于精神而存在的观念或观念复合、存在就是感知和被感知、作为观念复合的对象必然为心灵所认识等。但是物体怎样依赖于精神,对象为什么必然为心灵所认识、怎样认识,特别是世界万物怎样产生、产生后构成一种什么样的宇宙图景等问题并未得到充分的、符合当时自然科学和古代哲学权威的思想的论证。他自己也意识到了这一点,因而在《人类知识原理》1734 年的修订版中就对早期的某些思想作了一些修改和补充。这就是说,他对早期哲学并不十分满意,于是在晚年生活安宁的情况下,就比较系统地钻研了古希腊罗马哲学,特别是毕达哥拉斯、柏拉图、亚里士多德和普罗提诺等人的哲学,比较全面地了解了近代以来特别是波义耳、克拉克、牛顿等人的科学成就。在这样的基础上,通过大量的分析、概括、综合的工作,逐渐对早年没有很好解决的问题形成了比较系统的看法,这就是以精神或心灵为中心、以纯粹以太或生命精气为纽带的多层次、多梯级、多统一于"一"的宇宙结构图景,以无限精神为基础、以有限精神为轴心、以灵魂、生命精气为认识的中介环节、以融合经验论和唯理论为特征的认识论体系。

在宇宙观和本体论问题上,《西利斯》仍强调精神的作用,如认为,精神是唯一的实体和本质,是具有能动作用的、能自由支配决定其他事物的运动变化的东西。但在精神中,他特别突出神的作用,如认为,神是万物产生的原因,是每一特定时空中的事物的运动变化,甚至是人的认识、实践活动的最终的、最根本的动力与原因。神为了善的目的将宇宙万物创造出来后,又为了同样的目的,让它们和谐共存于自身之内,并通过一定的手段和工具调控它们,使它们各自按照一定的规律运动变化。因此神所创造的、躺在神的怀抱中的宇宙万物组成一和谐的整体,宛如一协调完美的巨大机器或动物。他反复告诫人们:一定不能说神存在于万物之中,而应说万物存在于神之中,就像人感觉到的事物存在人心之中一样。这就是著名的"万有在神论"。

在认识论上,他在坚持经验论原则的同时,吸收了更多的天赋论因素,如他说:"不管是谁,只要他考察一下一群听任其自然发展的野蛮未开化的人,看看他们是怎样陷入和淹没于感觉和偏见之中,……那么就很容易想到:哲学的第一次闪光是来自于天国……,哲学就是……神授的哲学"①。不过,他又强调认识是一个从感觉开始的、由低到高的过程,是由许多阶梯构成的系列,在这个等级系列中,"每一低级的官能都不过是通向它之上的官能的阶段"②。

难能可贵的是:他的带有神秘色彩的唯心主义体系包藏着比较丰富的辩证法思想。《西利斯》的一个基本原则是:宇宙万物处于普遍必然的相互联系和转变之中。在他看来,宇宙万物犹如一巨大的链条,从最高的存在到最粗陋的物体之间没有空隙,它们通过一系列的环节一环套一环地联结起来。不仅精神与物体可以相互联系(如前所述),而且精神与精神、物体与物体也可以相互联系。他说:"自然中没有空隙,而只有存在的链条和阶梯。"不仅如此,事物还可以相互转变,如空气可以变成火一样的东西,水可以变成汽等。当然他又强调,他所说的转变不应理解为一种本质转变为另一本质,而应理解为不同本质的"联结关系",因为"每一具有低级本质的存在好像是一种贮器或臣民使另一在它之上存在居住和活跃于其内。"③这实际上以神秘的语言表达了联系、转变以事物之间的同一性为前提条件的思想。与此相关,他还探讨了异质的事物如何相互联系和作用的问题,他认为,世界万物相互联系最普遍的媒介是纯粹以太。所谓以太即指既具有形体性又具有精神性的媒质。例如由于有这种媒介及其作用,焦油才可以变成焦油水,焦油水可以除病,身体疾病的消除可以让精神舒畅起来……宇宙万物可以由此而构成一相互联系的整体。

---

① 贝克莱:《西利斯》,高新民等译,北京:商务印书馆 2000 年版,§ 301。
② 同上书,§ 303。
③ 同上书,第 274 页。

　　总之,贝克莱的后期哲学与早期相比的确发生了变化,但不管怎么变,主观唯心主义和经验论仍是其思想体系的重要组成部分,例如在本原问题上,贝克莱的后期思想在表达方式、具体论证以及关于宇宙的结构图景上有重要的变化,但是并未动摇他的"存在就是被感知"和"事物是观念的复合"的基本原则;在认识论问题上,他由经验论转向了以融合唯理论和古代各种认识论的主要观点、以调和经验论与唯理论的对立为特征的折中主义认识论,尽管如此,但并未抛弃经验论;在共相问题上,他经历了由极端唯名论到温和实在论的转变,在这个问题上,他的后期思想发生了重大的转变;在心身或心物问题上,他的后期思想可以说是对早期思想的一种重建;而在发展观问题上,《西斯利》表达了早期著作所没有的、比较丰富的辩证法思想,这则是他的后期哲学的一种创新和新的突破。

小　　结

　　贝克莱哲学是西方哲学尤其是近代英国经验论哲学发展过程中的一个重要环节,不仅第一次系统全面地阐发了主观唯心主义的基本原则,而且在继承和发展经验论的基础上,实现了经验论从唯物主义向唯心主义的转向。作为这一体系之历史和逻辑起点的视觉理论,不仅探讨了认识论、心理学和视觉生理学中的具体问题,如只能看到光色及其变状、平面展开的视觉是如何知觉到对象的距离、空间、大小之类的深度属性的,而且通过对视觉的个案研究,得出了视觉对象不在心外存在的"眼睛"唯心主义结论。在共相问题上,他既反对唯实论,又不赞成洛克等人的温和唯名论,认为事物中不存在共性,人也没有能力从对象中抽象出一般观念,如果说有一般观念,那也不过是用来表述一类对象的一个特殊观念,隐约包含有"具体共相"的思想。在本体论上,对洛克式的唯物主义作出了尖锐的批判,形成了自己的以非唯物主义和主观唯心主义为主要内容的世界观,其特点是:否认心外有物,主张世界上只存在着能感知的精神和被感知的事物,详细论证了"存在就是感知和被感知"、"事物是观念或观念的复合"这一主观唯心主义的基本原则。在认识论上,既继承了洛克等人的经验论原则,又在克服有关矛盾的过程中作出了发展。他的后期哲学较之早中期哲学来说的确发生了很大变化,但是并未动摇他的"存在就是被感知"和"事物是观念的复合"的基本原则;尽管由早期的经验论转向了以融合唯理论和古代各种认识论的主要观点、以调和经验论与唯理论的对立为特征的折中主义认识论,但并未抛弃经验论的基本原则。他的后期哲学的超越主要表现在:表达了早期著作所没有的、比较丰富的辩证法思想。

拓 展 阅 读

一、必读书目

1. A.Fraser(ed.) , *The Works of George Berkeley* (4 vols) , Clarenden Press , 1901.

2. G.Johnston , *The Development of Berkeley's Philosophy* , London , 1923.

3. 贝克莱:《人类知识原理》,北京:商务印书馆 1975 年版。

4. 贝克莱:《视觉新论》,北京:商务印书馆 1957 年版。

5. 贝克莱:《哲学对话三篇》,北京:商务印书馆 1957 年版。

二、参考书目

1. 高新民:《贝克莱哲学及其重构》,武汉:华中师范大学出版社 1993 年版。

2. 傅有德:《巴克莱哲学研究》,北京:人民出版社 1999 年版。

3. 贝克莱:《西利斯》,北京:商务印书馆 2000 年版。

23

休 谟 哲 学

曾 晓 平

一切科学都与人的本性有一种或大或小的关系,任何科学无论似乎离开人的本性多么遥远,它们仍然通过一条或另一条途径而返回人的本性。

——休谟:《人性论》导言,第4段。译文系作者翻译

一切从经验而来的推论都是习惯的结果,而不是推理的结果。

习惯是人类生活的伟大指导。唯有这个原则才使我们的经验对我们有用,才使我们为未来而期待一连串与过去出现的事件相似的事件。

——休谟:《人类理智研究》第五章,第5、6段。译文系作者翻译

————— ❧ —————

休谟哲学是他把早期现代西方自然科学中的实验推理方法运用于精神科学领域而建立起来的一个精神哲学体系或人学体系。在认识论方

面,他将洛克的经验主义路线贯彻到底,形成一种温和怀疑主义;在道德学方面,他继承哈奇森的道德感官学说,以他自己的心理学为基础,发展出一种情感主义理论。他的认识论怀疑主义直接激发出里德的共同感官哲学和康德的批判哲学,他的道德学情感主义构成斯密的道德情感理论和边沁的功利主义的直接理论先驱。

在阅读本章时,应当注意以下三点:

第一,休谟精神哲学自身构成一个体系,它与牛顿自然哲学形成一种对照关系。西方对休谟哲学的不同理解和解释大体都是由于对其精神哲学体系结构的不同侧重而造成的。

第二,休谟认识论的思想语境是早期现代西方认识论上理性主义和经验主义的争论。它对知觉、印象和观念的说明意味着,它在认识的起源上坚持彻底的经验主义路线;但是它对观念的关系和事实的材料的区分又意味着,它在认识的对象和认识的种类上容纳某些理性主义内容。它对关于事实的材料的概然推理的论述是一种温和怀疑主义,这种温和怀疑主义包含着对理性或知性的作用的怀疑主义怀疑和对这种怀疑主义怀疑的怀疑主义解决。

第三,休谟道德学的思想语境是当时英国哲学家围绕道德的基础等问题而展开的怀疑主义和实在论、理性主义和情感主义的争论。它反对怀疑主义而坚持实在论,批判理性主义而论证情感主义,但是它没有完全否定理性在道德中的作用,而认为理性必须为情感服务。

精神哲学;人学;知觉;印象;观念;理性;知性;想象力;激情;情感;概然推理;因果关系;观念的联结;恒常汇合;习惯;信念;温和怀疑主义;理性主义;情感主义;道德感官;效用;快乐;同情;自然德性;人为德性

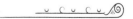

大卫·休谟(David Hume,1711—1776)出生于苏格兰爱丁堡奈因微尔斯镇一个没落贵族家庭,2 岁丧父,在母亲抚养下长大。12 岁进入爱丁堡大学学习,14 岁时因家庭原因而辍学。家里人认为他适合于以法律为职业,但他自己对文学更感兴趣,辍学后在家广泛阅读文学、历史和哲学等领域的著作。大约 18 岁时他找到他自己思想的问题并确立自己人生的目标;后来在一封致友人的书信中他说,那时"似乎有一个新的思想舞台向我敞开,它使我无比激动,使我凭借青年人天然的热情抛开一切其他快乐或事务来全身心从事它。法律这项我原先打算从事的职业令我感到厌恶,除了学者和哲学家,我想不出还有任何其他方式能够促进我在这个世界的命运"。① 23 岁时他到法国,先在兰斯、后在安如拉福莱舍笛卡尔曾经上学的耶稣会学校学习和著书;26 岁时完成《人性论》书稿,不久回到英国。1739 年发表《人性论》第一卷和第二卷,1740 年出版第三卷。1741 年和 1742 年先后发表《道德和政治论文集》第一卷和第二卷,这两卷著作确立他作为文体家的地位。1748 年他将《人性论》第一卷改写为《关于人类知性的哲学论文》(1758 年改名为《人类知性研究》)出版,1751 年又将《人性论》第三卷改写为《道德原则研究》出版。这两部著作广泛扩展他在英国和欧洲大陆的影响,极大提升他作为文体家的声望。1752 年发表《政治论文集》,该书一出版就在英国和欧洲大陆受到普遍欢迎。1753 至 1756 年陆续发表四卷《关于若干问题的论文集》。1754 至 1762 年陆续发表六卷《英国史》,这部著作是近代史学上的一座里程碑②,它的出版不仅极大改善休谟的经济状况,而且确立他作为历史学家的地位。1757 年发表《论文四篇:宗教的自然史、论激情、论悲剧、论趣味的标准》。1776 年休谟去世。次年《自然宗教对话录》、《我的生平》和

① David Hume,"To Dr.George Cheyne",in *The Letters of David Hume*,Volume I,edited by John Young Thomson Greig,Oxford:Clarendon Press,1969.p.13.

② J.W.汤普森:《历史著作史》下卷,孙秉莹、谢德风译,李活校,北京:商务印书馆 1992 年版,第 97 页。

《论文两篇:论自杀、论灵魂不死》出版。大体上,休谟一生是在文字生涯中度过的,虽然他在成名之后接受友人的邀请或推选而担任过一些职务,例如英格兰安南戴尔侯爵三世的教师,陆军中将圣克莱尔的秘书,驻法国公使赫特福德伯爵的秘书,国务大臣康威将军的助理秘书,苏格兰律师公会图书馆管理员等。休谟自己曾总结说:"我的一生差不多都消耗在文字追求和文字职业中","除了哲学和一般学问的追求之外,我对任何东西都感到一种不可克制的厌恶"。① 他坦率地承认,"热爱文名"是他的"统治性激情",②他的哲学起源于他对哲学问题的好奇心和他心中升起的"为人类的教导做出贡献并凭借我的发明和发现而获得名声的抱负"。③ 在休谟生前,他作为文体家和历史学家的名声胜过他作为哲学家的名声;在他死后,尤其是 19 世纪后期以来,他作为哲学家的地位远远超出他作为文体家和历史学家的地位。

一、人 学 体 系

休谟与 18 世纪大多数英国哲学家一样把哲学划分为自然哲学(natural philosophy)和精神哲学(moral philosophy)。自然哲学的对象是物体,精神哲学的对象是心灵;自然哲学是关于物的本性的科学,精神哲学是关于人的本性(human nature)的科学,因为在休谟这里心灵主要限于人的心灵。自然哲学和精神哲学在古希腊的起源相距有一个多世纪,它们在现代对实验推理方法的运用也相距有一个多世纪。在休谟看来,虽然精神哲学比自然哲学发展得更晚,但它具有更重要的意义,因为"一

---

① David Hume,"My Own Life",in *The Letters of David Hume*,Volume I,p.1.

② Ibid.,p.7.

③ David Hume,*A Treatise of Human Nature*,critical edition,Volume 1,edited by David Fate Norton and Mary J.Norton,Oxford:Clarendon Press,2007.1.4.7.12(意指 Book 1,Part 4,Section 7,Paragraph 12);参见休谟:《人性论》,关文运译、郑之襄校,北京:商务印书馆 1983 年版(以下简称关文运译本),第 302 页。

切科学都与人的本性有一种或大或小的关系,任何科学无论似乎离开人的本性多么遥远,它们仍然通过一条或另一条途径而返回人的本性",①以人的本性为对象的精神哲学"是其他科学的唯一稳固的基础"。② 休谟的哲学抱负不是要建立一个包罗万象的哲学体系,也不是要提出一种新的自然哲学,而是要把自然科学中已经广泛运用并取得辉煌成功的实验推理方法运用于精神科学领域,探究作为一切其他科学之核心的人的本性,从而以经验和观察为基础来说明人的本性的原则,提出一个建立在全新基础之上的完整的精神哲学体系。③ 因此,休谟哲学就其方法和路线而言是一种经验主义哲学,就其内容而言是一种精神哲学,亦即一种人学(a science of man)。

休谟的精神哲学或人学是一种体系化的哲学,它依赖于他对人的本性及其探讨方式的独特理解和他的哲学观。休谟认为,人的本性主要由两部分构成,这两部分是它的一切活动所必需的,这就是知性(understanding,亦译作理智)和激情(passions,亦译作情感)。④ 相应地,以人的本性为对象的精神哲学就可以有两种不同的探讨方式⑤:一种侧重于人的知性,把人看作合理性的存在者,认为人生的目标和意义就在于形成知识;另一种侧重于人的激情,把人看作为行动而生的能动的存在者,认为人生的目标和意义就在于培养趣味(taste)和情感(sentiments)。⑥ 前一种方式把人的本性看作思辨的主题,力求从中找到规范人的各种能力和

---

① David Hume, *A Treatise of Human Nature*, Introduction, Para.4;参见关文运译本,第6页。

② Ibid., Introduction, Para.7;参见关文运译本,第8页。

③ Ibid., Introduction, Para.6;参见关文运译本,第7—8页。

④ Ibid., 3.2.2.14;参见关文运译本,第533页。

⑤ 参见 David Hume, *An Enquiry concerning Human Understanding*, critical edition, edited by Tom.L.Beauchamp, Oxford:Clarendon Press, 2000.1.1(意指 Section 1, Paragraph 1);《人类理智研究》,吕大吉译,商务印书馆1999年版(以下简称吕大吉译本),第1页。

⑥ 参见 Ibid., 1.1-2;吕大吉译本,第1—2页。

行动的原则;后一种方式把人的本性当作实践的主题,力求培养人的行为举止,使人追求美、善、正义等审美价值和实践价值。由此,就产生两种不同种类的哲学:一种是具有精确性和严密性的抽象深奥的哲学,另一种是具有有用性和愉快性的轻松浅显的哲学。休谟认为关于人的本性的这两种探讨方式及其哲学种类各有其利弊,他力图将它们结合起来。① 在他看来,人的知性和激情不是截然分离的两部分,而是作用互补的;没有知性的指导,激情的活动就是盲目的;没有激情的驱动,知性的活动就是冷淡的。因此,作为精神哲学的对象,人的本性中的知性和激情不能分离地加以探讨,而应当以知性为基础、以激情为主导;精神哲学不能是关于人的本性的某个部分的哲学,而应当是关于人的本性的各个部分的完整统一体的哲学。

休谟的人学体系在总体上是按照他对人的本性及其探讨方式的独特理解和他的哲学观来建构的。从结构上看,他的人学体系包含着关于人的本性的两个方面的研究:一个方面是关于人的本性中的知性和激情的抽象推理,另一个方面是以这种抽象推理为基础而对激情在其中起支配作用的一些主题的专门研究。前一个方面的研究分别构成他的逻辑学或认识论和心理学或激情论,后一个方面的研究分别构成他的批评学、道德学和政治学等。② 其中逻辑学或认识论研究知性的原则和活动,心理学研究激情的原则和活动,批评学研究批评的基础和审美区别的原则和方式,道德学研究道德的基础和道德区别的原则和方式,政治学研究人类在社会中结合起来并相互依存的原则和方式。③

以上是我们对休谟哲学的总体理解,这种理解不是唯一的和排他的。自1739年《人性论》发表以来,西方学者对如何理解休谟哲学曾经

---

① 参见 David Hume, *An Enquiry concerning Human Understanding*, critical edition, edited by Tom.L.Beauchamp, Oxford: Clarendon Press, 2000.1.5;吕大吉译本,第6页。

② 参见 David Hume, *A Treatise of Human Nature*, Advertisement;关文运译本,第11页。

③ 参见 Ibid., Introduction, Para.5;关文运译本,第7页。亦参见 *An Enquiry Concerning Human Understanding*, 12.30-33;吕大吉译本,第153页。

提出许多不同的理解视角和解释模式,其中较重要的解释模式有六种。① 这些解释模式对我们全面理解休谟哲学有很大帮助,这里予以简要介绍。

首先,对休谟哲学最早和最有影响的解释模式是怀疑主义。《人性论》刚出版时人们就指责它是怀疑主义。第一个从哲学上对它做出怀疑主义解释并进行系统批判的哲学家是里德(Thomas Reid)。里德1764年提出,休谟怀疑主义是笛卡尔、马勒伯朗士、洛克和贝克莱等的观念理论的必然产物,②要想克服休谟怀疑主义,必须抛弃观念理论传统并诉诸共同感官(亦译作常识)。③ 1770年贝蒂(James Beattie)接受里德对休谟哲学的怀疑主义解释及其共同感官学说并大加发挥。④ 1874年格林(Thomas Hill Green)继承里德的怀疑主义解释模式,但从另一个传统出发把休谟怀疑主义看作洛克到贝克莱的英国经验主义发展的逻辑结果,认为它标志着英国经验主义的破产。里德、贝蒂和格林的怀疑主义解释模式实质上是把焦点放在休谟对人的本性中的知性的论述,亦即对人作为合理性的存在者的论述。

第二种解释模式是赫胥黎(Thomas Henry Huxley)1879年提出的批判主义。赫胥黎把休谟哲学放在早期现代哲学的发展历程中来考察,

① 周晓亮在其著作《休谟哲学研究》(北京:人民出版社1999年版)中简明扼要地概述了西方学术界对休谟哲学的理解、研究和接受的历史,并着重介绍和分析了三种重要的解释模式,参见第3—19页。拉塞尔(Paul Russell)在其著作 *The Riddle of Hume's Treatise*: *Skepticism*, *Naturalism*, *and Irreligion*(Oxford: Oxford University Press, 2008)中详细地介绍和讨论了西方学者对休谟哲学的一些重要的解释模式,尤见第1—11页。这里介绍的六种解释模式与他们的分类略有差异。

② Thomas Reid, *An Inquiry into the Human Mind on the Principles of Common Sense*, critical edition, edited by Derek R. Brookes, University Park, Pennsylvania: The Pennsylvania State University Press, 1997.pp.23,213.

③ Ibid., pp.215-216.

④ 参见 James Beattie, *An Essay on the Nature and Immutability of Truth*; *in Opposition to Sophistry and Scepticism*, the sixth edition, London: Printed for Edward and Charles Dilly and William Creech, 1778.p.470;亦参见 pp.241-242。

认为休谟哲学既是洛克哲学之子,也是康德哲学之父。① 休谟像洛克一样把哲学建立在心理学的基础之上,力图以自然科学的方法来探讨人的心灵,建立一门关于人的本性的科学亦即人学。② 同样,休谟也属于现代哲学批判主义的路线,这条路线是笛卡尔所奠基、洛克和贝克莱从不同方向加以运用的。休谟更加明确地突显出批判主义的实践利益——消除迷信和虚假的形而上学,并由此引发康德批判哲学。休谟哲学与康德批判哲学虽然细节并不相同,但它们的目标和结果是一致的,即把一切关于实在的知识都局限在经验所揭示给我们的现象世界。③

　　第三种解释模式是史密斯(Norman Kemp Smith)1905 年提出、1941年系统阐发的自然主义。史密斯认为,里德、贝蒂和格林对休谟哲学的怀疑主义解释是错误的,因为他们把《人性论》开头几章看作休谟哲学的核心立场的适当陈述,实际上休谟哲学的真正核心和独特内容是在事实的材料方面对过去人们所归与理性和情感的作用的颠倒。休谟哲学的核心不是认识论和形而上学,而是心理学和道德学。④ 休谟哲学的起源虽然受到牛顿的科学方法和洛克对知识和信念的区分的影响,但休谟是在哈奇森的影响下经由道德学而进入他的哲学。⑤ 因此,休谟哲学的特征更恰当地说不是怀疑主义,而是自然主义;他的认识论和形而上学是他的心理学和道德学思想的扩展,是自然主义原则在认识论和形而上学领域的运用。史密斯的自然主义解释模式把重点放在休谟对人的本性中的激情的论述,亦即对人作为能动的存在者的论述。

---

① Thomas Henry Huxley, *Hume*, New York: AMS Press, 1968. p. 60.

② Ibid., p. 55.

③ Ibid., pp. 59-60.

④ Norman Kemp Smith, *The Philosophy of David Hume: A Critical Study of Its Origins and Central Doctrines*, London: Macmillan, 1966. pp. 7-8, 11.

⑤ Ibid., p. 12.

第四种解释模式是帕斯莫尔(John Passmore)1952 年提出的精神科学的逻辑学。在帕斯莫尔看来,休谟的哲学计划是力图使自己成为精神科学领域里的牛顿。休谟《人性论》通过把牛顿的实验推理方法运用于精神科学领域,为精神科学提供它们所必需的一种新的逻辑学,亦即"一种关于概然推理的一般理论"。① 这种逻辑学给趣味和情感的运用留下地盘,同时又把形而上学家的论证和热情家的幻想作为非科学的东西排除出去,②从而为精神科学提供可靠的基础。

第五种解释模式是诺顿(David Fate Norton)1982 年提出的认识论和道德学二元论。诺顿认为,在休谟哲学中,认识论和道德学是两个完全分离的部分,有着两种完全不同的真理标准。它们分别是休谟对两种完全不同的哲学危机亦即认识论怀疑主义和道德学怀疑主义的不同回应。③ 在认识论领域,休谟倡导一种温和怀疑主义;在道德学领域,他主张一种常识道德。因此,诺顿既不接受里德、贝蒂和格林的怀疑主义解释模式,也不接受史密斯的自然主义解释模式,而主张休谟是一个思辨的怀疑主义者和一个道德实在论者,或者说一个怀疑主义形而上学家和一个常识道德学家。④ 诺顿的二元论解释模式大体上遵循《人性论》前两卷出版时的通告中的划分。

第六种解释模式是无神论和反宗教。休谟《人性论》出版不久就受到无神论指控。1745 年爱丁堡大学校长威沙特(William Wishart)认为,休谟哲学不仅倡导一种普遍怀疑主义,而且通过否定因果学说而宣扬一些导向彻底无神论的原则,通过否定善和恶、正当和不正当之间的根本差异而摧毁道德的基础。⑤ 贝蒂认为,休谟哲学的某些部分就是

① John Passmore, *Hume's Intentions*, third edition, London: Gerald Duckworth, 1980. p.6.
② Ibid., p.15.
③ David Fate Norton, *David Hume: Common-sense Moralist, Sceptical Metaphysician*, Princeton: Princeton University Press, 1982. p.9.
④ Ibid., pp.ix-x.
⑤ David Hume, *A Letter from A Gentleman to His Friend in Edinburgh*, Paras.13, 14, 17 and 19; in *A Treatise of Human Nature*, p.425.

为无神论辩护。① 20 世纪 80 年代末以来,当代学者拉塞尔(Paul Russell)提出并逐渐完善一种系统性的反宗教解释。拉塞尔认为,怀疑主义和自然主义之间的张力构成《人性论》之谜;②为了解开这个谜,他深入《人性论》得以产生的历史语境,将之纳入当时持续一个多世纪的宗教哲学家和思辨无神论者之间的争论中来考察,由此得出:《人性论》的计划和结构是仿照霍布斯的著作《利维坦》和《论法的原理》来设计的,它自身具有完整的统一性,其根据就在于反基督宗教的动机和使命,即"羞辱[基督]宗教的哲学和道德,用一种对道德生活和社会生活的世俗的和科学的理解来代替它们"。③ 因此,在他看来,休谟哲学应当被理解为一种反宗教或无神论的完整体系,属于霍布斯和斯宾诺莎等旨在"使人类摆脱迷信的枷锁"的思想传统。④ 按照他的这种解释,《人性论》之谜就这样被解开:休谟的怀疑主义和自然主义是两个互补的方面,它们共同具有反基督宗教的根源;其怀疑主义是表明人类知性的微弱的和狭隘的本性,抑制和劝阻独断主义,把我们的哲学研究从神学体系和与之相关联的学说转向经验事实并限制在日常生活领域;其自然主义是一种以人学为形式的对道德生活和社会生活的世俗的和科学的说明。

从上述六种解释模式可以看出,西方近三百年来对休谟哲学的理解和解释是不断变化和发展的。怀疑主义、批判主义、自然主义、精神科学的逻辑学、认识论和道德学二元论、无神论和反宗教,它们经历了一个从侧重部分到整体说明的解释过程,最后深入到历史语境中来揭示休谟哲

---

① James Beattie, *An Essay on the Nature and Immutability of Truth*; *in Opposition to Sophistry and Scepticism*, sixth edition, London: Printed for Edward and Charles Dilly and William Creech, 1778. p.470;亦参见 pp.115–120。

② Paul Russell, *The Riddle of Hume's Treatise: Skepticism, Naturalism, and Irreligion*, Oxford: Oxford University Press, 2008. pp.vii, 3.

③ Ibid., p.270.

④ Ibid., p.278.

学体系各部分之间的内在联系的基础和根据。这些不同解释模式从不同视角向我们展示了休谟哲学的不同维度和丰富内涵。

二、认 识 论

休谟《人性论》第一卷"论知性"和《人类知性研究》阐述的理论是一个知性体系，这个知性体系既是一种逻辑学，也是一种认识论。作为一种逻辑学，它以早期现代逻辑学中对演绎推理和概然推理、逻辑真理和事实真理、必然真理和偶然真理的区分为前提，试图揭示出尚未被人们清楚阐明的概然推理和事实真理的基础和本性；作为一种认识论，它以早期现代认识论中经验主义和理性主义关于认识的起源、对象、确定性和标准等问题的争论为语境，力图揭示出关于事实的材料的认识的方法和特性。

1. 印象和观念

休谟沿着洛克的经验主义认识论路线，认为人的认识对象不是人的心灵之外的物质实体和精神实体，而是人的心灵之中的来自经验的表象；但是他反对洛克把这些来自经验的表象称为观念(ideas)，而将它们称为知觉(perceptions)。

在休谟看来，人的心灵中的一切知觉都可以按照它们的"力(force)"和"生动(liveliness)"或"活泼(vivacity)"程度而分为印象(impressions)和观念(ideas)。[①] 印象是初次出现于人的心灵中的感觉(sensations)、激情(passions)和情绪(emotions)，它们是较有力和较生动活泼的知觉；观念是我们的感觉、激情和情绪在思维和推理中的微弱意象(images)，它们是较无力和较不生动活泼的知觉。印象和观念之间的这种区分"恰如感

---

① David Hume，*A Treatise of Human Nature*，1.1.1.1；关文运译本，第 13 页。亦参见 *An Enquiry concerning Human Understanding*，2.3；吕大吉译本，第 12 页。

觉和思维之间的区分一样是明证的"。① 休谟运用简单和复合的划分模式来考察知觉、印象和观念的构成,将它们分为简单知觉和复合知觉、简单印象和复合印象、简单观念和复合观念。② 他认为,一切复合观念都是简单观念构成的并可以还原为简单观念,一切复合印象都是简单印象形成的并可以还原为简单印象,一切简单观念都或者直接或者间接导源于简单印象,由此他得出:观念是印象的摹本。这是他"在关于人的本性的科学中确立的第一个原则"。③ 这意味着,在认识的起源上,他反对天赋观念论而坚持彻底的经验主义路线。

休谟把印象和观念按照它们的产生方式又各自分为两类。印象分为感觉印象(impressions of sensation)和反省印象(impressions of reflection)④:感觉印象是由我们不知道的原因在我们心灵中产生的印象;反省印象是由我们的观念复现于我们心灵中时产生的印象。观念分为记忆力的观念(ideas of the memory)和想象力的观念(ideas of the imagination)⑤:记忆力的观念是印象复现于我们心灵中时通过记忆力而形成的观念,它们仍然保持着相当大的初次出现时的力和活泼程度,并不改变印象中事物的位置和秩序;想象力的观念是印象复现于我们心灵中时通过想象力而形成的观念,它们失去初次出现时的力和活泼程度,能够自由改变印象中事物的位置和秩序。休谟认为,感觉印象是解剖学和自然哲学研究的对象;反省印象和观念是精神哲学研究的对象,其中反省印象是激情体系的对象,观念是知性体系的对象。

想象力是一种自由构想的能力,它能够对一切简单观念进行自由联结和分离;但是它对简单观念的这种自由联结不是无规则的,而必须接受

---

① David Hume, *An Abstract of...A Treatise of Human Nature*, Para.5; in *A Treatise of Human Nature*, p.408.
② 参见 David Hume, *A Treatise of Human Nature*, 1.1.1.2—6;关文运译本,第14—16页。
③ Ibid., 1.1.1.12;参见关文运译本,第18页。
④ Ibid., 1.1.2.1;参见关文运译本,第19页。
⑤ Ibid., 1.1.3.1;参见关文运译本,第20页。

自然的指导和遵循某些普遍的原则。自然似乎向我们每个人指出最适合于结合成一个复合观念的那些简单观念,并向我们提供使想象力产生这种联结和使心灵按照这种方式在各个观念之间进行推移的性质,这就是:相似性(resemblance)、时间或空间中的相邻性(contiguity)、原因和结果(cause and effect);①这三种性质产生观念之间的联结,并在一个观念出现时自然地引起另一个观念,因此,它们是想象力在简单观念之间进行联结的普遍原则。②

在我们的一切知觉中,构成思想和推理的通常主题的不是简单印象和复合印象,也不是简单观念,而是复合观念。复合观念包括关于实体(substances)、样态(modes)和关系(relations)的观念,③它们都是简单观念的集合体。关于实体的观念不是关于我们心灵之外客观存在的某个东西的观念,而是关于一些简单观念所表象的特殊性质的集合体的观念,这些特殊性质被假设为寓存于某个不可知的东西中或由于相邻性和因果关系而不可分离地联系在一起;关于样态的观念与关于实体的观念不同,它们由以构成的那些简单观念所表象的特殊性质不是被假设为寓存于某个不可知的东西中或由于相邻性和因果关系而联系在一起,而是分散于不同主体中。在复合观念中,关于实体和样态的观念也不构成思想和推理的真正主题,只有关于关系(亦即观念之间的关系)的观念才是思想和推理的真正对象。

2. 观念之间的自然关系和哲学关系

休谟在两种不同的意义上使用"关系"这个术语:一种是日常语言的意义,另一种是哲学的意义。日常语言意义上的关系是指把两个观念在想象中联系起来、使其中一个观念自然地引起另一个观念的那种性质;哲

---

① 参见 David Hume, *A Treatise of Human Nature*, 1.1.4.1;关文运译本,第22页。
② 参见 Ibid., 1.1.4.6;关文运译本,第24页。
③ 参见 Ibid., 1.1.4.7;关文运译本,第25页。

学意义上的关系是指我们对两个观念进行比较时据以形成一种联结的那种性质。① 前一种意义的关系是自然关系,包括三种形式:相似性、时空相邻性、原因和结果;后一种意义的关系是哲学关系,包括七种形式:相似性、同一性、时空相邻性、数量或数的比例、性质的程度、相反性、原因和结果。这七种哲学关系可以分为两类,一类完全决定于观念自身,具有直观的或演证的确定性和逻辑的自明性,它们是相似性、相反性、性质的程度、数量或数的比例;②另一类依赖于经验,具有或然的确定性和经验的明证性,它们是同一性、时空相邻性、原因和结果。③

这七种哲学关系构成我们的一切认识或推理的基础。依照前一类哲学关系,我们可以形成观念之间的必然联结;依照后一类哲学关系,我们可以形成观念之间的概然联结。因而,前一类哲学关系是我们的一切必然知识的基础,后一类哲学关系是我们的一切概然知识的基础。与此相适应,休谟把我们的认识对象分为两类:(狭义的)观念之间的关系(relations of ideas)和事实的材料(matters of fact,亦译作实际的事情或事实);④前者是几何学和代数学等科学的对象,后者是自然哲学和精神哲学的对象;我们对前者的认识是通过直观或演证获得的,因而它们是必然真理,具有直观的或演证的确定性;我们对后者的认识既不是通过直观,也不是通过演证,而是通过概然推理获得的,因而它们是偶然真理,既不具有直观的确定性,也不具有演证的确定性,只具有概然的确定性。休谟认为,我们对(狭义的)观念之间的关系的认识决定于观念自身,不需要借助于任何经验,只需要根据我们理性思维就能够获得,因而它们没有进一步探讨的必要;反之,对事实的材料的认识以经验为基础,不是我们单纯通过理性思维就能够获得的,因而它们值得我们进一步考察。于是这

---

① 参见 David Hume,*A Treatise of Human Nature*,1.1.5.1;关文运译本,第 25 页。

② 参见 Ibid.,1.3.1.2;关文运译本,第 85—86 页。

③ 参见 Ibid.,1.3.2.1;关文运译本,第 89 页。

④ 参见 David Hume,*An Enquiry concerning Human Understanding*,4.1;吕大吉译本,第 19 页。

就构成休谟认识论的主要任务。

3. 概然推理和因果关系

三种依赖于经验的哲学关系是我们关于事实的材料的一切推理的基础,但真正说来,我们对同一性和时空相邻性的认识是观察、而不是推理,只有对原因和结果的认识才是推理,因为只有原因和结果的关系才能够使我们超出感官的当前见证和记忆力的过去记录而根据一个当前事实来推断一个未来事实。[①] 因此,我们关于事实的材料的一切推理都是基于原因和结果的关系。[②]

那么我们关于原因和结果的观念来自哪里? 休谟认为,要弄清我们关于原因和结果的观念的起源,最佳方式就是按照"观念是印象的摹本"的原则来考察我们如何具有关于原因和结果的印象。[③] 在他看来,我们关于原因和结果的印象主要包括三个内容:两个事件在空间和时间上紧密相邻在一起(contiguity),[④]我们看作原因的那个事件在时间上在先、我们看作结果的那个事件在时间上在后(succession),[⑤]以及与它们两者相似的事件之间有一种必然联系(necessary connexion)[⑥]或恒常汇合(constant conjunction)。[⑦] 然而,这三个内容都没有直接告诉我们什么是原因和什么是结果,我们也不能根据它们来确断两类相似事件之间的必然关系。因而,真正说来,我们关于原因和结果的观念虽然导源于印象,但我们并没有关于原因和结果的直接的原始的印象;原因和结果的观念只是我们根据那三个内容而对两类相似事件之间的关系做出的一种推

---

① 参见 David Hume, *A Treatise of Human Nature*, 1.3.2.2; 关文运译本, 第 89—90 页。
② 参见 David Hume, *An Enquiry concerning Human Understanding*, 4.4; 吕大吉译本, 第 20 页。
③ 参见 David Hume, *A Treatise of Human Nature*, 1.3.2.5; 关文运译本, 第 91 页。
④ 参见 Ibid., 1.3.2.6; 关文运译本, 第 91 页。
⑤ 参见 Ibid., 1.3.2.7; 关文运译本, 第 92 页。
⑥ Ibid., 1.3.2.11; 关文运译本, 第 93 页。
⑦ Ibid., 1.3.6.3; 参见关文运译本, 第 105 页。

断。因此,原因和结果的观念不是来自理性对观念之间的关系的先天认识,也不是来自理性对印象之间的关系的直接认识,而是我们以经验为基础对两类相似事件之间的关系进行推理的结论。

然而,我们以经验为基础进行推理的依据又是什么? 休谟认为,一切推理可以分为两种:演证推理和概然推理,亦即关于观念的关系的推理和关于事实的材料的推理。① 一切以经验为基础的推理都不是演证推理,而是概然推理,它的根据是我们从自然对象中发现的相似性。在休谟这里,概然推理不是严格意义上的归纳推理,而是这样一种推理:通过相似性来信赖过去的经验,并把过去的经验投射到未来,当作判断未来事件的标准。这种推理有两个预设:(1)未来将相似于过去,(2)相似的能力将与相似的可感性质结合在一起;② 这两个预设通常被称为自然的齐一性原则,意即自然过程将始终齐一地继续进行。我们以经验为基础对原因和结果的关系的推断正是以自然的齐一性原则为前提来推出它自身。因此,这种推理不是有效推理,而是循环论证。③ 这就是说,概然推理不是真正的和严格意义上的推理;我们从经验得来的结论不是基于推理或知性的任何活动。④ 这样一来,一切关于事实的材料的推理都是基于原因和结果的关系,一切关于原因和结果的关系的推理都是基于经验,一切从经验得来的结论都不是基于推理或知性的活动。这样一个否定性的回答就是休谟对知性或理性在事实的材料方面的活动的"怀疑主义怀疑"⑤。

休谟对知性或理性在事实的材料方面的活动的这样一种怀疑或否定,在他看来并不会给从经验得来的结论带来任何危险,因为"自然将总

---

① David Hume,*An Enquiry concerning Human Understanding*,4.18;参见吕大吉译本,第28页。
② Ibid.,4.21;参见吕大吉译本,第31页。
③ 参见 Ibid.;同上。
④ 参见 Ibid.,4.15;吕大吉译本,第26页。
⑤ 这是《人类知性研究》第四章的标题。

是保持她的权利,并最终胜过任何抽象推理",①于是他从自然主义立场出发,对从经验得来的结论的依据问题给出一个肯定性的回答。这就是,规定我们来形成这样一个结论的是人的本性的另一个原则,即"习惯(custom or habit)"②。所谓习惯就是"不需要任何新的推理或结论而根据一种过去的重复来继续进行下去的每个事物"。③ 他认为,我们唯独被习惯所规定才根据一个相似事件的出现而期待另一个相似事件的出现,并形成关于原因和结果的关系的推断。具体地说,在我们观察到两个相似事件总是伴随在一起反复出现之后,当我们看到其中一个相似事件再次出现时,我们就依照习惯而期待其中另一个相似事件将会再次出现,并把前一个相似事件称为原因、把后一个相似事件称为结果。因此一切从经验而来的推论都是习惯的结果,而不是推理的结果。因此"习惯是人类生活的伟大指导。唯有这个原则才使我们的经验对我们有用,才使我们为未来而期待一连串与过去出现的事件相似的事件。"④相应地,以经验为基础的概然推理就是一种基于习惯的期待,正是这种基于习惯的期待构成概然推理的本性。这是休谟对其"怀疑主义怀疑"的一种"怀疑主义解决"⑤。休谟的这种解决的实质是,把原因和结果的关系由一种哲学关系变成一种自然关系,把概然推理由一种逻辑推理变成一种心理联结。⑥

4."从"知识"到"信念"

休谟的上述怀疑主义怀疑及其怀疑主义解决表明:以经验为基础的

---

① David Hume, *An Enquiry concerning Human Understanding*, 5.2;参见吕大吉译本,第35页。

② Ibid.,5.5;参见吕大吉译本,第36页。

③ David Hume, *A Treatise of Human Nature*, 1.3.8.10;参见关文运译本,第122页。

④ David Hume, *An Enquiry concerning Human Understanding*, 5.5-6;参见吕大吉译本,第37页。

⑤ 这是《人类知性研究》第五章的标题。

⑥ 参见 David Hume, *A Treatise of Human Nature*, 1.3.6.16;关文运译本,第111—112页。

概然推理不是一种基于理性或知性的活动的真正推理,而是一种基于习惯的期待,对事实的材料我们不能形成任何真正的知识,只能形成意见(opinions)或信念(beliefs);当我们以经验为基础通过概然推理来根据一个当前事实或过去事实而推断一个未来事实时,我们的这个推断虽然包含着对这个未来事实的观念,但这个未来事实的观念以及它与那个当前事实或过去事实之间的关系并不构成我们认识的对象,而是我们相信的对象。因此,在事实的材料领域,我们的活动能力不是理性或知性,而是想象力;我们的活动的规定原则不是逻辑规则,而是习惯;我们的活动的目标不是知识,而是意见或信念。

于是最终,关于事实的材料的概然推理过程就变成关于未来事实的信念的形成过程。概然推理是从我们当前感觉或过去记忆的某个东西出发而推论另外某个与之相联系的,而我们没有感觉或记忆的东西,[1]这个过程就是想象力根据某个印象而构想(conceive)另外某个观念的过程。在休谟看来,想象力是一种自由构想的能力,它构想出来的观念分为信念和虚构(fictions);信念是有根据的构想,虚构是无根据的、单纯的构想(mere conceptions)。想象力与一个当前印象相联系而构想出来的观念就是信念,它不与一个当前印象相联系而构想出来的观念就是虚构。由于信念与一个当前印象相联系着,因而它包含着心灵对一个当前印象的情感或感受,[2]因此,休谟给予信念的精确定义就是"与一个当前印象相关联或相联系着的生动的观念"。[3] 当我们从某个日常观察出发,根据概然推理而推论出关于一个未来事实的观念时,这个观念既不是关于那个未来事实的知识,也不是对那个未来事实的虚构,而是对那个未来事实的信念。

---

[1]　参见 David Hume, *A Treatise of Human Nature*, 1.3.6.6;关文运译本,第 107 页。

[2]　参见 David Hume, *An Abstract of...A Treatise of Human Nature*, Para.21; in *A Treatise of Human Nature*, pp.411–412.

[3]　David Hume, *A Treatise of Human Nature*, 1.3.7.5;参见关文运译本,第 114 页。

5. 温和怀疑主义

休谟在《人性论》和《人类知性研究》中都有关于怀疑主义的详细论述。① 在他看来,怀疑主义可以分为科学和哲学研究之前和之后的怀疑主义。科学和哲学研究之前的怀疑主义有如笛卡尔的普遍怀疑,它不仅怀疑我们先前的一切观点和原则,而且怀疑我们的各种能力,因而它是一切科学和哲学研究的必要准备。② 科学和哲学研究之后的怀疑主义通常断言人的能力是不可靠的或不能在思辨主题中达到任何确定的结论;③这种怀疑主义包括感官怀疑主义和理性怀疑主义。感官怀疑主义认为,我们心灵中的一切都是知觉或影像,感官只是传达这些影像的入口或通道,它们本身是不完善的、容易出错的和不可信赖的。④ 理性怀疑主义又分为过度怀疑主义和温和怀疑主义;过度怀疑主义有如皮浪主义,它试图用论证和推理摧毁理性,不仅反对理性的演证推理、而且反对理性的概然推理;⑤温和怀疑主义有两种,一种是学园派怀疑主义,它力图借助于常识和反省来纠正皮浪派的过度怀疑主义,主张通过反省人类理性的局限和弱点来促使人们谦虚和克制,以减少人们对自己意见的喜爱和对相反意见的敌视,⑥另一种是休谟自己的怀疑主义,它试图借助于自然或本能来避免皮浪派的过度怀疑主义,要求把我们的研究限制在最适合于人类理性的狭窄能力的范围内。⑦

休谟的认识论从内容来看既包含感官怀疑主义,也包含温和的理性

---

① 参见 David Hume,*A Treatise of Human Nature*,1.4.1-2;关文运译本,第一卷第四章第一节和第二节。亦参见 *An Enquiry concerning Human Understanding*,Section 12;吕大吉译本,第十二章。

② 参见 David Hume,*An Enquiry concerning Human Understanding*,12.2;吕大吉译本,第138页。

③ 参见 Ibid.,12.5;吕大吉译本,第139页。

④ 参见 Ibid.,12.6;吕大吉译本,第139—140页。

⑤ 参见 Ibid.,12.17;吕大吉译本,第145页。

⑥ 参见 Ibid.,12.24;吕大吉译本,第149页。

⑦ 参见 Ibid.,12.25;吕大吉译本,第150页。

怀疑主义,总体说来温和的理性怀疑主义是其认识论的根本特征。① 这种温和的理性怀疑主义是对理性或知性在事实的材料方面的活动的怀疑主义,它一方面包括对理性或知性的活动的怀疑主义怀疑,另一方面包括对这种怀疑主义怀疑的怀疑主义解决;这两个方面不可分离地结合在一起,共同构成这种温和的理性怀疑主义整体。其怀疑主义怀疑表明,人的理性或知性是有限的和不完善的,其活动范围是狭窄的,在事实的材料方面不能进行有效的概然推理;其怀疑主义解决说明,在事实的材料领域进行概然推理的能力是想象力,概然推理的本性是以习惯为基础的主观期待,概然推理的结果只能是信念。对休谟的这种温和的理性怀疑主义,西方已有的几种主要解释模式中,里德、贝蒂和格林的怀疑主义解释模式着重其怀疑主义怀疑而忽视其怀疑主义解决,史密斯的自然主义解释模式突出其心理主义信念学说而消解其怀疑主义怀疑和怀疑主义解决这两个方面的怀疑主义,拉塞尔的反宗教模式把其怀疑主义和自然主义看作两个互补的方面而纳入到反宗教的目标之下,将其怀疑主义怀疑和怀疑主义解决结合起来。

三、道　德　学

休谟认识论的根本特征是温和的理性怀疑主义,然而他的道德学却是直接反对怀疑主义的。在休谟时代伦理怀疑主义盛行,许多哲学家如霍布斯和曼德维尔等虽然承认道德和道德法则,但他们把道德当作主观的东西,否认道德区别的实在性。休谟把这种伦理怀疑主义的主要根源

---

① “温和怀疑主义”是休谟自己给他的认识论所贴的标签。传统的怀疑主义解释模式将休谟的认识论看作一种彻底的和极端的怀疑主义,当代学者弗格林也将它看作一种“完全不温和的”(wholly unmitigated)怀疑主义,参见 Robert J.Fogelin, *Hume's Skepticism in the Treatise of Human Nature*, London: Routledge & Kegan Paul, 1985.pp. 13,146.

归因于哲学家们的不真诚的态度,认为不论从理性或常识的观点来看道德和道德区别的实在性都是不可置疑的。① 休谟道德学的主要目标就是肯定道德区别的实在性,围绕道德的基础和原则等问题一方面批判理性主义的观点,另一方面论证情感主义的主张,以确证和巩固其人学体系。

1.道德心理学

休谟道德学以其激情体系作为基础。休谟认为,人的心灵中的一切知觉都不过是印象和观念;印象可以分为感觉印象和反省印象;反省印象包括激情和类似激情的其他情绪;激情又进一步分为直接激情和间接激情,直接激情包括欲求、厌恶、希望、恐惧、欢乐和悲伤等,间接激情包括骄傲、谦卑、爱和恨等。② 休谟在《人性论》第二卷和作为其改写的《论文四篇》第二篇"论激情"中对这些反省印象的研究构成他的激情体系,亦称为他的心理学。这个体系包含着他对理性和激情与意志和行动的关系的比较详细和深入的论述,这些论述构成他的道德学的理论前提,通常被称为他的道德心理学。

在哲学中和在日常生活中,理性和激情的关系以及它们对意志和行动的作用经常是人们谈论的话题。人们一般认为,意志的善性和行动的道德性在于遵奉理性的命令,如果有任何与理性相对立的其他动机要求支配意志和行动,就应该制服它或至少使它符合于理性。在休谟看来,这种一般观点是错误的,为此他提出一系列论证来反驳这种观点。他认为,理性自身单独不能成为意志活动的动机,理性不能与激情相反对而成为意志和行

---

① 参见 David Hume,*An Enquiry concerning the Principles of Morals*,critical edition,edited by Tom L.Beauchamp,Oxford:Clarendon Press,1998.1.2(意指 Section 1,Paragraph 2);休谟:《道德原则研究》,曾晓平译,北京:商务印书馆 2001 年版(以下简称曾晓平译本),第 21—22 页。

② 参见 David Hume,*A Treatise of Human Nature*,2.1.1.1-4;关文运译本,第 309—310 页。

动的指导;①因为理性是推理的能力,而不是能动的能力。在实践方面,理性是完全非能动的和惰性的,既不能引起、也不能阻止任何意志的活动,既不能产生、也不能消灭任何行动。自愿的或有意的行动不是理性的结果,而是激情的结果尤其是直接激情的结果;直接激情如欲求、厌恶、希望、恐惧、欢乐和悲伤等等能够直接引起行动,间接激情如骄傲、谦卑、爱和恨等等能够通过与直接激情的关联而间接引起行动。因此,在实践方面,理性和激情之间的关系不是竞争、对立或斗争的关系;能够反对一种激情的不是理性,而只能是另一种相反的激情;能够支配和统治意志和行动的不是理性,而是激情。但是,尽管如此,休谟并不完全否定理性的作用。在他看来,理性和激情在实践方面是共同发生作用的:理性告诉我们各种品格、品质和行动的趋向和后果,激情则驱使我们按照一定原则从中做出选择并达到它。不过在这种共同作用中,理性和激情的关系不是平等的,激情是主宰者和统治者,理性是从属者和奴仆;用休谟自己的话说:"理性是而且只应当是激情的奴隶,除了服务和服从于激情之外不能有任何其他职务"。②

2. 道德的基础

道德的基础问题是早期现代英国哲学家们长期争论的一个重要问题,对这个问题的回答构成休谟《人性论》第三卷"论道德"的首要内容。后来在《道德原则研究》中休谟把这个问题概述为"道德是导源于理性、还是导源于情感,我们获得对道德的知识是通过一系列论证和归纳、还是凭借一种直接的感受和较精致的内在感官,道德是像对真和假的所有健全判断一样对一切有理性的理智存在者应当相同、还是像对美和丑的知觉一样完全基于人类特定的组织和结构"。③ 休谟的这个

① 参见 David Hume, *A Treatise of Human Nature*, 2.3.3.1;关文运译本,第 451 页。
② David Hume, *A Treatise of Human Nature*, 2.3.3.4;参见关文运译本,第 453 页。
③ David Hume, *An Enquiry concerning the Principles of Morals*, 1.3;参见曾晓平译本,第 22 页。

概述表明,他对道德的基础的理解包含着本体论、认识论和价值论等多个方面,涉及道德的起源、道德认识的获得方式、道德评判的根据和标准等等内容。

休谟对道德的基础问题的回答遵循情感主义的路线。在休谟之前,英国哲学家们围绕这个问题已经形成理性主义和情感主义两大派别。理性主义者如克拉克、卡德沃斯和沃拉斯顿等从理性的永恒性、不变性和神圣性出发,把道德学建立在理性之上,认为理性是道德法则和道德规范的源泉和根据,道德区别导源于理性,道德判断与逻辑判断或认识判断相似、甚至相同;情感主义者哈奇森接受莎夫茨伯里的内在感官学说,把道德学建立在内在感官和情感之上,认为道德规范和道德区别导源于道德感官,道德判断类似于审美判断。休谟继承哈奇森的情感主义路线,在道德的基础问题上,以他自己的道德心理学为依据,一方面反驳理性主义的观点,另一方面论证情感主义的主张。在他看来,理性的特性是冷淡的和无能的,不能构成行动的动机,因为动机必须是能动的和具有驱动作用;理性的活动是发现真和假,不能运用于行动,因为行动没有真和假的分别;理性的对象是事实和关系,不能对行动的道德性进行判断,因为道德性既不在于事实、也不在于关系;因此,理性主义关于道德的基础的观点是荒谬的。① 他认为,根据印象和观念的区分、感觉印象和反省印象的区分,知性体系的对象是观念,激情体系的对象是反省印象,道德学隶属于激情体系,其对象是反省印象。由此他进一步论证:道德学的基础在于内在感官,道德区别导源于道德感官,亦即某种特殊的快乐或痛苦的感受力;道德认识的获得方式主要是通过趣味和情感;道德评判类似于审美评判,它不是理性对观念进行比较而做出的判断,而是情感借助于某种特殊的快乐或痛苦而在人心中产生的感受,不是一种思辨性的命题或断言,而

---

① 参见 David Hume,*A Treatise of Human Nature*,3.1.1;关文运译本,第 496 页以下。亦参见 *An Enquiry concerning the Principles of Morals*,Appendix 1;曾晓平译本,第 138 页以下。

是一种生动活泼的情感或感受。①

3. 道德的原则

休谟道德学的中心内容是对道德的原则的探讨。休谟认为,人的心灵的主要动力或驱动原则是"快乐或痛苦",②正是某种特殊的快乐或痛苦构成道德区别和道德评判的根据。道德上的善和恶、德性和恶行是我们单纯观察和静观某种品质和品格时它们给予我们的快乐或痛苦所区别开来的;道德上的赞许和责难就蕴涵在这种快乐或痛苦中。但是什么原则使我们在观察这些品质和品格时感受到这种快乐和痛苦? 在休谟看来,只要说明这种快乐和痛苦的理由,我们就能够充分说明道德区别和道德评判。因此,他对道德的原则的探讨主要涉及这种快乐和痛苦的源泉和发生方式。③

通过考察人们的一系列品质和品格,休谟得出,这种快乐和痛苦可以导源于四个不同的源泉:对自己有用、对他人有用、令自己愉快、令他人愉快。因此,道德区别和道德评判所依赖的这种快乐和痛苦的源泉就是对自己或对他人的有用性(usefulness)和愉快性(agreeableness)及其对立面,亦即对自己或对他人的效用(utility)和快乐及其对立面。由于每个人的利益和快乐都与他人不同,如果人们没有一个共同的观点来观察他们的对象和使那个对象在所有人看来都显得相同,他们的情感和判断就不可能相一致,因此,休谟提出应当存在一种普遍承认为相同的利益和快乐,这就是,每一个观察者看来相同的那种唯一的利益或快乐。只有这种唯一的利益和快乐才能"产生道德区别所依赖的那种特殊的感受或情感",才能充当"德性和道德性的标准"。④

有用性和愉快性及其对立面,或者说效用和快乐及其对立面,如何在

---

① 参见 David Hume,*A Treatise of Human Nature*,3.1.2;关文运译本,第 510 页以下。
② Ibid.,3.3.1.2;关文运译本,第 616 页。
③ 参见 Ibid.,3.1.2.6;关文运译本,第 513 页。
④ Ibid.,3.3.1.30;关文运译本,第 633—634 页。

人的心灵中引起快乐和痛苦？对此休谟诉诸他的激情体系。在《人性论》中休谟认为它们的发生方式是通过人的心灵中的同情①和比较②。同情不是一种不同的激情或情感，而是人的心灵的一种当观察到某种激情或情感时通过联结活动而形成关于那种激情或情感的观念的状态，③因而是激情或情感的传达方式。在休谟看来，它是人的本性中的一个非常有力的原则，不仅在我们的审美活动中，而且在我们的道德活动中发挥着巨大作用；④在道德领域，它通过把各种品质或品格的趋向与每个人的快乐和痛苦的感受力联系起来，引发出各种快乐或痛苦的感受。比较是我们依照对象的比例关系来改变我们对对象的判断的心灵状态，它的作用方式与同情相反。在《道德原则研究》中，休谟放弃比较原则而保留同情原则，但是他对同情原则的运用似乎是将它变成一种仁爱或人道的倾向。总体说来，休谟揭示出的道德的原则主要是效用、快乐和同情。

4. 德性的分类

休谟在《人性论》和《道德原则研究》中考察一系列被称为德性和恶行的品质和品格。他发现，每一种在单纯观察之下就产生快乐的心灵品质或品格被称为德性，每一种在单纯观察之下就产生痛苦的品质或品格被称为恶行，由此他提出一个明显具有心理主义和快乐主义特征的德性定义：德性就是"凡是给予旁观者以快乐的赞许情感的心理活动或品质"，⑤"德性的本性、而且其实德性的定义就是心灵的一种令每一个考虑或静观它的人感到愉快或称许的品质"。⑥ 休谟论及的德性主要有正义、

---

① 参见 David Hume, *A Treatise of Human Nature*, 3.3.2.2；关文运译本，第 635 页。
② 参见 Ibid., 3.3.2.4；关文运译本，第 636 页。
③ 参见 Norman Kemp Smith, *The Philosophy of David Hume: A Critical Study of Its Origins and Central Doctrines*, London: Macmillan, 1966. p. 111.
④ 参见 David Hume, *A Treatise of Human Nature*, 3.3.1.10；关文运译本，第 620 页。
⑤ David Hume, *An Enquiry concerning the Principles of Morals*, Appendix 1.10；曾晓平译本，第 141 页。
⑥ Ibid., 8. Footnote 50；曾晓平译本，第 114 页。

忠诚、忠实、端庄、贞洁、仁爱、人道、同情、审慎、智慧、勇敢、勤奋、省俭、美貌、财富、权力、机智和雄辩等。

按照德性的起源和产生方式,休谟把德性分成两类:自然德性和人为德性。自然德性是以人的心灵的自然构造为基础、"毫不依赖于人们的人为措施和设计"①而形成的;它们通过"每个单个行为产生的益处"和"自然激情"的活动②而被评判为德性。休谟列入自然德性的有伟大而豪迈的心灵品质如心灵的伟大、骄傲和气概等,仁爱或仁慈的心理情感如慷慨、感恩、友爱等,以及各种自然才能如明智和机智等。其中他将自然才能看作自然德性的做法突破西方伦理学传统中对道德德性和自然才能的区分;这种区分在他看来不过是"语词之争"③,因而他把有用的和令人愉快的自然才能都纳入道德德性中。

人为德性是以人为措施和设计为基础而产生的德性,它们以人类的约定为前提。人类通过约定而形成一种一般的行为体系或体制,这种一般的行为体系或体制虽然不是一个现实的社会制度,而是人们的一种对共同利益的一般感觉,但是它能够对人们的行为起规范作用;人们通过遵守这种一般的行为体系或体制,亦即按照这种对共同利益的一般感觉来促进整个社会的公共效用或利益;凡是能够促进整个社会的公共效用或利益的品质或品格都被人们评判为德性。因此,人为德性的源泉和标准不是个人的私人效用或快乐,而是整个社会的公共效用或利益,亦即社会全体成员共同遵守一般规则而带来的普遍有益的后果。④ 休谟纳入人为德性的主要有正义、忠诚、忠实、遵守国际法、端庄、贞洁和良好作风等。按照休谟对自然德性和人为德性的分类,我们可以看到,自然德性是某个单个的品格、品质、能力或行动就其对个人的有益趋向或后果而直接被称

---

① David Hume, *A Treatise of Human Nature*, 3.3.1.1;参见关文运译本,第616页。
② 参见 Ibid., 3.3.1.12;关文运译本,第621页。
③ Ibid., 3.3.4.1;关文运译本,第650页。
④ 参见 Ibid., 3.2.2.10–11;关文运译本,第530—531页。

为德性,人为德性则是某个品质或行动就其基于社会全体成员的协力合作和对整个社会的公共效用或利益而间接被称为德性。

这里有必要说明,休谟在《人性论》和《道德原则研究》中关于道德的基础、道德的原则和德性的分类的观点是基本一致的,但是他在探讨它们时的出发点和立场并不相同。在《人性论》中他的出发点是人的自私性、有限的仁爱和同情,他的立场是利己主义;在《道德原则研究》中他的出发点是人的仁爱或人道(humanity),他的立场是利他主义。①

小　结

休谟哲学是他把早期现代西方自然科学中的实验推理方法运用于精神科学领域而建立起来的一个精神哲学体系或人学体系。其认识论是把洛克的经验主义路线贯彻到底而形成的一种温和怀疑主义,它将人的认识对象限定在经验范围之内,将关于事实的材料的概然推理看作以习惯为基础的主观期待,主张人们对事实的材料不能形成任何知识、只能形成信念;其道德学是继承哈奇森的道德感官学说和以他自己的心理学为基础而发展起来的一种道德情感主义,它将德性区分为自然德性和人为德性,并从中得出道德的原则主要是效用、快乐和同情。休谟的认识论直接激发出里德的共同感官哲学和康德的批判哲学;他的道德学直接构成斯密的道德情感理论和边沁的功利主义的理论先驱。

拓 展 阅 读

一、必读书目

1. David Hume, *A Treatise of Human Nature*, critical edition, Vols.1-2, edited by

---

① 参见 Ernest Albee, *A History of English Utilitarianism*, New York: Collier Books, 1962.pp. 101-104.

David Fate Norton and Mary J.Norton, Oxford: Clarendon Press, 2007.

2. David Hume, *An Enquiry concerning Human Understanding*, critical edition, edited by Tom L.Beauchamp, Oxford: Clarendon Press, 2000.

3. David Hume, *An Enquiry concerning the Principles of Morals*, critical edition, edited by Tom L.Beauchamp, Oxford: Clarendon Press, 1998.

4. 休谟:《人性论》上、下册,关文运译,郑之骧校,北京:商务印书馆 1983 年版。

5. 休谟:《人类理智研究》,吕大吉译,北京:商务印书馆 1999 年版。

6. 休谟:《道德原则研究》,曾晓平译,北京:商务印书馆 2001 年版。

二、参考书目

1. Robert J.Fogelin, *Hume's Skepticism in the Treatise of Human Nature*, London: Routledge & Kegan Paul, 1985.

2. Thomas Henry Huxley, *Hume*, New York: AMS Press, 1968.

3. John L.Mackie: *Hume's Moral Theory*, London: Routledge & Kegan Paul, 1980.

4. David Fate Norton, *David Hume: Common-sense Moralist, Sceptical Metaphysician*, Princeton: Princeton University Press, 1982.

5. David Fate Norton and Jacqueline Taylor(ed.), *The Cambridge Companion to Hume*, Second Edition, Cambridge: Cambridge University Press, 2009.

6. John Passmore, *Hume's Intentions*, third edition, London: Gerald Duckworth, 1980.

7. Elizabeth S.Radcliffe(ed.), *A Companion to Hume*, Oxford: Blackwell Publishing Ltd, 2008.

8. Paul Russell, *The Riddle of Hume's Treatise: Skepticism, Naturalism, and Irreligion*, Oxford: Oxford University Press, 2008.

9. Norman Kemp Smith, *The Philosophy of David Hume: A Critical Study of Its Origins and Central Doctrines*, London: Macmillan, 1966.

10. 周晓亮:《休谟哲学研究》,北京:人民出版社 1999 年版。

24

笛卡尔哲学

冯　俊

绝不把任何我没有明确地认识其为真的东西当作真的加以接受,也就是说小心避免仓促的判断和偏见,只把那些十分清楚明白地呈现在我的心智之前,使我根本无法怀疑的东西放进我的判断之中。

——笛卡尔:《谈谈方法》

始终只求克服自己,不得克服命运,只求改变自己的欲望,不求改变世界的秩序。

——笛卡尔:《谈谈方法》

我思想,所以我存在(我思故我在)。

——笛卡尔:《第一哲学沉思集》

———— ❦ ————

笛卡尔是法国近代哲学的开启者,欧洲大陆理性主义哲学的创始人。他认为,"哲学作为一个整体,像是一棵树,它的树根是形而上学,它的干是物理学,它的那些由这干发展而来的枝是全部其他科学。它们又归结为三门主要的学科,即医学、机械学和伦理学——我是指最高和最完善的道德科学,它以其他各门科学的全部知识作为前提,是智能的最高等级。"笛卡尔在认识论和方法论领域是一个理性主义者,推崇理性的直观和演绎方法。在以理性主义为基础的"第一哲学"即形而上学领域,他是一个"二元论"者,"我思故我在"是他形而上学的"第一原理",他将"物体"和"精神"看成两个完全独立的实体,上帝的存在及其本性,灵魂的本性和身心关系,天赋观念等,是笛卡尔第一哲学的主要内容,"心身二元论"和"天赋观念论"在哲学史上产生了长久的影响。而在"物理学"即自然哲学领域,他是一个唯物主义者,论证物质世界服从于机械运动的规律,对于 18 世纪的法国唯物主义也有很大影响。

在此,我们需要注意以下几个问题:一是注意了解笛卡尔对于整个哲学体系的设想。二是笛卡尔的方法论到底是什么还是有争议的,很难把它归结为一句话,但是可以说是理性主义的方法论。三是我思故我在是理解笛卡尔第一哲学的关键。四是笛卡尔的"心身学说"影响长远,成为心灵哲学(philosophy of mind)的起源。

普遍怀疑;我思故我在;天赋观念;上帝存在的证明;心身关系;灵魂的激情

笛卡尔是法国近代哲学的开启者,欧洲大陆理性主义哲学的创始人。笛卡尔哲学塑造了法国近代哲学中理性主义和科学主义的传统,笛卡尔哲学对后世发生了长久的影响。笛卡尔哲学的主要部分是:一是方法论;二是第一哲学,即形而上学;三是物理学,即自然哲学和自然科学。要把

握这一庞大的哲学体系,首先就要掌握逻辑学,即科学方法论,它是我们发现真理的工具和技艺。笛卡尔在认识论和方法论领域是一个理性主义者,推崇理性的直观和演绎方法;在以理性主义为基础的"第一哲学"即形而上学领域,他是一个"二元论"者,将"物体"和"精神"看成两个完全独立的实体;而在"物理学"即自然哲学领域,他是一个唯物主义者,论证物质世界服从于机械运动的规律。他说:"哲学作为一个整体,像是一棵树,它的树根是形而上学,它的干是物理学,它的那些由这干发展而来的枝是全部其他科学。它们又归结为三门主要的学科,即医学、机械学和伦理学——我是指最高和最完善的道德科学,它以其他各门科学的全部知识作为前提,是智能的最高等级。"①

笛卡尔在 1596 年 3 月 31 日生于法国西北部都兰(Touraine)地区一个名叫拉·海伊(La Haye)的小镇上,这个小镇如今改名为拉·海伊—笛卡尔(La Haye-Descartes)。祖父是一位医生,父亲和大哥都是雷恩地区不列塔尼议会的参议员。他受洗礼时受名"René",后来又取名"Descartes",拉丁文写成"Renatus Cartesius",所以后世常用"Cartesien"来表示"笛卡尔的"或"笛卡尔主义者"。

笛卡尔进入耶稣会创办的拉·弗莱舍(La Flêche)公学学习,主修希腊和拉丁语言文学、哲学,对雄辩术、诗歌特别是数学表现出强烈的兴趣。1614 年离开拉·弗莱舍公学,1616 年在普瓦提埃(Poitiers)取得法律就业证书。1618 年他去荷兰加入了拿梭的摩利士(Maurice de Nassau)王子的军队,因为在当时的战争中荷兰是法国的盟友,笛卡尔并没有参战,与其说是参军不如说是旅行。其间他认识了荷兰的一位医学博士比克曼(Isaac Beeckmann,1588—1637),后者激发了他对数学和科学的极大兴趣。1619 年开始他就注重对科学方法论的研究,以及这种方法在科学领域中的运用。经过九年的实践和总结,1628 年笛卡尔将他的方法写成

① Oeuvre de Descartes, publiées par Charles Adam et Paul Tannery, Paris, Librairie Philosophique J. Vrin. Vol. IX-1, p.14.

《探求真理的指导原则》(*Les Règles pour la direction de l'esprit*,1701)一书。这部未完成的著作在笛卡尔生前并未发表,直到他死后半个世纪,即1701 年,才在阿姆斯特丹(Amsterdam)出版。

1637 年笛卡尔在荷兰莱顿(Leiden)出版了《谈谈这种为了更好地指导理性并在各门科学中探求真理的方法》(*Discours de la méthode pour bien conduire sa raison et chercher la verité dans les sciences*,以下简称《谈谈方法》),这部著作是和三篇论文一起发表,它们是《折光学》(*Dioptrique*)、《气象学》(*Météores*)和《几何学》(*Géométrie*):在《折光学》中探讨了光的折射问题;在《几何学》中,他奠定了我们现在称作解析几何学的基础。《谈谈方法》放在这三篇论文前面作为它们的序言,表明他讲的方法是后面几篇论文中的方法。在该书中他重新将自己的方法概括为四条规则,但仍体现了《指导心灵的规则》一书中的基本思想。这部著作如同一部思想自传,记叙了他的思想发展过程,除表述他的方法论原则和行为守则外,他还表述了他的形而上学和关于世界和人体的机械唯物主义的基本思想。这也是一本用法语写成的他的哲学的大众读本。

1628 年当笛卡尔的方法论思想基本成熟之后,他开始运用这种方法来建立新的哲学体系,建立哲学体系的愿望驱使他下决心离开法国而到更加自由和平的国度荷兰去从事伟大的工作。笛卡尔的主要哲学著作《第一哲学沉思集》于1641 年在巴黎出版,第一版里还附有六篇反驳和答辩。笛卡尔最初是将书稿送给索邦神学院(la Sorbonne),企图借助它的权威来论证该书思想的正确性,以利出版,后来神学院的麦尔塞纳(Mersenne)将书稿分别送给一些神学家以及唯物主义哲学家霍布斯和伽森狄征求意见,于是招致了来自神学家和唯物主义哲学家两方面的批评,组成了六组反驳,笛卡尔对它们一一进行答辩,并将这些反驳和答辩同原书一起出版。这本书是笛卡尔关于形而上学的中心著作。

笛卡尔建立形而上学的目的,是要从形而上学的原理中推演出自然哲学的真理。笛卡尔最早的自然哲学著作就是 1633 年未敢发表的那本

《论世界》，该书系统地阐述了他的物理学、宇宙学观点，是哥白尼、伽利略的思想在科学上的继续和在哲学上的发展。笛卡尔为了把自己的哲学确立为天主教的官方哲学，1644 年他用拉丁文以教科书的形式写了一部著作，名为《哲学原理》(*Principia philosophiae*)。全面、系统地阐述了他在《论世界》中阐发的机械唯物主义的思想。

笛卡尔最后一本哲学著作是 1649 年 11 月出版的《灵魂的激情》(*Les Passions de l'ame*)，这部著作主要是讲情感的分类的心身关系问题。

1649 年 9 月笛卡尔应瑞典女王克里斯蒂娜(Queen Christina)的邀请前往斯德哥尔摩(Stockholm)讲学，由于气候寒冷和生活习惯的改变，得了肺炎，生活不到半年就于 1650 年 2 月 11 日逝世。

笛卡尔的一生是为科学奋斗的一生，是为完成他的哲学体系而奋斗的一生。

一、方法论原则和行为守则

笛卡尔在《谈谈方法》一书中为自己确立了方法论原则和行为守则。方法论原则有四条：

第一条是：绝不把任何我没有明确地认识其为真的东西当作真的加以接受，也就是说小心避免仓促的判断和偏见，只把那些十分清楚明白地呈现在我的心智之前，使我根本无法怀疑的东西放进我的判断之中。

第二条是：把我所考察的每一个难题，都尽可能地分成细小的部分，直到可以而且适于加以圆满的解决的程度为止。

第三条是：按照次序引导我的思想，以便从最简单、最容易认识的对象开始一点一点逐步上升到对复杂的对象的认识，即使是那些彼此之间并没有自然的先后次序的对象，我也给它们设定一个次序。

最后一条是:把一切情形尽量完全地列举出来,尽量普遍地加以审视,使我确信毫无遗漏。①

这四条规则是笛卡尔方法论的简练表达,如果我们将它们与《指导心灵的规则》中所表述的方法论规则联系起来看,就更能看出它们的精神实质。

第一条原则包含了笛卡尔普遍怀疑的方法、理性直观方法和理性主义的真理标准。

普遍怀疑的方法是笛卡尔的第一个方法。笛卡尔认为,科学是具有确实性的知识。要想得到确实的知识,就有必要进行一次普遍的怀疑。他觉得,他自幼年开始起就把一大堆错误的见解当作真的接受下来,这些知识以及据此形成的一切见解都是靠不住的、非常可疑的,学校的教育只能加重他的烦闷,求学除了觉得越来越无知外,没有什么其他的进步。应该"认真地、自由地来对我的全部旧见解进行一次总的清算","如果我想要在科学上建立起某种坚定可靠、经久不变的东西的话,我就非在我有生之日认真地把我历来信以为真的一些见解统统消除出去,再从根本上重新开始不可"。②

笛卡尔的普遍怀疑是方法论上的怀疑,怀疑是为了发现真理,得到确实的知识。他对这种普遍怀疑作了两个形象的比喻。一是把它比作建造大厦,为了找到坚实的基础,先把"浮土和沙子排除掉,以便找出岩石和黏土来,正如在拆除旧房屋时,通常总把拆下的材料保存起来,以便用它来建造一座新的房屋"③;一是把它比作挑选烂苹果,如果一个人有一筐苹果,害怕其中有些坏了,想把它们拿出来,以免弄坏其他的苹果,他只能

① 《十六—十八世纪西欧各国哲学》,北京大学哲学系编译,北京:商务印书馆1975年版,第144页。
② 笛卡尔:《第一哲学沉思集》,庞景仁译,北京:商务印书馆1986年版,第14页。
③ 《十六—十八世纪西欧各国哲学》,北京大学哲学系编译,北京:商务印书馆1975年版,第146页。

是把一筐苹果全部倒出来，一个一个地检查一遍，把没烂的重新装回去，把烂了的扔掉。同样，有些人从来没有很好地研究过哲学，他们在头脑中保留着从早年就开始积累的各种各样的看法，当他们很有道理地确信这些看法的大多数不符合真理时，他们便试图把一些看法同另一些看法区别开来。因为他们害怕把这两类看法混淆在一起会使得全部看法不可靠，为了不犯错误，岂不最好还是一下子把它们全部抛掉，不管它们当中哪些是真理，哪些是谬误，而后再对它们逐一加以研究，只保留其中那些被认为是真理的和无可怀疑的东西。①

那么，哪些东西是最为值得怀疑的呢？笛卡尔认为，普遍怀疑要从怀疑全部旧见解所根据的那些原则下手。首先，感官感觉的东西是值得怀疑的，因为它们常是骗人的。另外我无法将醒与梦区别开来，我常常认为是坐在桌子前看书，其实是一丝不挂地躺在床上。第二，物理科学和数学的确实性也是值得怀疑的。物理学、天文学、医学等是考察组合物的科学，在这些组合中会产生许多不确实的东西，所以它们是极其可疑的。而算术和几何学虽从本性上讲是讨论简单、一般的东西，而不考察自然中有没有这些东西，似乎是无可怀疑的，如 2+3＝5、正方形有四条边等都是一些明白的真理，但我们也会常常犯错误，常常受到上帝的欺骗。第三，为了寻求一个科学真理，我们暂时假设上帝是骗子，"神不是至善和真理的源泉，而是某种恶魔，它有无限的威力和欺骗性，他施展一切手段来欺骗我们"②。天地万物，山川河流，一切外部事物也许都不存在，它们都是上帝用来欺骗我们的幻觉和梦想，一切物质性的存在都是值得怀疑的，我没有手、没有眼、没有肉体、没有血液、没有任何感官，而上帝却使我错误地认为我拥有这一切，其实它们都是值得怀疑的。唯一不能怀疑的东西只能是正在进行这种怀疑的"我"的存在，我在怀疑所以我必须存在，怀疑

① *The Philosophical Works of Descartes Vol.*1-2, Rendered into English by Elizabeth S.Haldane and G.R.Ross, Cambridge University Press.1973.Vol.II, p.282.

② Ibid., p.14.

的我不是物质性的我,而只是思想的我,精神性的我,怀疑是一种思想活动,"我思故我在"(Cogito,ergo sum),这是一条唯一不能怀疑的第一原理。这是笛卡尔通过普遍怀疑之后找到的一个立足点。

"我思故我在"是笛卡尔得到的第一个也是最为确实的真理,它的确实性来自理性的直观。理性的直观是笛卡尔方法论的核心。在笛卡尔的时代,数学是最为确实的一门科学,笛卡尔企图从数学中借取方法,从最简单、无可怀疑的东西出发,经过合理的推演,而得出全部知识。直观,是一种精神洞察力,它来自理性,是纯净和专注的心灵迅速、清楚地给予我们的概念,使我们对于我们所理解的东西用不着怀疑。笛卡尔的直观不是感性直观,而是理性的直观。直观的特点是:对象是同时(而不是相继地)、整个地、直接地被理解和把握;它所获得的认识是最为清楚明白;直观提供第一原则。演绎虽然能够提供正确的认识,但是,在演绎中有某种连续的过程和运动;演绎并没有直观所拥有的那种直接呈现出来的特性,它的确实性是记忆赋予它的;演绎可以提供远离对象的结论。演绎是以直观为基础的,推理链条的每一个环节都应该是直观。直观是一种直接认识,而演绎是一种间接的认识。许多事物虽然不能通过直观认识到,却可以通过心灵的持续、不间断的活动从真实的、自明的原则推演出来。直观就是要找到最简单、无可怀疑、无须辩护的人类知识元素,发现最简单、最可靠的观念或原理,然后从它们进行演绎推理,导出全部确实可靠的知识。

笛卡尔从普遍怀疑、理性直观引出了他的理性主义的真理标准:"凡是我们领会得十分清楚、十分分明的东西都是真实的"①。那么怎样才算清楚分明呢? 笛卡尔说:

所谓清楚,我是说它出现或显现于那个注视的精神,如同我们说清楚地看见了对象,当对象以相当大的力量展现于眼前时,眼睛才能看见它

---

① 笛卡尔:《第一哲学沉思集》,庞景仁译,北京:商务印书馆 1986 年版,第 35 页。

们。所谓分明,是说它是如此地精确并且和其他一切对象完全不同,在它之中所包含的东西都明晰地展现于那个本来考虑它的精神。①

也就是说,只有直观的东西才是清楚分明的,"我思故我在"是经过普遍怀疑之后得到的第一个直观,因而是无可怀疑的真理,真理的标准正是从直观认识的这种无可怀疑的正确性中引出的一条总则。在这里笛卡尔以理性心灵的清楚分明为真理标准,是从主体意识出发,以我心中的是非为是非,反对将宗教和权威作为区别是非的标准,因而它是与神学权威、教条主义相对立的。

第二条原则概括了分析的方法。所谓分析就是将那些复杂的对象或命题逐步地变成更简单的对象或命题,直至找到最简单的事实或命题,从个别走向一般、从具体走向抽象。这个过程是通过对具体事物的分割来进行的。那么何谓简单的呢? 笛卡尔说:"我们将只是把,对它们的认识是如此清楚和如此明晰,以至于它们不能被心灵分析成为更为清晰地被认识的东西,叫作简单的。"②我们的认识不能超出这些简单性质的范围,我们的认识或是简单性质,或是简单性质的混合物或复合物。找到了最简单的东西就是分析过程的完结,又是后面认识的起点。

第三条原则概括的是综合方法。该方法要求把全部事物看作是一个从绝对到相对、从简单到复杂,相互依赖、相互联系、层层隶属的有顺序的系列,认识"从对所有绝对简单的命题的直观理解出发,以精确相似的步骤力求上升到全部其他事物的知识"③。全部事实应该以某种系列来排列,这种系列不是事物本身存在的系列,而是我们去认识它的系列、方法上的系列。所以综合就是按照一定的顺序,使我们的认识从最简单、最容易理解的对象开始,逐步上升到最复杂对象的知识。

---

① Oeuvre de Descartes, publiées par Charles Adam et Paul Tannery, Paris, Librairie Philosophique J. Vrin. Vol. IX-2, p.44.

② _The Philosophical Works of Descartes_ Vol. 1-2, Rendered into English by Elizabeth S. Haldane and G. R. Ross, Cambridge University Press. 1973. Vol. I, p.40-1.

③ Ibid., p.14.

第四条原则概括的是完全列举或归纳方法。在笛卡尔看来归纳是对直观的补充,当我们对某个事物的知识不能运用直观的时候,就只能用归纳了。笛卡尔的归纳不同于培根的归纳,它不是从个别上升到一般,而是列举,列举出与问题有关的全部事实和详细目录,非常全面、精确,无一遗漏,同时列举还应该准确和有顺序。通过有顺序的完全列举得出的结论,尽管没有直观那么可靠,但仍不乏确定性,得出的结论是可靠的。

从以上几条方法论原则看来,笛卡尔的方法是典型的理性主义的方法,精神直观在他的方法中占有极其重要的地位,把直观的清楚分明作为真理的标准,归纳只是处于从属地位的补充方法。笛卡尔认为传统的三段论不能帮助我们发现真理,用这种公式收集不到什么新的东西,"它唯一可能的作用就是用来偶尔向其他人更容易地解释我们已经发现了的真理",它"用来向其他人解释某人已经知道的东西比用来知道新的东西更好"。① 他所推崇的是数学中从简单明了的直观公理出发的推理链条。

笛卡尔不仅给自己确立了方法论的原则,同时还给自己设立了行为守则,因为要进行一项伟大的科学事业,不仅要确立科学研究的方法,而且由于科学家还是一个社会中的人,他只有遵循一些共同的社会规范,免于各种社会纷争和骚扰,他才能有足够的精力去进行他的工作,所以笛卡尔为自己确立了下列行为规条:

> 第一项是:服从我国的法律和习惯,笃守上帝恩赐我从小就领受到的宗教信仰,并且在其他一切事情上,遵照那些最合乎中道、离开极端最远、为一般最明哲的、我应当在一起相处的人在实践上共同接受的意见,来规范自己。……
>
> 我的第二项规条是:在行动上要尽可能做到最坚决、最果断,当

---

① *The Philosophical Works of Descartes Vol.*1-2,Rendered into English by Elizabeth S.Haldane and G.R.Ross,Cambridge University Press.1973.Vol.I,p.32,90.

我一旦决定采取某些意见之后,即便这些意见极为可疑,我也始终加以遵守,就像它们是非常可靠的意见一样。……

我的第三项规条是:始终只求克服自己,不得克服命运,只求改变自己的欲望,不求改变世界的秩序,一般地说,就是养成一种习惯,相信除了我们的思想之外,没有一件东西完全在我的能力范围之内,这样,我对在我们以外的事物尽力而为之后,凡是我们不能做到的事,对于我们来说,就是绝对不可能的了。……①

笛卡尔处世规条的实质是保持中允,明哲保身,屈服命运,逃避现实。然而社会的现实总是放不过他,他企图逃避人世纷争,而纷争却总缠绕着他。在笛卡尔认为和平自由的国度荷兰,1643 年、1647 年笛卡尔分别和乌特勒支(Utrecht) 大学、莱顿大学的教授和神学家们展开了激烈的争论,天主教教会也把他当作异教徒和无神论者加以攻击。1663 年梵蒂冈将笛卡尔的全部著作定为有罪的,列为禁书。1671 年法国国王路易十四命令在法国学校中禁止讲授笛卡尔的哲学。

二、第一哲学(形而上学)

笛卡尔给第一哲学或形而上学规定了特定的内容和范围。他说:"哲学的第一部分就是形而上学,其中包含各种知识的原理,这些原理中有的是解释上帝的主要品德的;有的是解释灵魂的非物质性的;有的是解释我们的一切明白简单的意念的。"②可见,上帝的存在及其本性,灵魂的本性和身心关系,天赋观念等,是笛卡尔第一哲学的主要内容。

---

① 《十六—十八世纪西欧各国哲学》,北京大学哲学系编译,北京:商务印书馆 1975 年版,第 145—146 页。
② 笛卡尔:《哲学原理》序,关文运译,北京:商务印书馆 1958 年版,第 xvii 页。

1."我思故我在"

笛卡尔认为,第一哲学所要寻求的第一原理或第一原则必须包含下述两个条件:

> 第一,它们必须是明白而清晰的,人心在注意思考它们时,一定不能怀疑它们的真理;第二,我们关于别的事物方面所有的知识,一定是完全依靠于那些原理的。……我们必须努力由那些原则,推求依靠于它们的那些事物方面的知识,以致使全部演绎过程步步都要完全明白。①

第一原则的两个条件,第一是清楚明晰、无可怀疑;第二是由此出发可以演绎出一切其他事物的知识来。笛卡尔在经过普遍怀疑之后,找到的第一原则、第一原理或第一原因就是:我思故我在。

"Cogito,ergo sum"(拉丁文),"Je pense,donc je suis"(法文),"I think,therefore I am"(英文),中文译作"我思故我在"或"我思想,所以我存在"。下面我们来对这一命题作一分析。

"我"是什么呢? 笛卡尔说,以前他认为"我是一个人",有手、脸、胳臂及由骨头和肉组合成的这么一架机器,并且能够吃饭、走路、感觉、思维。而现在既然假定上帝是一个骗子、恶魔,根本就没有天地万物以及人的一切物质器官如手、脸、臂等,这些是上帝欺骗我们的一些幻影,因而与一些物质器官相联系的一些功能如摄取营养、走路、感觉等也不是我所具有的。那么,我还有什么呢? 我发现只有一种属性属于我,与我不可分,这就是思想。

---

① 笛卡尔:《哲学原理》序,关文运译,北京:商务印书馆1958年版,第 ix—x 页。

　　现在我觉得思维是属于我的一个属性，只有它不能跟我分开，有
我，我存在这是靠得住的；可是，多长时间？我思维多长时间，就存在
多长时间；因为假如我停止思维，也许很可能我就同时停止了存
在。……因此，严格来说我只是一个在思维的东西，也就是说，一个
精神、一个理智或者一个理性。①

　　我是一个没有形体、不能诉诸感觉的精神性的东西，它的唯一属性是
思维、思想。

　　"思"，思维或思想是什么呢？笛卡尔说：

　　　　"思想"，这个词包括以一种我们能够直接地意识到的方式存在
于我们之中的每一种东西。所以，全部意志的活动，理智的活动，想
象的活动和感觉的活动都是思想。②

　　所以，在笛卡尔这里，感觉、想象、领会、欲望、厌恶、肯定、否定、怀疑
等都是思想，"思维"、"思想"和"意识活动"是同一个意思。

　　"我在"是什么呢？我在思想，所以我就存在，我思想多久就存在多
久，如果停止了思想也就停止了存在。思想和存在之间是直接同一的，没
有任何差别，存在是思想的存在，"我在"就是一个正在思想的东西存在。

　　"故"在这个命题中给我们一种感觉似乎这里有一个推理：一切思想
的东西都存在，我思想，所以我存在。但是，笛卡尔强调"我思故我在"不
是一个三段论推理，从我思想得出我存在是一种精神的直观，是自明的。
如果说是一个三段论推理的话，那就需要一个大前提：一切思维的东西存
在着。可是这个大前提是依赖于每一个人的经验，是建立在观察上的一

---

　　①　笛卡尔：《第一哲学沉思集》，庞景仁译，北京：商务印书馆 1986 年版，第 25—26 页。
　　②　Oeuvre de Descartes，publiées par Charles Adam et Paul Tannery，Paris，Librairie Philos-
ophique J.Vrin.Vol.IX—2，p.39.

种归纳,从"每一种个别的思想的东西都同时存在着",归纳出"凡是思维的东西都存在",这个大前提的得出实际是以人的精神的存在、以我思为前提。所以,如果认为有一个大前提那就是循环论证。另外,如果是三段论推理,则要求一个中项把大前提和结论联结起来,可是笛卡尔这里也不存在这个中项,思想和存在是直接同一的,自身等同的。认识到我存在不是一个推理,而是一种直观。"故"在此只是一种语气的转折,顺延的意思。

笛卡尔要确立的"我"是一个精神性的我,一个灵魂、一个思想的东西,而不是物质的我,感性存在的我。笛卡尔把认识的主体仅仅作为一个没有形体的精神性的存在,而不是一个物质的存在。笛卡尔一方面抛开认识的对象来谈纯粹的意识,另一方面又脱离了物质、形体来谈认识者,只是从思想到思想,把问题仅限于精神的范围之内,这不能不说是一个大错误,无疑是唯心主义的。但"我思故我在"并不是一个纯粹主观唯心主义命题,因为:其一,"我思故我在"只是对自我的一种肯定,是对自己意识活动的一种直接感知,是对自我的本质、思维能力、认识能力的一种肯定,而不是说没有我存在就没有世界存在;其二,笛卡尔也不是说世界上只有我一个人存在而别人都不存在,或他们的存在依赖于我的存在,他的"我"不是指笛卡尔一个人,而是指一般的"我"、"心灵",或所有的"我"、"心灵";其三,笛卡尔把"我思故我在"作为第一原则、第一原因并不是说它是事物存在的第一原因、第一原则,而是认识的第一原则,是我们最先认识的东西,也是最确实的东西,同时又是整个认识过程的起点。

笛卡尔从"我思故我在"这一命题出发,不仅引申出了理性主义的真理标准,同时还从此引出了他的二元论,证明精神和物体、心灵和形体的区别,证明天赋观念的存在、上帝观念的存在和外部世界的存在。这就是从确立精神性的"我"的存在出发,进而确立上帝的存在和物质实体的存在。所以说"我思故我在"是笛卡尔形而上学体系的出发点。

2. 天赋观念论

"天赋观念论"是笛卡尔的重要理论之一。笛卡尔从观念的来源不同,把观念分为三类,并对这三类观念作了详细说明。

> 在这些观念里有些我认为是与我俱生的,有些是外来的、来自外界的,有些是由我自己做成的和捏造的。因为我有领会一般称之为一个东西,或一个真理,或一个思想的功能,我觉得这种功能不是外来的,而是出自我的本性的;但是,如果我现在听见了什么声音,看见了太阳,感觉到了热,那么一直到这时候我判断这些感觉都是从存在于我以外的什么东西发出的;最后,我觉得人鱼、鸷马以及诸如此类的其他一切怪物都是一些虚构和由我的精神凭空捏造出来的。①

笛卡尔认为这三类观念对应着三种心理功能,外来的观念依赖于感觉;虚构的观念借助想象;而天赋观念出于纯粹理智。而感觉和想象是依赖于身体和外部对象的,纯粹理智则和身体、外部对象没有任何联系,是非物质性的。

因此,天赋观念有以下特点:它绝不能来自感官或想象,而是存在于理智中的,仅凭我们的理解得来的;它必须是清楚分明、无可怀疑的,一切清楚分明的观念都是天赋观念;它是普遍有效的,是对事物的本质的认识,是永恒真理。

笛卡尔的天赋观念包括下述几类:第一,事物的简单性质的观念是天赋的。所谓简单性质是指心灵不能把它们分得更细的基本单位,对它们心灵有最为清楚明晰的认识,是构成我们知识的基本单位。第二,关于事物的本质的概念是天赋的。第三,上帝的观念是天赋的。第四,公理、普

---

① 笛卡尔:《第一哲学沉思集》,庞景仁译,北京:商务印书馆1986年版,第37页。

遍原则、第一原则、道德原则是天赋的。总之,不是来自感觉经验、不是来自主观的虚构,而只能来自纯粹的理性思维的东西,都是天赋的。

笛卡尔的天赋观念直接呈现说在当时就受到唯物主义哲学家伽森狄、霍布斯、勒卢阿(Le Roy,1598—1679)等人的批判,为了使这一学说能自圆其说,笛卡尔又提出了天赋观念潜在发现说和天赋能力潜存说来修正。

天赋观念潜在发现说宣称,天赋观念是潜存在我们心中的,但是还需要学习和训练才能把它们从其他观念的掩蔽和混杂中发现出来。这些观念完全展现在我们心中,但是它们受到肉体的干扰,婴儿、小孩和青年人的精神淹没在肉体之中,思想极其密切固着于身体,而只有成年人才能冲破身体的牢笼去发现那些自明的真理。这如同柏拉图的回忆说所言,在理念王国中认识了理念的灵魂,当它和肉体结合在一起时,就被肉体所污染,因而把理念忘记了,只有从黑暗的肉体的墓穴中挣出来才能见到真理的阳光。

天赋观念直接呈现说难以令人置信,那么天赋观念潜在发现说也不能使人信服。于是笛卡尔又提出了天赋能力潜存说。天赋观念实际上是一种潜存的能力,一旦经验诱发它就能产生出这种观念。他在对霍布斯的反驳进行答辩时写道:

> 当我说,某些观念是与我们俱生的,或者说它是天然地印在我们灵魂里的,我并不是指它永远出现在我们的思维里,因为,如果是那样的话,就没有任何观念;我指的仅仅是在我们自己心里有生产这种观念的功能。①

这种"生产观念的能力"、"思维的能力",并不是实在地存在而是潜

---

① 笛卡尔:《第一哲学沉思集》,庞景仁译,北京:商务印书馆1986年版,第190—191页。

在地存在着的,"因为功能(faculté,faculty)一词不是指别的,大约就是指潜在性"①。笛卡尔把这种潜在的能力、机能看作是某种倾向或禀赋。笛卡尔并不完全排斥经验,经验给我们提供一个偶因或机缘,使我们的精神根据这种天赋的思维能力去形成这些观念。笛卡尔的这一思想后来被莱布尼茨继承了,莱布尼茨认为人的精神、心灵既没有现成的天赋观念,也不是一块白板,"观念与真理是作为倾向、禀赋、习性或自然的潜力在我们心中的,并不是作为现实作用而天赋在我们心中的,虽然这种潜在能力永远伴随着与它相适应的、常常感觉不到的现实作用"②。天赋观念论是唯理论的一个重要组成部分。

笛卡尔的天赋观念论所要解决的一个中心问题就是思维如何把握存在,即思维和存在的同一性问题,而这个中心问题又是通过几个具体问题在天赋观念中反映出来,这就是:其一,我们对外部世界的认识,我们的观念,除了外部来源之外,还有没有其他来源;其二,感性认识和理性认识,也就是说感觉、想象与理智的知识,它们到底是同一认识过程的两个不同阶段,还是属于两种完全不同的认识? 其三,我们全部可靠的认识、具有普遍必然性的知识的基础是什么? 其四,认识主体自身到底有没有一种天赋的认识能力或天赋的知识结构。笛卡尔对这些问题作出了唯理论的回答,认为我们心中的观念除了外部来源还有天赋的观念,理性认识从本性上来讲是和感性认识完全不同的一种认识,它是来自纯粹理智的、天赋的、依赖于人的一种天赋认识能力。

3. 真理和错误

笛卡尔认为,"在我们之中思维的一切方式可以归为两大类:其中一

---

① *The Philosophical Works of Descartes Vol.*1-2,Rendered into English by Elizabeth S.Haldane and G.R.Ross,Cambridge University Press.1973.Vol.I,p.444.

② 《十六—十八世纪西欧各国哲学》,北京大学哲学系编译,北京:商务印书馆 1975 年版,第 505 页。

类就在于通过理智而知觉,另一类是通过意志而决定"①。理智的知觉表现为感觉和领会,意志的活动表现为决断和下判断。笛卡尔从处理理智和意志的关系入手来解决如何避免错误、发现真理的问题。

我们在进行判断时有两种因素在起作用,一是理解的能力,一是意志的能力。对我们要进行判断的东西必须要理解,不能假设,不能对不理解的东西作判断。对于理解了的事物表示同意不同意、肯定和否定,这就是意志的判断。如果我们只对我们清楚分明地理解到的东西下判断,我们就不会犯错误。问题就在于我们对于一些事物没有精确的知识就贸然作出判断。我们的错误既不是因为理解能力而产生,也不是因为意志的能力而产生,而是从这两者的关系中产生,从这两者作用范围的不一致中产生。

笛卡尔认为,理解是有限的,意志是无限的,二者范围不同,意志往往被滥用,超出理解的范围,所以认识就会出错。人不会有意地去犯错误或有意地去同意含有错误的意见,而是他们追求真理的欲望驱使他们去对那些还没有明确认识的事物作出仓促的判断,去相信那些混乱的、不恰当的观念,所以常常犯错误。错误的原因就是意志超出了理解的范围。也就是我们对意志的不正确的运用。要想不犯错误必须做到两点:其一,在我们下判断之前必须对事物有一个清楚分明的领会、理解,在没有把事情的真理弄清楚之前不要去作判断,这就是"理智的认识必须先于意志的决定"②。其二,在我们进行判断时,必须把意志限制在我的理智的范围之内,"因为每当我把我的意志限制在我的认识的范围之内,让它除了理智给它清楚、明白地提供出来的那些事物之外不对任何事物下判断,这样我就不至于弄错"③。做到了这两点,我们就不仅知道了怎样避免错误,

① Oeuvre de Descartes,publiées par Charles Adam et Paul Tannery,Paris,Librairie Philosophique J.Vrin.Vol.IX—2,p.39.

② 笛卡尔:《第一哲学沉思集》,庞景仁译,北京:商务印书馆 1986 年版,第 63 页。

③ 同上书,第 65 页。

而且知道了怎样去发现真理。

笛卡尔进一步探讨了自由和认识的关系。什么是意志自由呢？所谓自由并不是在两个相反的东西之间进行选择时采取无所谓的态度，这种选择上的无所谓不仅没有证明我们的自由，而恰恰相反证明了我们只有最低程度的自由，它表现出我们认识上的一种缺陷。所谓自由，就是果断地作出抉择，就是对真和善的追求，自由是以认识作基础的，没有一个清楚分明的认识我们就不可能获得极大的自由。

> 人越是明显地认识好和真，就越能自由地接受好和真，只有在人不知道什么是更好或者更真的，或者至少当他分辨得不够清楚、不能不怀疑的时候，他才抱无所谓的态度。①

无所谓并不能表现我们的自由，只是"当我们对一件事物的清楚、分明的认识推动和迫使我们去追求时我们是自由的"②。笛卡尔在这里提出了接近于"自由就是对必然的认识"的思想。

4. 上帝存在的证明

上帝是笛卡尔第一哲学的中心范畴之一。他曾表明他的第一哲学的目的是要证明上帝的存在和灵魂不死，从而使人们更坚定地去信仰上帝。但是笛卡尔的上帝绝不是宗教的上帝，而是一个理性主义的上帝。上帝是我们认识真理性的最后的保证，是永恒真理的来源，是无限认识的主体。

笛卡尔在确立了"我"的存在之后，就力图运用理性去证明上帝的存在。笛卡尔在《第一哲学沉思集》中差不多花了两个沉思（沉思第三、第五）来证明上帝的存在。笛卡尔说：

---

① 笛卡尔：《第一哲学沉思集》，庞景仁译，北京：商务印书馆 1986 年版，第 418 页。
② 同上。

　　因为可以证明有一个上帝,只有两条路可走:一条是从他的效果(effect)上来证明,另一条是从他的本质或他的本性本身来证明,而我曾尽我之所能在第三个沉思里解释第一条道路,我相信在这以后我不应该省略去另外一条道路。①

于是在第五个沉思里解释了第二条道路。

概括起来说,笛卡尔对上帝的存在是用了两种方法作了三种证明。这就是运用第一种方法即用效果作了两种证明:其一,用上帝的观念来证明上帝的存在;其二,用具有上帝观念的我的存在来证明上帝的存在。在这种证明上,笛卡尔借用了"原因必须大于或等于结果"、"无中不能生有"的原则。第二种证明的方法是用上帝的本质或本性来证明上帝的存在,这种证明,实际上是借用安瑟尔谟(Anselm of Canterbury, 1033—1109,有人译作安瑟伦)的本体论证明。我们将综合《第一哲学沉思集》、《谈谈方法》和《哲学原理》中的有关论述,对笛卡尔的这三种证明分述如下:

(1)从上帝观念的来源证明上帝的存在。

笛卡尔认为,在我们的心中有一个"上帝"观念,上帝观念的内涵是什么呢?

　　用上帝这个名称,我是指一个无限的、永恒的、常住不变的、不依存于别的东西的、至上明智的、无所不能的,以及我自己和其他一切东西(假如真有东西存在的话)由之而被创造和产生的实体说的。②

按照"原因必须大于或等于结果"、"无中不能生有"的原则,任何观

---

① 笛卡尔:《第一哲学沉思集》,庞景仁译,北京:商务印书馆 1986 年版,第 122—123 页。
② 同上书,第 45—46 页。

念都应该有原因。"在一个结果里没有什么东西不是曾经以一种同样的或更加美好的方式存在于它的原因里"①,上帝观念是一个完善的、充满着存在体的观念,这个观念的原因是什么呢?

首先,它不可能是由我自己而来的,尽管我从自己可以得出一个实体观念,但我是有限的实体,上帝是无限实体,无限实体的观念是不能从有限实体中得来。其次,它也不可能是从外部世界得来的,因为在上帝里边没有什么东西跟外部世界的东西、物体性的东西相似。再次,上帝的观念也不能是假的,它是一个无上完满的、无限的存在体的观念,是完全真实的、非常清楚明白的。凡是我清楚明白地理解为实在的和真实的并且在其中包含什么完满性的东西,都一定会是真的并且完全包含在里面。上帝"这个观念是非常清楚、非常明白的,它本身比任何别的观念都含有更多的客观实在性,所以自然没有一个观念比它更真实,能够更少被人怀疑为错的和假的了"②。

所以,上帝观念只能"是由一个真正比我更完满的本性把这个观念放进我心里来的,而且这个本性具有我所能想到的一切完整性,就是说,简单一句话,它就是上帝"③。因而上帝是存在的,如果上帝不存在,我就不可能有这个上帝的观念。

(2)从具有上帝观念的我的存在来证明上帝的存在。

上帝的观念是存在于我的心中的,但这个心中具有上帝观念的"我"怎么能够存在呢?

第一,如果我自己是自己存在的原因,即不依存于其他一切东西而存在,有着极大的完满性,那么我自己就是上帝了。所以我不可能是自因的,必须有一个东西创造并保持(不断地把我重新创造出来)我。

---

① 笛卡尔:《第一哲学沉思集》,庞景仁译,北京:商务印书馆 1986 年版,第 139 页。
② 同上书,第 46 页。
③ 《十六—十八世纪西欧各国哲学》,北京大学哲学系编译,北京:商务印书馆 1975 年版,第 149 页。

第二,已往我以为我是父母所生,但是即使承认我是他们所产生,如果没有东西保存我,我就不能存在,再说,我的父母只是产生了我的肉体,而在这里,我只是把自己当作精神,一个思维的东西,作为心中有一个上帝观念的我不能是父母产生的。

第三,我也许依存于别的什么原因,但我们要追问这个原因是自因还是他因的,如果说他是自因的,那么他就是上帝;如果他是他因的,那么他依存的这个原因是自因的还是他因的,这样问到最后的原因,那个不需要他物来保存自己的东西只能是上帝。

最后,也许是几个原因同时作用产生了我,但是从这些事物中我们只能分别地得到我们归之于上帝的一部分完善性,而不能将这些完善性统一综合起来,而统一性、单纯性和不可分性恰恰是上帝的完满性之一,认为上帝的完满性是不同部分的集合不是和他的完满性相矛盾的吗?因此,具有上帝观念的我不可能是由几个原因同时产生的,我只能由一个原因产生,这个原因就是上帝。

我是上帝创造和不断重新创造(保存)的,我心中的观念是上帝给我的,"上帝在创造我的时候把这个观念放在我心里,就如同工匠把标记刻印在他的作品上一样"[1]。因此,上帝观念"是从我被创造时起与我俱生的"。"单从我存在和我心里有一个至上完满的存在体(也就是说上帝)的观念这个事实,就非常明显地证明了上帝的存在。"[2]

哲学史上有许多人把笛卡尔的这个论证看作是对上帝存在的因果论证明,笛卡尔本人不同意这种看法,并极力把自己的证明和托马斯·阿奎那(St.Thomas Aquinas,1225—1274)的第一因的证明区别开来。他说:"首先,我的论据并不是从我看见在可感觉的东西里有一种秩序或动力原因的某一种连续而提出来的……我更喜欢把我的推理依靠在我自己的

---

[1] 笛卡尔:《第一哲学沉思集》,庞景仁译,北京:商务印书馆1986年版,第53页。

[2] Oeuvre de Descartes,publiées par Charles Adam et Paul Tannery,Paris,Librairie Philosophique J.Vrin.Vol.IX—1,p.41.

存在性上的缘故,这个存在性不取决于任何原因连续。"①即不是通过追求原因的连续去找一个第一因,而是考察保存的必然性、我心中上帝观念的创造者。笛卡尔不是从感性事物出发推论出一个非感性的上帝、不是求助于因果在时间上的先行后续和因果联系的无穷系列而达到一个第一因,因为在他肯定上帝存在之前还没有断定有任何感性事物存在,相反,要断定外部事物存在必须先证明上帝的存在。

(3)用上帝的本质或本性来证明上帝的存在。

这就是从上帝概念中的必然存在性来推断上帝的存在。我清楚分明地认识到一个现实的、永恒的存在属于上帝的本性,在其他事物中本质与存在是可以分开的,但是在上帝中存在和本质是不能分开的,正像一个直角三角形的本质不能同它的三内角之和等于两直角分开,一座山的观念不能同一个谷的观念分开一样,领会一个至上完满的存在体(上帝)而它竟然缺少存在性(各种各样的完满性之一),这是不妥的。

> 所以存在性和上帝是不可分的,所以上帝是存在的。不是因为我把事物想成怎么样事物就怎么样,并且把什么必然性强加给事物;而是反过来,是因为事物本身的必然性,即上帝的存在性,决定我们的思维去这样领会它。②

在哲学史上把笛卡尔的这个证明叫作本体论的证明,认为它是对中世纪经院哲学家安瑟尔谟的本体论证明的模仿。安瑟尔谟论证:上帝观念是一个绝对完善的观念,由此我相信上帝是一个绝对完善的实体。而绝对完善的实体不能仅仅存在于理智中,也存在于事实中。如果它仅仅存在于理智中,它就不如既存在于理智中又存在于事实中的东西完善。

---

① 笛卡尔:《第一哲学沉思集》,庞景仁译,北京:商务印书馆 1986 年版,第 110—111 页。
② 同上书,第 70—71 页。

所以上帝既存在于理智中又存在于事实中。这种证明是从上帝的观念开始，而不是由经验事实开始的，故称先验的本体论的证明。安瑟尔谟的证明，受到了托马斯·阿奎那的批判。托马斯认为，"上帝是存在的"，这句话谓语不包括在主语之中，不能从上帝的观念中引申出上帝的存在。相反，他主张，上帝存在的观念可以从上帝的创造物——外部世界的存在中归纳地证明。由于安瑟尔谟的本体论证明受到了托马斯的批判，所以笛卡尔也要极力表明他的证明与安瑟尔谟的证明是不同的。至少有两点，在笛卡尔看来是与安瑟尔谟不同的。首先，安瑟尔谟说，当人们懂得上帝这个观念是意味着什么时，人们理解它意味着一个东西，这个东西既存在于理智中，又存在于现实中。笛卡尔认为，一个词句所意味的东西，并不因此就是真的。而他本人的论据是：

> 我们所清楚、分明地领会为属于什么东西的常住不变的、真正的本性、或本质、或形式的事物，可以真正地能够被说成或被肯定是属于这个事物的；可是在我们足够仔细地追究上帝是什么的时候，我们清楚、明白地领会他之存在是属于他的真正的、常住不变的本性的，所以我们能够真正地肯定他是存在的，或至少这个结论是合法的。①

第二，笛卡尔认为他的不同就在于他区别了"可能的存在性"和"必然的存在性"，"可能的存在性是包含在我所清楚、分明地领会的一切东西的概念里或观念里，而必然的存在性只有包含在上帝的观念里"②。也就是其他被清楚地理解为存在的东西只是可能的存在，而上帝这个观念是一个特殊观念，其中包含了必然的存在，所以上帝是存在的。笛卡尔认为，他的这个证明只有摆脱各种偏见的人才能看得明白，因为平常许多人习惯于把本质和存在分开，习惯于任意想象许多现在和过去都不存在的

---

① 笛卡尔：《第一哲学沉思集》，庞景仁译，北京：商务印书馆1986年版，第119页。
② 同上书，第119—120页。

事物,而不能专心于思考上帝这个至上完满观念,所以就难以懂得这个论证。为了使更多人相信上帝存在是可以用理性证明的,笛卡尔除了用本质的证明方法之外,还用了效果的证明方法。

无论笛卡尔本人怎样力图把他的论证和托马斯的宇宙论证明、安瑟尔谟的本体论证明区别开来,但是不难看出,它们实际上不过是宇宙论证明和本体论证明的翻版。在对上帝的证明上,笛卡尔和中世纪哲学家们并没有什么很大的不同,他们的区别只是在于笛卡尔赋予上帝以理性主义的意义,从表面上看,笛卡尔是把上帝作为最高的本体。实际上要确立上帝的存在,是笛卡尔认识论的必然要求,论证上帝存在,是我们认识外部世界、认识客观存在的桥梁,因为上帝是外部世界存在的保证,上帝是永恒真理的源泉和认识真理的保证。

5. 外物存在的证明

笛卡尔在《第一哲学沉思集》一书中,通过普遍怀疑否定了外界事物的存在,我们感官是骗人的,我们常感觉到存在的东西实际上不存在,我也无法区别梦与醒,因为我们在梦中常感觉到存在的东西实际上不存在。上帝也许是一个大骗子,他用尽一切伎俩来欺骗我,实际上没有天、没有地、没有空气、阳光、颜色、声音,甚至我也没有手、眼、面、肉和感官,而他却使我错误地相信我有这些东西。笛卡尔认为,凡是欺骗过我第一次的东西都要怀疑,因此,只有在怀疑的我是一个精神、是一个思想的东西,这一点是不能怀疑的。笛卡尔在前两个沉思中只承认"我"的存在,如何从我的存在过渡到外部事物的存在呢? 或者说怎样将外部事物的存在确立起来呢? 这里要借助上帝。在第三个沉思中,笛卡尔确立了上帝的存在,并证明了上帝是一个无限完满的存在体,因而上帝不是一个骗子,"凡是我能够领会得清楚、分明的东西,上帝都有能力产生出来"①,因而,我对

---

① 笛卡尔:《第一哲学沉思集》,庞景仁译,北京:商务印书馆 1986 年,第 76 页。

外部世界的知觉不是幻觉,而是外部事物实际上就存在着。

但是,笛卡尔并不承认我们能够清楚、分明地感觉到物质对象的存在,因此不是直接以上帝作保证来肯定物质对象存在的。因为,从他的理性主义的原则看来,感觉经验是不可靠的,只有理智的认识才是可靠的,凭感觉清楚分明地感觉到的不一定是真的,只有清楚分明地领会才是真的。因此,在笛卡尔的形而上学的论证中,自始至终不是从感觉经验出发来确立实体(我,上帝)的存在,而是通过概念的推演(我的存在是直观的结果,不是推演的结果),从抽象的原则、公理出发来确立实体的存在。

在第六个沉思中,笛卡尔首先认为物质事物是可能存在的,因为上帝能够创造一切在逻辑上可能的事物,因而也可能创造物质。从我们的认识能力讲,我们的领会能力和想象能力的区别就在于,领会纯粹是自身的一种能力,以内心的观念为对象,而想象则要转向物体,形成一种心里的影像,尽管我只知道我是一种精神的东西,具有理智、意志、感觉、想象等认识能力的东西,但是,如果不假设物质对象存在,要理解我们的想象能力是困难的,所以物质事物或然存在。

在论证物质对象的存在时,遵循的基本思路是和论证上帝存在时一样的,考虑的关键是物质事物的观念形成的原因。只有从物质事物的观念形成的原因中才能证明物质事物必然存在。

在这里,笛卡尔同样是求助于在证明上帝存在时所运用的"原因的实在性必须大于或等于结果的实在性"这一特殊的"因果原则"。结果(物质事物的观念)是"形式地"包含在原因(物质事物)之中还是"卓越地"(eminemment)包含在原因(上帝或其他有更多实在性的实体)之中。笛卡尔运用排除法证明了,物质事物的观念不能是由我产生的,因为我没有产生这些观念的功能,这些观念"也绝不经我协助,甚至经常和我意愿相反而给我"[1]。因此它一定由某种不同于我的实体产生的。同时,这个

---

[1] 笛卡尔:《第一哲学沉思集》,庞景仁译,北京:商务印书馆 1986 年版,第 83 页。

观念也不能是由上帝或事物之外的某种外部对象产生,可是如果上帝自己又直接地或通过不同于物质事物的某种创造物(它卓越地包含观念的实在性)间接地把物质事物的观念送给我,并使我认为这些观念是来源于物质事物的,那么上帝就是一个骗子。但上帝不是骗子,所以上帝和不同于物质事物的某种更高贵的造物不可能是我们关于物质的原因。

既然上述两者都不是物质事物观念的原因,那么可以得出结论,它们必定是由物质事物所引起的,所以物质事物必定存在。可见,在这里,笛卡尔并不是从上帝存在直接地证明外物的存在,而绕了一个大弯子,借助"因果原则"和"上帝不是骗子"的原则来证明。

笛卡尔通过上帝不是一个骗子,而是一个绝对完善的存在,于是从怀疑走向了不疑。现在笛卡尔开始从对上帝的怀疑中走了出来,找到了一个认识真理性的标准,又为各门科学和数学重新确立了基础。这个基础就是上帝,笛卡尔高兴地说:

> 可是当我认识到有一个上帝之后,同时我也认识到一切事物都取决于他,而他并不是骗子,从而我断定凡是我领会得清楚、分明的事物都不能不是真的,虽然我不再去想我是根据什么理由把一切事物断定为真实的,只要我记得我是把它清楚、分明地理解了,就不能给我提出任何相反的理由使我再去怀疑它,这样我对这个事物就有了一种真实、可靠的知识,这个知识也就推广到我记得以前曾经证明过的其他一切事物,比如推广到几何学的真理以及其他类似的东西上去。①

笛卡尔在这里是用上帝来保证我们已往的认识和外部世界的认识的正确性。现在我所以肯定这个认识是正确的,因为我清楚分明地理解到了。而过去的认识之所以是正确的,是因为记忆告诉我,我记得我是把它

---

① 笛卡尔:《第一哲学沉思集》,庞景仁译,北京:商务印书馆 1986 年版,第 74 页。

清楚分明地理解了的,笛卡尔对于外部事物的认识和对几何学知识的肯定也是建立在对上帝的信任之上的。

笛卡尔说:

> 一切知识的可靠性和真实性都取决于对于真实的上帝这个唯一的认识,因而在我认识上帝以前,我是不能完全知道其他任何事物的。而现在我既然认识了上帝,我就有办法取得关于无穷无尽的事物的完满知识,不仅取得上帝之内的那些东西的知识,同时也取得属于物体性质的那些东西的知识。①

上帝不仅是我们认识真理性的来源,而且为我们的认识开辟了无限的前景,只要我们认识了上帝,我们就能取得无穷无尽的知识,它不仅保证了我们过去和现在认识的正确性,而且还保证我们将来认识的正确性。在笛卡尔哲学中,上帝可以看作是认识论中的最高范畴。笛卡尔的理性主义就是通过上帝这个概念奠定起来的。它是最高理性的象征,它是绝对真理的源泉,认识的普遍必然性、可靠性的保证,是科学的最终基础。没有上帝就不可能有正确的认识,没有上帝就不可能有科学。"在上帝里边包含着科学和智慧的全部宝藏。"②认识到了上帝就发现了一条通往真理的大道。首先,认识者、主体和认识对象、客体都是上帝创造和规定的;其次,思维和存在的统一,也是通过上帝来实现和保证的。思维之所以和存在相符合,是因为上帝会按照我思维的这种样子将对象产生出来。笛卡尔把认识者、主体仅仅看作是个精神,而不是一种现实的、活动的、实践的主体,因而他就无法找到一种现实力量,找到一种客观的标准来保证我们认识的正确性。他意识到了主观精神的东西是不能检验主观精神的东西,仅仅是主观的清楚分明的理解还不行,因为会产生一个为什么清楚分明地理解了的东西就

---

① 笛卡尔:《第一哲学沉思集》,庞景仁译,北京:商务印书馆 1986 年版,第74—75 页。
② 同上书,第 55 页。

是真的问题,即它的最后根据是什么,因而必须找到一个客观的标准。笛卡尔找到的这个客观标准就是上帝,一切都是由上帝的全能决定的。

6. 心身关系

心身关系问题是笛卡尔第一哲学的中心问题,笛卡尔的二元论最终就是心身二元论。笛卡尔将心、精神和身、肉体看作是两种绝对对立的实体之后,就面临着一个怎样说明它们二者的沟通和联系的问题。这既是一个本体论问题,也是一个认识论问题。

首先,笛卡尔要证明身心是有别的,这是他二元论的具体体现。

我是一个思想的实体,我的全部本质或本性就在于思想,我的存在与我的思想是紧密相连的、不可分的;身体与我是不可分的,我是不依赖于任何物质性的东西。外部世界、物质及身体的存在是可以怀疑的,而灵魂、精神的存在是不可怀疑,因为这里包含着一种必然联系,一个在怀疑、在思想的我不可能不存在。

物体和精神是两个完全不同、互不兼容,甚至根本对立的实体。这两个实体的属性和样式都是不同的,精神的属性(即它的全部本质或本性)是思维,物体的属性(全部本质或本性)是广延,而且它们各自的样式和行为也不相同。

> 有一些行为我们叫作物体性的,如大小、形状、运动以及凡是可以被领会为不占空间的其他东西,我们把它们寓于其中的实体称之物体⋯⋯有一些其他的行为,我们称之为理智的,如理解、意愿、想象、感觉等等,所有这些,在它们之不能不有思维或知觉或者领会和认识这一点都是共同的,它们寓于其中的实体,我们把它叫作在思维的东西,或者精神。[1]

---

[1]　笛卡尔:《第一哲学沉思集》,庞景仁译,北京:商务印书馆 1986 年版,第 177 页。

肉体永远是可分的，而精神完全是不可分的。肉体是可灭的，而精神、灵魂是不朽的。

笛卡尔将心身彻底地区别开来、对立起来之后，就产生了一个如何说明它们的联系和统一的问题。笛卡尔并不否认灵魂和肉体、心和身既是有区别的，又是统一的，并且认为它们实质上是结合在一起的，问题是如何去证明它们的统一。为此笛卡尔提出了几种理论：

（1）"自然信念"理论。

"自然"从广义来说，是指上帝所安排的一切秩序，就狭义来讲，即我个人的自然是上帝给我的一切东西，当然这就是包括灵魂和肉体。既然我们相信上帝不是一个骗子，那么我们就得相信自然告诉我的都是真的。

第一，自然非常明白、非常显著地告诉我，我有一个肉体，"当我感觉到痛苦时，它就不舒服；当我感觉到饿或渴时，它就需要吃或喝等等"①。这是很真实的。

第二，这些痛、饿、渴的感觉告诉我，"我不仅住在我的肉体里，就像一个舵手住在他的船上一样，而且除此而外，我和它非常紧密地联结在一起，融合、掺混得像个整体一样地同它结合在一起"②。灵魂和肉体是浑然一体的，只要身体受到了伤害，我立刻就感觉到疼痛，不需要任何中介，并且饿、渴、痛等感觉本身就是灵魂和肉体联合的结果。舵手和船的关系就不是这样，它们不能是浑然一体的，只是驾驭和被驾驭的关系。他对船的损伤不可能有直接感觉，而只能通过知觉去把握。

第三，无广延的精神与有广延的肉体是怎样浑然一体地结合在一起呢？笛卡尔解释说：

> 虽然精神结合全部肉体，这并不等于说它伸展到全部肉体上去，因为广延并不是精神的特性；它的特性仅仅是思维，……虽然精神有

---

① 笛卡尔：《第一哲学沉思集》，庞景仁译，北京：商务印书馆1986年版，第85页。
② 同上。

推动肉体的力量和性能,但它并不必然属于物体一类的,它不是物体性质的东西。①

笛卡尔说明精神和肉体结合的方式是,

精神并不直接受到肉体各个部分的感染,它仅仅从大脑或者甚至大脑的一个最小的部分之一,即行使他们称之为"共同感官"这种功能的那一部分受到感染,每当那一部分以同样方式感受时,就使精神感觉到同一的东西。②

在这里笛卡尔借助了神经系统来解释。神经系统遍布全身的各个部分,最后归总到大脑。精神和肉体统一是通过神经系统和大脑为中介进行的。

（2）"重力比喻"理论。

按照笛卡尔对于重力和物体之间关系的解释,认为物体的重力能够引起物体运动,但是它并不是借助于机械的方式;物体的重力是物体的一种"实在的性质",它不同于物体;物体的重力以一种特殊的方式与物体结合在一起,与物体有同等范围(coextensive),布满全部有重量物体上。

笛卡尔认为,重力的这些特性,为说明心身关系提供了一个较好的模拟。灵魂、精神可以作用于肉体,但是这种作用方式并不是机械的方式,精神和肉体不同,但是与肉体具有同等范围,即精神在肉体里整个地铺开,"整个地在整体里,整个地在每一个部分里"③。对于重力和物体关系的说明可以用来说明精神和肉体的关系,重力不同于物体但又和物体结合在一起,正像精神不同于肉体但又和肉体紧密地结合在一起一样。

---

① 笛卡尔:《第一哲学沉思集》,庞景仁译,北京:商务印书馆1986年版,第386页。
② 同上书,第90—91页。
③ 同上书,第425页。

（3）感觉理论。

笛卡尔认为，人的感觉的发生足以证明身心的统一。感觉以神经末梢为媒介，就像一张精制的网一样，从大脑一直延伸到身体的各部分，这些部分和神经结合得如此紧密，只要我们接触到任何部分，总要激动那里的某些神经末梢，通过这个神经，这个运动一直通到大脑，那

　　就是"共同感官"的所在地，就像我在《折光学》第四章中详细地解释的那样：各种运动通过神经末梢直通大脑，我们的灵魂和大脑紧密地联结和统一着，并根据运动中的多样性而使大脑有各种各样的思想，最后，我们灵魂的这些各种各样的思想，直接来源于通过神经末梢在大脑中所激起的那些运动，这些思想我们把它们确切地叫作我们的感觉，或更恰当一些把它们叫作我们的感官知觉。①

精神、灵魂是和大脑紧密地结合在一起，而大脑则是透过神经末梢和身体的各个部分相联系，身体各个部分的运动通过神经传递到大脑，在大脑中激起各种各样的运动，大脑中的这些运动使我们的精神和灵魂产生各种各样的思想、感觉。这就是笛卡尔描述的一幅心身统一图。

（4）"松果腺"理论。

为了说明没有广延的精神如何和有广延的肉体相结合并且相互作用，笛卡尔提出了"松果腺"（pineal gland）理论。他说："虽然灵魂和整个身体相结合，然而在身体之中有某一个部位，灵魂在那里比在其他任何部分更显著地发挥它的功能。"②灵魂直接发挥它的功能的这个部位，既不是心脏，也不是全部大脑，

---

① Oeuvre de Descartes, publiées par Charles Adam et Paul Tannery, Paris, Librairie Philosophique J.Vrin.Vol.IX—2, p.310.

② Ibid., pp.351-352.

而只是大脑的最里面的那一部分,即某一个非常小的腺体,它位于脑体的中部,它是以这样一种方式悬于脑管之上的[通过这个脑管,在前腔的动物元气(animal spirit;l'esprit animal,又译作动物精气)和在后腔的动物元气已经产生了联络],以致在这个小腺体中发生一些微小的运动就可以使这些元气的路径发生非常大的变化;反过来,在元气的路径中发生了一些微小的变化就可以给这个腺体的运动带来很大的变化。①

他说的这个小腺体从解剖学上来看就是大脑中的"松果腺"。

笛卡尔为什么认为灵魂不在身体的其他部分而只在这个腺体之中直接发挥它的功能呢? 他的思路是:我们大脑的其他部分都是成双成对的,正像有两只眼睛、两只手、两只耳朵一样,我们的一切外部感官都是两个,但我们在同一时刻对同一特殊事物的认识、思想只有一个,那么肯定是,从我们眼睛得来的两个影像,或从其他某个成双的感官得来的两个印象,在到达灵魂之前必定在某个地方结合成一个了,这个地方就是那个腺体。"我们很容易设想,这些影像或其他印象是通过充盈在脑腔中的动物元气的撮合而在这个腺体中结合起来的。但是在身体中除了这个腺体之外没有别的地方能使它们像这样结合。"②感官是对称成双的,大脑中其他部分也是对称成双的,只有这个处于大脑的中心位置而无对称的小腺体才是灵魂所在的地方,这就是笛卡尔的逻辑。

由于笛卡尔引用了动物元气、小腺体,加上血液、神经,这就使心身的相互作用更加复杂化了,在这里要描绘出一幅心身相互作用图就比原来更加困难。笛卡尔是这样描绘的:灵魂主要位于大脑中部的那个小腺体之中,从那里它借助动物元气、神经甚至血液的撮合,辐射到身体的其他

---

① 笛卡尔:《第一哲学沉思集》,庞景仁译,北京:商务印书馆1986年版,第425页。

② The Philosophical Works of Descartes Vol.1-2,Rendered into English by Elizabeth S. Haldane and G.R.Ross,Cambridge University Press.1973.Vol.I,p.346.

一切部分中。由于它分享到动物元气的感觉印象(impressions),它能通过动脉将这些感觉带到全部肢体中。由于神经纤维遍布全身,以至于一旦感觉对象激起了各种各样的运动,它们就以各种各样的方式打开了大脑孔道,这些孔道使储存在脑腔中的动物元气以各种各样的方式进入到肌肉之中,借助肌肉它们能够以一切可能的方式移动肢体。还有全部其他能够以各种各样的方式推动动物元气的原因,也足以把它们引向肌肉。那个是灵魂的主要处所的小腺体悬挂在充满动物元气的脑腔之间,以至于在对象中出现感觉的多样性时它就能以多种不同的方式被它们所推动。但是它也可能以各种各样的方式被灵魂所推动,灵魂具有这样一种本性,即它能在自身之中接受许多感受,也就是说,它拥有的各式各样的知觉和在这个腺体中所有运动一样多。反之,同样,这个小腺体被灵魂或被其他这样的原因(无论它是什么)以各种各样的方式推动着,它把它周围的元气推向大脑的孔道。这些孔道通过神经把它们引向肌肉,借助肌肉它能够使肢体运动。精神和肉体、心和身就是这样相互作用的。这是一幅复杂的神经生理学的图谱。大脑中的动物元气以及神经系统传递到肌肉,使肌体活动起来。前者是物体作用于灵魂,后者是肉体和物体被灵魂所推动。

笛卡尔在论述心身统一的时候,遇到一个最大的矛盾就是:有广延的肉体和无广延的精神如何相互结合并相互作用的问题,具体体现在是整体的结合与点结合的问题。笛卡尔时而说,精神虽然与肉体整个地、紧密地结合在一起,但又不存在于身体的每一部分之中,只存在于大脑之中;时而说精神存在于身体的每一部分之中,但它并没有广延、不占空间,"思维的广延"与"物体的广延"不同,它不具有不可入性(impenetrableness)和排他性,可以与肉体同在;时而又说,精神虽然与整个肉体结合着,但是主要在大脑中发挥它的功能,精神和肉体的相互作用只是大脑中行使"共同感官"的职能的那一部分相互作用,笛卡尔后来进而确定就是在大脑中部的一个小腺体中精神和肉体相互作用,精神、灵魂就位于这个小腺体之中,精神从分布到全身各个部分最后退缩到一个腺体、小点(物理的点)之中,但这个有广延的肉体和无广延的灵魂相结合的难点仍然没有解决。这个小腺体无论怎么小,它仍是一个物体、一个有广延的东西。灵魂和整个有广延的肉体结合的说法难以成立,灵魂与一个有广延的小物体结合的说法,同样难以成立。这是笛卡尔的第一哲学最后留下的一道难题,同时还标志着,第一哲学、形而上学本身是无力解决这一难题的。

因此,对于心身统一的证明,笛卡尔从第一哲学(形而上学)领域退到了物理学领域。从纯粹理智的证明下降到感觉经验的证明。心身的统一只有靠感觉、靠日常生活来证明,在这里已经不能靠形而上学的概念的推演,取而代之的是生理学、解剖学、心理学的具体研究。笛卡尔最后对于心身统一的描述,完全是神经生理学的探讨而不是形而上学的探讨,研究大脑、松果腺、神经、血液、肌肉在外部对象和灵魂之间如何产生相互作用的。他的这些论述都是与当时解剖学、生理学和心理学的最新成果相联系的。其实,他描绘的这种心身统一的图景就是他自己提出的"反射弧"(reflex arc)理论的一种表述。由于科学发展水平的限制,使他还不得不借用"动物元气"的概念,把动物元气看作是灵魂和肉体发生作用的一种力量和工具。同时还由于对大脑的生理心理功能的不了解,不能说明人类意识的产生。并且还可以看出,笛卡尔常说的灵魂和整个肉体相结合,不过是意味着神经系统是遍布整个肉体的。这些不仅体现出笛卡尔第一哲学的局限性,而且体现出了当时的自然科学和机械唯物主义理论的局限性。

7. 对《第一哲学沉思集》的反驳

笛卡尔的第一哲学还没有发表,就受到了来自唯物主义和神学两个方面的批判。笛卡尔在六个沉思写成之后,将它们送到巴黎大学即索邦神学院,请求那里的神学家和哲学家提意见,以便作进一步修改,并且希望巴黎大学神学院允许该书出版,在麦尔塞纳神父的帮助下,他收集到了两方面意见。一方面是以唯物主义的哲学家霍布斯和伽森狄为代表,他们对笛卡尔的唯心主义的唯理论进行了批判,这成了欧洲近代哲学史上唯物主义和唯心主义的第一次大论战;另一方面是以神学家麦尔塞纳、阿尔诺和卡特鲁斯(Caterus,一位荷兰牧师)为代表,他们站在神学的立场,对笛卡尔关于上帝的存在、精神的本性、天赋观念等思想的论述提出了批评。笛卡尔对他们提出的批评一一作了答辩,这些"反驳与答辩"成为笛卡尔第一哲学的一个不可分割的部分。这是唯心主义内部的论战。这些论战对笛卡尔第一哲学进行最早的、最直接的批判,它是哲学史上唯物主义和唯心主义以及唯物主义与唯心主义内部直接展开针锋相对的斗争的一个范例,是哲学史为我们留下的一笔宝贵财富。

(1)唯物主义哲学家霍布斯的批判。

当笛卡尔将《第一哲学沉思集》送到巴黎神学院征求意见时,征集到了六组反驳,其中第三组反驳就是唯物主义哲学家霍布斯提出的。霍布斯站在唯物主义的立场上对笛卡尔的唯心主义和二元论进行了批评,霍布斯对笛卡尔提出批判的第一个主要问题,就是思维的主体到底是精神的还是物质的? 精神到底能不能离开物质而存在? 物质能不能思维?

笛卡尔从"我思故我在"得出,我是一个思维的东西,我是一个精神,一个灵魂,一个理智,一个理性,他把思维主体描述成一个纯粹精神的东西,一个脱离物质而存在的实体。

霍布斯指出,首先,笛卡尔的推论是错误的。从我在思维不能推论我是一个思维或一个理智、一个理性。从"我思维"可以推论出"我是有思维的",这是对的;从"我思维"来得出"我存在",这也没有什么不妥,因为思维的东西并非什么都不是,要思维必须存在,只有存在着的东西才能进行思维。但是不能说:我思维,所以我是一个思维。这个推论是错误的,就如同说我散步,所以我是散步一样荒谬。

霍布斯认为,笛卡尔这个错误的根源就是把体和用、实体和功能混淆起来了,把有理智的东西和理智、在思维的东西和思维、跳跃者和跳跃混淆起来了。"我"是思维的主体,思维是"我"的一种活动、一种能力,这二者是既不能分割又不能混同的,这是体和用、实体和功能的关系,实体是功能的寄托者,而实体的本质和活动是靠功能来体现的。笛卡尔把思维主体和思维活动混淆起来、等同起来了。

其次,霍布斯还认为,思维的实体也不一定就是一个精神的东西,它可能就是一个物质的东西,一个物体性的东西,它具有思维、理智或理性这些功能。霍布斯说:"从这里似乎应该得出这样的一个结论,即一个在思维的东西是某种物体性的东西;因为一切行为的主体似乎只有在物体性的理由上,或在物质的理由上才能被理解。"①

霍布斯对笛卡尔提出批评的第二个主要问题是上帝观念问题。笛卡尔认为在我心中有一个上帝的天赋观念,上帝是无限的,不依存于别的东西、至上明智、全能的、创造世界上一切东西的实体。笛卡尔依据上帝这一观念的来源、本性,分别从效果和本质(本性)两方面来论证上帝的存在,特别是从本质方面对上帝存在的证明,即本体论证明,从观念的存在推断出实际上的存在,认为具有无限完善观念的东西必然实际上是存在的。对于思维和存在关系的这种唯心主义的解决,霍布斯十分不满。为了驳斥笛卡尔对上帝存在的证明,霍布斯也像笛卡尔本人一样从"上帝观念"入手。霍布斯认为,上帝观念不是天赋的,甚至心里好像根本就没有上帝的观念。一个人的观念是由颜色、形状等影像组成的,我们可以把它和人相对照。而一个怪物、一个天使观念,实际上不过是我们在日常生活中所得到的一些可见事物的感觉性质观念组合而成的。当我们想到天使时,在心中有时是出现一团火焰的影像,有时出现的是一个带翅膀的小孩的影像,但是这些都不是天使,它们不过是火、儿童、翅膀、飞翔这些观念的组合物。我们相信有一些看不见、非物质的东西,它们是上帝的侍

---

① 笛卡尔:《第一哲学沉思集》,庞景仁译,北京:商务印书馆 1986 年版,第 174 页。

臣,把它们叫作天使,但实际上它们是由我们将一些可见事物的性质在大脑中拼凑、结合而成的,并相信它们存在。所以,"我们就把天使这个名称给了我们相信或假设的一个东西,尽管我由之而想象一个天使的这个观念是由一些看得见的东西的观念组合成的"。"上帝这个令人尊敬的名称也是这样。对于上帝我们没有任何影像或观念,这就是为什么不许我们用偶像来崇拜他的缘故,因为恐怕我们好像是领会了不可领会的东西。"①

霍布斯认为,我们对上帝实际上没有观念,只有一些推论。就像瞎子感觉到热。有人说这是火,多次之后,当他感到热时就推断它是火,其实在他心中根本没有火的影像或观念。人们喜欢由果溯因,而原因又有原因,这样一直推论下去,就推到一个永恒的原因,因而也就推断出有一个永恒体的存在,但这里并不是说我们对这个永恒的存在体具有观念,而是我们相信或被理性所说服,把这个永恒的原因、永恒的存在体称为上帝。

霍布斯从对上帝观念的否定走向了对神学和宗教的批判。没有天赋的上帝观念,那么证明上帝存在的前提就是虚假的。

> 既然我们心里有上帝的观念是一件没有得到证明的事,并且基督教强迫我们相信上帝是不可领会的,也就是说,按照我的看法,人们不能有上帝的观念,因此上帝的存在并没有得到证明,更不要说创造了。②

霍布斯从唯物主义的一元论出发,认为,哲学排除神学,即排除一切关于永恒的、不能产生的、不可思议的神的学说,同样,也排除关于天使以及一切被认为既非物体又非物体特性的学说,排除一切违反理性、凭神的灵感或启示得来的知识、占星术、占卜和敬神的学说。因而"霍布斯主

---

① 笛卡尔:《第一哲学沉思集》,庞景仁译,北京:商务印书馆 1986 年版,第 181 页。
② 同上书,第 191 页。

义"（Hobbism）在当时成了无神论的代名词。

除以上这两个主要问题之外，霍布斯还对笛卡尔的怀疑方法、清楚分明的真理标准、观念的来源、错误形成的原因、事物的本质与存在的分离、心与梦的区别等重大的理论问题，都一一地进行了分析批判。这些批判体现出霍布斯是用唯物主义和经验论来反对笛卡尔的二元论与唯理论，他们的分歧是由于他们二者是站在完全不同的立场上造成的。

唯物主义哲学家伽森狄像霍布斯一样对笛卡尔的唯心主义和二元论进行了最为全面和系统的批判，是唯物主义同唯心主义进行理论论战的典范，我们将在下一章论述伽森狄的哲学时再详细叙述。

（2）神学家麦尔塞纳、阿尔诺等人对笛卡尔的批判。

除了唯物主义的哲学家霍布斯、伽森狄对笛卡尔的第一哲学提出了直接的批判之外，在当时，一大批神学家和唯心主义的哲学家也对笛卡尔的第一哲学进行了批判。在《第一哲学沉思集》第二版中，实际上收载了七组反驳，除霍布斯和伽森狄而外，剩下的五组都是由神学家所作，第一组反驳是由荷兰牧师卡特鲁斯所作，第二组反驳是由一批神学家们所作、由麦尔塞纳神父收集整理而成，第四组是由神学家兼哲学家阿尔诺神父所作，第六组由许多神学家和哲学家所作，第七组是布尔丹（Bourdin）神父所作。他们都是从不同的方面揭露笛卡尔在论证过程中的矛盾及理论的不完善之点。除布尔丹神父过分地注重于文字和表述上的矛盾之外，神学家们对笛卡尔的批判主要是围绕着以下理论问题来进行的。

第一，神学家们对笛卡尔的"我仅仅是一个思想的东西，是一个思维或思想的存在物，我思想，所以我存在"的观点进行了质疑。

麦尔塞纳等神学家们说：

> 你认识到你是一个在思维着的东西，可是你还不知道这个在思维着的东西是什么。你怎么知道这不是一个物体由于它的各种不同的运动和接触而做出你称之为思维的这种行动呢？……你怎么证明

一个物体不能思维,或者一些物体性的运动不是思维本身呢? 为什么你的你认为已经抛弃掉的肉体的全部系统,或者这个系统的某几个部分,比如说大脑那些部分,不能有助于做成我们称之为思维的那些种类的运动呢? 你说,我是一个在思维着的东西。可是你怎么知道你不也是一个物体性的运动或者一个被推动起来的物体呢?①

神学家阿尔诺也认为用"除了思想以外,我不知道有任何其他的东西属于我的本质"来证明"我仅仅是一个思想的东西,我的本质是思想"是不妥的。"从他不认识其他任何东西是属于他的本质的这一点,怎么就得出也没有其它任何东西属于他的本质"②呢? 其实,这只能说明,我可以不用对物体的认识而取得对我自己的认识。阿尔诺指出笛卡尔在这个问题上的看法和柏拉图学派的意见是类似的,"即任何物体性的东西都不属于我们的本质。因此人仅仅是一个精神;肉体只是装载精神的车辆。所以他们把人定义为一个使用肉体的精神"③。如果说肉体并不绝对地从我的本质中排除出去,而只是就我是一个思维着的东西而言时才把它排除出去,那么就是说,仅仅把我看作是一个思维的东西,实际上是我们没有对一个完整的存在体形成一个完整的观念,在这里是运用了某种抽象,如同几何学家把线领会为没有宽的长,把面领会为没有高的长和宽一样,实际这些是不可分离的,精神、思维和广延也可能是不可分离的。"这种思维的能力似乎是和肉体器官接合在一起的。"④

第二,麦尔塞纳等神学家对笛卡尔"最高存在物的观念不能由我自己产生出来",从心灵中所设想的那个观念来推断最高存在物的必然存在等观点,进行了质疑。他们反驳说,我的思维可以把各种程度的完善性

① 笛卡尔:《第一哲学沉思集》,庞景仁译,北京:商务印书馆1986年版,第126页。
② 同上书,第202页。
③ 同上书,第206页。
④ 同上书,第207页。

加在一起,直至无限,完善的存在物的观念也是我们把设想在我自身中的任何程度的存在加在一起而建立起来的。"这个观念不过是一个理性的存在体,它并不比领会它的你的精神更高贵。"①这个最高的、最完善的存在体的观念不一定就是从存在着的至上存在体里得来,你可能是从书本教育里、从朋友的谈话中、从你自己先前的反省中得来。并且,加拿大的一些土著居民以及其他一些野蛮人则根本没有至上存在体的观念。这个观念是你在"对物体性的东西的认识中做成的;因此你的观念只表现物体界,它包含你所设想的一切完满性"②。然后我们把它提高到对于非物体性的东西的认识上。"把其它一切的完满性都囊括成为单独的完满性,这种统一化和单一化只能是由推理的理智活动来做成,这就和共相的统一所做的是一样东西。"③这里完善性事实上并不存在,而仅仅存在于理智中、心灵中。

第三,神学家们对笛卡尔"不清楚地认识上帝存在就不能确实地知道任何东西、不能清楚分明地认识任何东西"的观点进行了质疑。他们说:如果是这样的话,那么你对你自己也不能有任何认识。你也应该是不知道你自己是什么东西,另外,还有一个十分明显的事实会驳倒这个观点,那就是:无神论者他们十分肯定地知道算术和几何学的知识,认为"三角形三内角之和等于两直角"这些知识是非常可靠的,是绝对真实的,但是他们并不相信上帝存在。④

第四,阿尔诺指出了笛卡尔在论证上帝存在时陷入了循环论证,这就是著名的"笛卡尔圆圈"(Descartes' circle)。笛卡尔在论证上帝的存在之前就确立了一条标准:凡是我清楚分明地领会了的东西都是真的。并且推演出:凡是我清楚分明地领会到某种属性是包含在一个东西的本性里

① 笛卡尔:《第一哲学沉思集》,庞景仁译,北京:商务印书馆1986年版,第127页。
② 同上书,第128页。
③ 同上。
④ 同上书,第129、400页。

或包含在它的概念里,这个属性就真是这个东西的属性,我确信它存在在这个东西里面。我清楚分明领会到存在和上帝的本质是分不开的,那么上帝存在。在这里论证上帝的存在是以"凡是清楚分明地领会了的东西都是真的"这条原则为前提的。但是笛卡尔后来在第五、第六个沉思中又说:只有认识了上帝的存在,我们才能肯定我们所清楚分明地领会的东西是真的,是因为,凡是我清楚分明地领会的东西上帝就会按照我所领会的那个样子把它产生出来。这是说"凡是清楚分明地领会了东西是真的"这条原则的正确性是靠上帝来保证的,是以上帝的存在为前提的。笛卡尔在这里陷入了"循环论证"。在论证上帝存在时以"凡是清楚分明地领会到的东西都是真的"这一原则为前提。在说明为什么"凡是清楚分明地领会到的东西都是真的"时又以上帝存在为前提。阿尔诺揭露的这种"笛卡尔圆圈"在哲学史上留下了长久的争论。

第五,神学家认为笛卡尔没能很好地证明灵魂不死。认为笛卡尔虽然把论证"灵魂不死"作为他第一哲学的一项重要任务,但在对第一哲学的论述中并没有完满地达到这一目的,指出心灵和形体是有区别的,并不能说明灵魂是不死的,"然而灵魂不死是你应该主要加以证明的,并且应该对它作一个非常准确的论证来使那些其灵魂不配不死的人们感到狼狈,因为他们否认灵魂不死,也许憎恶灵魂不死"[1],在这里一语道破了论证灵魂不死的神学目的,是出于神学的需要,为神学服务的。

其实,这些神学家在许多理论问题上不定一尊,因为在他们内部也有两派。卡特鲁斯、麦尔塞纳等神学家(第一、二、六组反驳的作者),他们是正统的经院哲学的代表,信奉的是亚里士多德主义。而阿尔诺(第四组反驳的作者)则属于保守的冉森教派,在学说上倾向于皇港学派(Port-Royalist),注重的是逻辑问题,布尔丹神父(第七组反驳的作者)和阿尔诺的思想倾向相同,并且更为注重寻找笛卡尔论证中的逻辑矛盾,这些令笛

---

[1]　笛卡尔:《第一哲学沉思集》,庞景仁译,北京:商务印书馆 1986 年版,第 131—132 页。

卡尔大为不快,以致后来笛卡尔根本不想将第七组反驳收入《第一哲学沉思集》中。尽管上述两派之间存在着许多理论分歧,但在批判笛卡尔这一点上是共同的。不过他们并不是反对笛卡尔论证上帝存在和灵魂不死,而是对笛卡尔未能完满地论证这两个问题提出批判。他们批判的不是笛卡尔的目的,而是笛卡尔不当的论证方法。但是在他们的批判中却有很多深刻的和对唯物主义有用的东西,如他们对笛卡尔仅把认识主体当作精神性的东西、物理不能思维等思想的批判,对于上帝的观念来自上帝、认识了上帝就可以认识各门科学等思想的批判,可以使我们从中得出唯物主义的结论。这就是列宁(Vladimir Ilich Ulyanov Lenin,1870—1924)所说的,一个唯心主义对另一个唯心主义的批判往往对唯物主义是有益的。在哲学史上这样的例子不少,亚里士多德对于柏拉图的批判,黑格尔对于康德的批判都是如此。神学家们对于笛卡尔的批判,是夹杂在近代哲学的第一次大论战之中的,我们是可以从这次论战中总结一些唯物主义和唯心主义斗争的经验和教训。

(3)唯物主义经验论者洛克的批判。

除霍布斯、伽森狄以及麦尔塞纳和阿尔诺等神学家对笛卡尔第一哲学进行了直接的批判之外,紧接他们之后,英国的唯物主义经验论哲学家洛克对笛卡尔哲学,特别是他的"天赋观念论"进行了全面、系统的批判。洛克对笛卡尔的批判属于近代哲学中第一次大论战的重要内容。

首先,洛克批判了天赋原则"普遍同意说"。"普遍同意说"是天赋观念论者的主要论据,他们断言,宗教、道德、数学和逻辑中的一般观念和原则是人们所普遍同意的,这就证明了它们是天赋在人们心中的。洛克指出,根本不存在什么全人类普遍同意的天赋原则,如逻辑中的"同一律"和"矛盾律"以及数学中的公理、定理等等,儿童和白痴并不知道。不仅"思辨原则"不是普遍同意的,就是"实践原则"即道德规范和宗教信条也不可能是普遍同意的,不同的时代、不同的民族、不同的地区大相径庭,甚至完全相反。

其次,洛克批判了天赋观念"潜在说"。为了不与没有普遍同意的原则这一事实相悖,天赋观念论者又辩解说,天赋观念是潜存在人们心中的,儿童开始并不知道这些天赋观念,但到他学会运用理性时,就会把这些潜在原则发现出来。洛克指出,如果说人的心中具有某些天赋观念而不理解它,那是荒谬的,因为我们说心中具有某些观念,意思就是说它们为心灵所理解,如果说一个观念在理解中而又不被理解,"人们同时知道又不知道它们"①,这是自相矛盾。实际上当儿童开始运用理性之后,甚至许多没有文化的成年人都不知道这些原则,要知道这些原则需要一个学习过程。要通过运用理性、通过学习得来的东西能够说是天赋的吗?

再次,洛克批驳了"上帝观念天赋说"。洛克说,上帝观念也不是人人都有的,比如原来就有一些无神论者,还有一些新发现的许多民族他们没有上帝观念。即使同是信仰上帝的人,他们对上帝的观念也是不同的,也不可能是普遍同意的,这就是说明上帝观念并不是天赋的。

最后,洛克揭露了天赋观念说的危害。洛克指出,"天赋观念论"把人变成思想懒汉,使人放弃了独立的理性和判断,妨碍了科学的发展,助长了人们对权威性的盲目信仰,使人受宗教和一些坏的学说支配,被一些别有用心的人所利用。

洛克用雄辩的事实和清晰的推理对于"天赋观念论"的论点和证据进行了全面的批判,可以说是对当时流行的"天赋观念论"的一次总攻,对它们的危害的一次全面清算。他是对笛卡尔的一次有力批判,使得在此之后在哲学史上再也没有人敢明目张胆地坚持笛卡尔的这一学说。

三、物理学(自然哲学)

笛卡尔以亚里士多德为样板,将哲学区分为第一哲学和第二哲学,即

---

① 洛克:《人类理解论》(*Essay Concerning Human Understanding*)上册,关文运译,北京:商务印书馆 1983 年版,第 10 页。

形而上学和物理学。二者的对象和方法是不同的,一个的对象是本体,一个的对象是现象;一个的方法是先验的概念分析,一个的方法是经验的观察和实验,但是二者之间有着内在的联系。笛卡尔把这种联系比作树根和树干的联系,物理学是形而上学发展的必然结果。

笛卡尔的物理学比我们今天物理学的含义宽泛得多,是指关于物质事物的学说,既包含自然哲学,也包含力学、天文学、地球物理学、气象学、矿物学、植物学、化学、光学等具体的科学。笛卡尔对各门具体科学的论述现在已经不属于哲学的范围,因此我们今天研究笛卡尔的物理学,主要是指他的自然哲学思想,即机械唯物主义的自然观。

笛卡尔把形而上学和物理学之间的关系比作树根和树干的关系,形而上学是基础,但是笛卡尔哲学的目的和笛卡尔主要兴趣所在是物理学,即新兴自然科学,他要追求的是确实无误的科学知识,他确立的方法实际上是科学中应用的方法,它把我们引向科学真理。笛卡尔继承和发展了近代以来的自然科学新思想,基本确立了一个比较完整的自然观。但是,一方面这种新的自然观还不能彻底地、科学地说明世界,特别是在一些带根本性的问题上仍然需要形而上学的帮助,例如世界存在、世界的规律性、世界的运动等这些原理都是要依靠形而上学来帮助确立的;另一方面,这种新的自然观还需要形而上学和神学的保证,因为在当时的历史条件下科学还没有具备与神学相抗衡或完全冲破神学束缚的力量,如果完全和已往学说或神学相反对,就有可能使这种新的学说扼杀在摇篮之中。所以笛卡尔仍需形而上学来作为科学的前提和基础,或曰保护伞。但是,归根结底形而上学在笛卡尔那里是手段、是准备工作,是服从于物理学、为物理学和其他具体科学的目的服务的。所以说,笛卡尔形而上学的一个"革命性"转变是:他"企图用以形而上学为基础的物理学来代替以物理学为基础的形而上学"①。因为中世纪的亚里士多德主义是把他对上

① 罗斯(Leon Roth):《笛卡尔的〈谈谈方法〉》(*Descartes' Discourse on Method*),Oxford at the Clarendon Press,1937,第 23 页。

帝存在的论证建立在运动理论之上。运动是属于物理世界的，上帝是第一推动者，所以神学是建立在物理学之上的，其他学科如逻辑、数学是物理学的工具，而物理学又是进入神学殿堂的门厅，物理世界的研究最后指向神的观念。而在笛卡尔这里则进行了一种颠倒，神学的研究是附属于物理学，为新的科学作论证的。由此可见，笛卡尔哲学从根本上来讲是进步的、革命的。笛卡尔的物理学思想集中体现在《论世界》和《哲学原理》两部著作之中，现将其基本内容分述如下。

1.《论世界》

笛卡尔从 17 世纪 20 年代就开始对物理学进行了系统的研究，1629 年至 1633 年他对自然哲学的研究取得了丰硕的成果，《论世界》一书，系统地阐述了他的物理学、宇宙学的观点，可以说它是哥白尼、伽利略的思想在科学上的继续和哲学上的发展。正当笛卡尔准备发表这本书时，1633 年 6 月 22 日伽利略因在《两大世界体系的对话》(*Dialogue sur les deux grands systèmes du monde*,1632)中论述了地球运动的思想而被罗马教廷判罪，他觉得在伽利略的论述中看不出任何有违宗教的地方，笛卡尔害怕落得和伽利略同样的下场，使他不敢发表《论世界》，直到笛卡尔死后十年多才第一次出版。

但是，笛卡尔此书中的物理学和宇宙学的思想在该书写完后过了三年多，在《谈谈方法》一书的第五部分中第一次得到公开的表述，它给我们简单地描绘了物质世界的图景。笛卡尔写道：

> 这些真理的主要部分，我曾在一篇论文中力图加以说明，但是因为某种顾虑，我没有把它发表，所以我想，在这里把它的内容摘要说给大家知道，是最合适不过的。①

————————

① 《十六—十八世纪西欧各国哲学》，北京大学哲学系编译，北京：商务印书馆 1975 年版，第 152 页。

他简述的《论世界》的机械唯物主义的基本思想体现在以下几点：

首先，假定上帝创立了一个新世界。"假定上帝现在在想象的空间中的某处创造了一些足够构成一个新世界的物质，并且把这团物质的各个部分以不同的方式毫无秩序地搅和起来，以便将它构成一团混沌"，"然后上帝就不做别的事，只是给予自然'通常的协助'，让自然依照他所建立的规律活动"①。上帝所创造的这种新物质被我们的心灵所认识。物质运动遵守着确立的各种自然规律，"即令上帝创造出许多世界，也不会有一个世界不遵守这些规律"②。

其次，混沌的物质构成了天体、地球和世界上的一切事物。混沌物质的最大部分遵照上帝确立的规律来安排布置自己以成为我们的天体，这团混沌物质的某些部分形成为一个地球，某些部分形成行星和彗星；其他一些部分形成一个太阳和许多恒星。水、空气、山脉、海洋、河流、金属、植物和一切称作混合或复合的物体都是这种混沌物质形成的。

再次动物和人的身体也由混沌物质造成。"描写了无生命的物体和植物之后，我就进而描写动物，特别是描写人类。"③人也是上帝用我们刚才描述的那种物质造成的，并不是一开始就在人之中注入理性灵魂或任何别的东西来代替植物生长的灵魂和感觉灵魂，而只是在心脏中激起一种无光的火，它的性质如同一种发酵剂。全部这些无须我们的思维能力、从而无须我们灵魂就可以在我们之中存在。心脏和动脉的运动，是我们在动物身上见到的最基本、最普遍的运动。动物的身体是一架机器，

> 这架机器是由上帝的双手造出来的，所以安排得比人所发明的

---

① 《十六—十八世纪西欧各国哲学》，北京大学哲学系编译，北京：商务印书馆 1975 年版，第 153 页。

② 同上。

③ 同上书，第 153—154 页。

任何机器不知精致多少倍，其中所包含的运动也奇妙得多。

……

如果有这样一架机器，有着猴子或某种别的无理性动物的构造和外形，我们是根本无法知道它们的性质与这些动物有什么不同的。①

最后，人与动物的区别在于人有语言和理性。如果一些机器与人的身体完全类似，并能够模仿人的动作，我们能够很容易地把它们和真正的人分开。第一，"它们绝不能用语言和别的信号来彼此联络，像我们用语言和信号来向别人表达自己的思想一样"，"第二种是，这种机器虽然可以做出某些事情来，做得和我们一样好，甚至更好，却断然不能做出另外一些事情"。② 因为，它们缺乏理性，它们的活动不是凭借知识，而是靠某种特殊的构造来应付每一特殊活动，而不是依赖理性。"因为理性是一种普遍的工具，可以使用于任何一种场合。"③人具有理性灵魂，不是从物质中派生出来的，独立于身体，不与身体同生死，它是不朽的。

2.《哲学原理》

笛卡尔为了把自己的哲学确立为天主教的官方哲学，1644 年他用拉丁文以教科书形式写了一部著作，名为《哲学原理》。全书分四部分，第一部分"人类知识原理"，叙述他的形而上学思想；第二部分"物质事物的原理"，第三部分"可见的世界"，第四部分"地球"，这三部分又全面、系统地阐述他在《论世界》中的机械唯物主义的基本思想，他用的方式是经院哲学所喜欢的演绎形式。综合这三个部分，其主要的思想有以下几点：

---

① 《十六—十八世纪西欧各国哲学》，北京大学哲学系编译，北京：商务印书馆 1975 年版，第 154—155 页。
② 同上书，第 155 页。
③ 同上。

（1）物体和广延。

笛卡尔在形而上学中就已经确立起这样一条规定：物体和精神是两种完全不同的实体，精神的本质属性是思维，而物体的本质属性是广延。在物理学中首先就发挥了物体就是广延的思想。

笛卡尔承认物质世界的客观存在，认为物质的根本特性是广延性。他说："物质或物体的本性，并不在于它是硬的、重的、或者有颜色的、或以其它方法刺激我们的感官。它的本性只在于它是一个具有长、宽、高三向量的实体。"①广延性实际上就是指物体占有一定的空间，因此物质实体的根本特性就是它的空间性。笛卡尔把物质性和广延性、空间性等同起来，认为空间和物质实体在本质上是没有差异的，长、宽、高三向量的广延不但构成空间，而且也构成物体，而这两种事物实际上没差异，只是我们设想它们的方式不同。当我们排除掉一切与物体的本性无关紧要的性质，如硬度、颜色、重量、冷热等性质（因为没有这些性质物体仍然成其为物体）之后，

> 物体观念中并没有剩下别的，只剩下一种在长、宽、高三方面延伸展开的东西。这种东西是包含在我们的空间观念中，而且它不只包含于充满物体的空间观念中，而且也包含于所谓虚空的空间观念中。②

既然把广延性等同于空间性、物质性，认为物质和广延是不分割的，因而物质的"虚空"是不存在的。"要说有一个绝对无物体的虚空或空间，那是反乎理性的。"③所谓空间就是指物体的广延，也必然包含实体。因此，绝对没有物质的空间、虚空是不存在的。我们通常所说的"虚空"

① 笛卡尔：《哲学原理》，关文运译，北京：商务印书馆1958年版，"序"第35页。
② 同上书，"序"第39页。
③ 同上书，"序"第42页。

并不是指一个绝对没有任何事物的场所或空间,而是指在一个场所没有我们假设为应有的东西,如水瓶是装水,当里面装满空气时我们就说它是空的,其实里面仍然有物体,即空气这种实体。没有可感知的事物,并不等于没有任何事物存在。

既然将物质的根本特性归结为广延性,而广延性又只是一种量的特性,量是可以分割的,因此原子是不存在的。笛卡尔说:

> 宇宙中并不能有天然不可分的原子或物质部分存在。因为我们不论假设这些部分如何之小,它们既然一定是有广袤的,我们就永远能在思想中把任何一部分分为两相或较多的更小部分,并可因此承认它们的可分割性。……确实地说来,最小的有广袤的分子永远是可分的,因为它的本性原来就是如此。①

因此,笛卡尔将自己的哲学和德谟克利特(Democrité,460—370 BC)的哲学区分开来,区别的主要理由是,"第一是因为他假设这些原子是不可分的,而根据这一点我也同样加以排斥的。第二乃是因为他想象在原子周围有一个虚空,而我又指出这是不可能的"②。在这里笛卡尔既坚持了唯物主义的立场,又表明了他的唯物主义高于德谟克利特唯物主义的地方。最后,笛卡尔从广延性出发来证明世界的无限性和物质统一性,认为世界的广延是无定量、无界限的。他说:

> 这个世界或物质实体的全部,其广袤是没有界限的,因为不论我们在什么地方立一个界限,我们不只可以想象在此界限以外还有广袤无定的许多空间……它们所含的有物质实体的广袤也是无定限的,因为我们在前面已经详述过,在任何空间方面,我们所设想到的

① 笛卡尔:《哲学原理》,关文运译,北京:商务印书馆 1958 年版,"序"第 44 页。
② 同上。

广袤观念,和物质实体的观念,分明是同一的。

……

由此种种,我们也就可以推断说,地和天是由同一物质做成的,而且纵然有无数世界,它们也都是由这种物质构成的。①

一切别的世界所占的一切可以想象空间都为物质所占有。可见在物理学方面笛卡尔坚持了物质一元论,否认了任何非物质性的世界的存在。

(2)运动及其规律。

笛卡尔在证明了世界的物质统一性之后,还要进一步说明物质世界是运动的,因为如果不进一步说明世界是运动的,就不能解释物质世界的多样性。在笛卡尔看来,"物质的全部花样,或其形式的多样性,都依靠于运动"②。全宇宙中只有一种有广延的物质,而在物质方面我们所能清晰地知觉到的一切特性,都由它各部分的运动和被分割所造成的。

运动是什么呢?笛卡尔把运动了解为机械的位移,按通常意义上说,运动乃是指一个物体由此地到彼地的动作、位置的移动。而按照科学的定义,"我们可以说,所谓运动,乃是一个物质部分(或物体)由其紧相邻接的物体(或我们认为静止的物体),移近于别的物体的意思"③。运动就是指这一转移过程,运动永远存在于可动的物体之中,它是可动事物的一种样态,因而它是实体的一种存在方式,而不是实体本身。除了单一的机械运动形式外,别无其他运动。

运动和静止只是物体的两种不同样态,运动和静止不能与运动着和静止着的物体分开,同时,产生运动所需要的力和产生静止或阻止运动、中止运动所需要的力是相等的。不过,运动是绝对的、静止是相对的,全宇宙中并没有真正静止的点,"……任何事物,除了在我们的思想中使之固定不变

---

① 笛卡尔:《哲学原理》,关文运译,北京:商务印书馆1958年版,"序"第44—45页。
② 同上书,"序"第45页。
③ 同上书,"序"第46页。

外,都没有恒常的位置"。同一个物体能够参与无数的运动,例如,一位在船上航行的水手戴了一只手表,虽然手表的齿轮有它所特有的运动,但它戴在水手的手上,肯定参与了水手的运动,水手坐在船上,它又参与了船在海洋上的运动,而海洋本身也是运动的,它也参与了海洋的运动,而海洋所在的地球也是运动的,因此手表也参与了地球的运动,所有这些运动都体现在手表的齿轮上,只不过是平常我们不能将所有这些运动都设想出来,所以认为手表的齿轮只有一种运动。不仅一个物体能够参与无数的运动,而且同一个运动我们既可以把它看作是单一的,也可以看作是复合的。例如,车轮子绕轴作圆周运动,而同时又沿着道路作直线运动。任何事物都是运动和静止的统一,如一个人坐在航行的船上,只注意岸上,他可以认为自己是运动的,但他如果只注意船本身,则认为自己是不动的。

运动的第一原因是上帝。笛卡尔在考察了运动的本性之后,进一步考察运动的原因,他认为运动的原因是双重的,首先是一般的和第一位的原因,它是世界中一切运动的总原因,这就是上帝本身,上帝是全能的,一开始就创造了具有运动和静止的物质,

> 上帝首先在创造物质时就以各种不同的方式推动了物质的部分,并且仍然将这个物质的全部保存得和创造它们时完全一样,像那时一样遵循着同样的规律;他也在物质中总是保持着相同的运动量。①

其次,是事物运动的特殊原因,事物是依据这些特殊的原因而获得它们原先所没有的运动,我们在现实中所见到的运动者是由特殊的原因引起的。

在宇宙中,运动的量是不变。上帝在创造世界时将一定的运动量和

---

① Oeuvre de Descartes, publiées par Charles Adam et Paul Tannery, Paris, Librairie Philosophique J. Vrin. Vol. IX-2, p. 84.

静止量放进物质之中,而始终如一地保存着它们,使宇宙中现在的运动量和上帝放进去时一样多。

> 运动的量在宇宙中作为一个总体总是同样的,即使在它的某些个别部分中运动的量时而增加、时而减少,……当一个部分的运动减少时,另一部分的运动就以完全同样的比例增加。①

笛卡尔在这里借助上帝来论证了宇宙中运动量守恒的定理,此处可以看出,笛卡尔的物理学是以形而上学作为基础的,通过上帝的完善性来论证物质世界的规律性,在本性上不变、在行为方式上不变和完全恒定,是上帝的完善性之一,因而上帝创造的物质世界在本性上、行为方式上和运动的总量上也是不变的。

自然界是运动的,而运动是有规律的。笛卡尔将运动归结为机械运动一种形式,因而机械运动的规律就是自然界运动的规律,笛卡尔本人概括出了三条自然规律。第一条规律是:"任一特殊事物,只要可能的话,就会持续地保持同一状态,如果没有受到他物的影响它绝不会改变这一状态。"②如果某物体是方的,只要没有别物来改变它的形状的话,它总保持方形;如果某物体是静止的,它也不会自己开始运动;而且一旦它开始了运动,只要没有外物来减缓和阻止它,它将持续地自我运动,绝不会自动停止。这一规律差不多就是自伽利略所总结了的"惯性定律"。

第二条自然规律是:一切运动的物体,倾向于沿直线继续它的运动;因而,作圆周运动的物体总是倾向于离开它们所描画的圆的中心。③ 这一规律就是通过一切运动都是直线运动,来说明圆周运动是运动的一种

---

① Oeuvre de Descartes, publiées par Charles Adam et Paul Tannery, Paris, Librairie Philosophique J.Vrin.Vol.IX-2, p.83.

② Ibid., p.84.

③ Ibid., p.85.

特殊形式和离心力产生根源。

第三条自然规律是:如果一个运动的物体和一个比它的运动能力更强的物体相碰撞,它并没有丧失任何运动;如果它和一个运动能力比它更弱的物体相碰撞,它所失去的运动和它给予弱者的运动一样多。① 这一规律实际上是弹性碰撞运动量守恒的定律。为了解释这一规律,说明任何物体的运动在多大的程度上因为受到其他物体的影响而改变,笛卡尔提出了弹性碰撞的七条规则,来说明在碰撞中运动方向和运动量改变的各种不同情况。

物质性等同于广延性,运动等同于机械运动,因而物理学的方法只能是几何学的数学证明的方法。笛卡尔说:

> 因为在这里我公开地承认,我所认识的不过是物质实体,它们是可分的、有形状的、能以各种方式运动的实体,几何学家把它们叫作量,当作他们证明的对象。关于这种物质,除了它的分割、形状和运动之外别无什么东西可以研究。最后,关于这些研究对象,如果不是像数学的证明那样明确地演绎出来,我们绝不会把它们当作真的加以接受。因为这样我们能够理解一切自然现象,据此我们能够作出判断,我认为,除了物理学的原理外我们不应该接受其他原理。②

笛卡尔的物理学,就是运用几何学的方法对被量化了的世界进行推理证明的数理物理学。

(3)两种性质学说。

笛卡尔在说明了广延性是物质实体的根本特性之后,还要进一步说明物体的其他性质,如色、声、香、味等性质。形相、体积、运动、数目是物

---

① Oeuvre de Descartes,publiées par Charles Adam et Paul Tannery,Paris,Librairie Philosophique J.Vrin.Vol.IX-2,p.86.

② Ibid.,p.102.

体的根本性质、第一性质,"除此而外我们的感官还给我们呈现出许多别的事物来,例如颜色、嗅味、声音等,关于这些事物我如果完全略而不提,人们就会以为我疏于解释自然中大多数的事物"①,这些是第二性质。

我们借助感官所知道的事物属性是形相、体积和运动,反过来说,物体的形相、体积和运动作用于我们的各种感觉器官中的神经,然后传送到大脑,从而形成感觉。也只有物体的形相、体积和运动才能在人的心中激起各种感觉来,即使是光、色、声、香、味等性质,也不过是对象的不同配置,是因为它们各部分的形相、体积和运动造成的。可见,第二性质是依赖于第一性质的。

但我们对这两类性质所形成的观念、知觉是有区别的,关于第一性质的知觉所表象的东西真正存在于对象之中,和对象本身相似,而关于第二性质的知觉所表象的东西与对象本身不相似,我们看到了颜色,但对象本身中并不存在着颜色,如果以为自己是在对象中看到了颜色,那就会陷入错误。色、声、香、味这些感觉实际上并不表象在我们心外存在的任何事物,它们完全由我们自己所引起。对象中有的只是各部分或分子的形相、体积、运动,而无我们心中产生色、声、香、味的感觉。

两种性质的问题是一个古老的问题,在古代,德谟克利特就研究过这个问题,近代伽利略又将这个问题重新提了出来。笛卡尔把形相、体积、运动当作物体的第一性质、根本性质,以它们作为基础来解释物体的其他性质,说明世界的质的多样性,排除了经院哲学的"隐秘的质"、"物体形式"等概念,出发点是唯物主义的。他在说明色、声、香、味等感觉时,既注意到了外界对象的刺激,同时注意到了感觉主体的感官结构不同和心理状况的差异,这与当时的实验科学的研究成果是一致的。但是,他把物体的一切特性最终都归结为机械特性,走向了彻底的机械论。另外,认为色、声、香、味等感觉不反映任何存在的事物,导致了一种主观片面性。笛

---

① Oeuvre de Descartes, publiées par Charles Adam et Paul Tannery, Paris, Librairie Philosophique J.Vrin.Vol.Ⅸ-2,p.310.

卡尔在两种性质问题上的观点,对牛顿(Isaac Newton,1642—1727)、波义耳(Robert Boyle,1627—1691)和洛克都产生了影响。

(4)宇宙的生成和演化。

笛卡尔《哲学原理》一书的第三、第四两部分"可见的世界"和"地球"研究了宇宙的生成和演化的学说,主要是讲天体的起源和地球的起源以及地上物体是如何产生的。

在笛卡尔生活的时代,正是哥白尼革命的时代,可以说天文学在科学领域中是占主导地位的一门科学,关于宇宙、天体的研究是当时科学的主要兴奋点,每一个大科学家都要对其作出回答,可以说这是哲学世界观的一个重要部分。在当时的天文学领域有四位巨头:第一位是哥白尼,他用"日心说"和统治了一千多年的托勒密的"地心说"对立起来;第二位是第谷·布拉赫(Tycho Brahe,1546—1601),他通过长期的天文观察所获得的大量精确天文学资料,为科学家们总结和概括天文学的规律提供了精确的基础;第三位是刻卜勒(Johannes Kepler,1571—1630),他修正了哥白尼的学说,使其更加完善,他发现的行星运动的三大定律,使哥白尼的学说更加理论化;第四位人物是伽利略,他发明了第一个天文望远镜,大大地拓宽了天文观测的范围,观测到太阳的黑子、月亮上的山脉和低谷、木星的卫星以及许多新星,这些发现给人们展示了一个全新的世界,同时又进一步证明了哥白尼日心说的正确性。

哥白尼的日心说和刻卜勒关于行星运动规律的发现,都只是描述太阳系现有结构及其规律。伽利略的观察拓宽了我们对宇宙空间认识的范围,但他们都未能说明太阳系是怎样产生和形成的,没有说明它们的发展和演化。笛卡尔就是要把说明宇宙天体——包括地球的形成和发展过程——作为自己的任务。笛卡尔说明了天空、地球、行星、彗星,太阳和恒星是怎样由一团混沌的物质按照一定的规律形成的;说明了光如何从太阳和恒星反射到地球上;说明了天空和星体的实质、位置、运动以及各种性质;说明地球上各种物体向地球中心集中的向心力;说明了天空和天体,特别是月球是如何引起潮汐的;说明了山巅、海洋和河流是怎样自然形成的;说明了矿石如何在矿山中产生,植物如何自然而然地在田野里生长;并且还说明了复合的物质是怎样产生的;说明火是怎样产生的,它如何把一些东西变成液体,又如何把一些东西变成固体,它如何把一些东西变成灰烬,又如何把灰烬变成玻璃等等。说明了无生命的物体和植物之后,还力图说明动物、人类和人的感觉和心灵。总之,笛卡尔力图说明整个世界的形成和演进。

在笛卡尔的宇宙生成演化学说中最为精彩的是他的天体漩涡说。笛卡尔认为天体是由不同元素的漩涡运动而形成的。可见的世界有三种不同的元素:第一种元素有着极强的活动能力,和其他物体撞碰就可以分裂成为无限小的粒子,形状极富变化,可以充盈其他物体所留下的全部狭小空间;第二种元素是一种可以分成球形粒子的物质,它比我们肉眼所见的物体要小,具有确定的量,还可以分割为其他更小的物体;第三种元素是由一些巨大的、形状不易变化的部分所组成。其实第一种元素是火状元素,第二种元素是气状元素,第三种元素是土状元素。[①]

宇宙中充满着漩涡运动,在漩涡运动中,火状元素被卷在漩涡的中心,形成了太阳恒星;土状元素被抛离大中心而形成地球、行星和彗星;气状元素弥漫各处,形成天宇、太空。宇宙天体都是由这种漩涡运动形成的,大漩涡中又包含许多小漩涡。每一个行星作为一个小漩涡的中心是静止不动的,但它却随着其他行星一起围绕太阳这个大漩涡的中心旋转。

笛卡尔在近代天文学中第一次引进了发展概念,用漩涡理论来说明宇宙天体的形成,他的漩涡说要比康德—拉普拉斯的星云说早一百多年,尽管带有很大的猜测性,但其中包含着辩证法思想的因素。由于伽利略《两大世界体系的对话》一书受到罗马教廷的非难,笛卡尔害怕遭受同样的下场而未敢发表他的思想,并且在一些场合还力图使自己的学说与教会的学说相一致,所以笛卡尔的宇宙演化学说没有摆脱上帝,它是以上帝

---

① Oeuvre de Descartes,publiées par Charles Adam et Paul Tannery,Paris,Librairie Philos-ophique J.Vrin.Vol.IX-2,pp.128-129.

造化说为前提的。上帝创造了一团混沌的、运动着的物质,它是运动的始因。但是笛卡尔的上帝类似于自然神论的上帝,上帝创造完了之后就不再干预世界了,世界就按照上帝赋予的自然规律发展着,从无机物到植物、动物、人是一个渐进的发展过程,并不是上帝一开始就把它们造成这个样子的。笛卡尔这种学说推翻了关于物质存在的高级形式不能从低级形式中产生的教义,从发展进化的观点把握了世界的物质统一性。

笛卡尔的宇宙进化学说还是和机械论相联系的,无论是宇宙从混沌中形成,还是从无机物到动物的进化,都是按照力学规律和机械运动形式发展的,机械运动是唯一的运动形式,其他一切运动形式全部消融在机械运动之中。动物也是一架机器。

笛卡尔在他的物理学中描绘的世界图景在当时的历史条件下,是一种先进自然观,但是在当时的科学界并没有得到广泛的流传,因为在17世纪人类还没有达到掌握宇宙起源的时代,这一思想的价值只有到康德时代方被人们所认识。

但笛卡尔仍然是一个伟大的科学家和哲学家,他除了提出物质不灭、运动量守恒定理、宇宙天体和演化模式等光辉思想外,还创立了解析几何学、反射和反射弧理论、光的折射定律等,在自然科学的许多领域都作出了极大的贡献,和伽利略、牛顿一样是近代科学中的巨人,同时也是欧洲近代机械唯物主义自然观的奠基人。

四、激情与伦理学说

按照笛卡尔描绘的人类知识之树,树根是形而上学即第一哲学,树干是物理学,树枝即各门具体科学。他认为在各门具体科学中最重要的是机械学、医学和伦理学,因为他们都是直接与人相关、为人服务的。机械学解放人的体力,医学研究人的生理和病理,减轻人的肉体的痛苦,保持身体的健康;而伦理学则是树枝的顶端,即智慧的最高等级,它要减轻人的精神的痛苦,保存人的灵魂的健康。因此,笛卡尔需要有一本著作专门来研究人自身,人的肉体和灵魂的关系,人的激情与人的生理和心理的关系,人的各种激情与伦理道德的关系。因此,这本著作将标志着笛卡尔哲学体系的最终完成,它就是《灵魂的激情》。表面看来,笛卡尔写作此书的直接原因是回答瑞典女王克里斯蒂娜和波希米亚公主伊丽莎白在通信中所提出的关于激情的问题和道德问题,而实际上写作此书也正如前面所言,是笛卡尔完成他的体系的需要。

《灵魂的激情》一书是笛卡尔于1645—1646年间用法文写成,在1646年9月初稿曾送给好友伊丽莎白公主征求意见,1649年11月底该书在荷兰的阿姆斯特丹由路易·埃尔泽芙尔(Louis Elzevir)印行,同时也由亨利·勒格拉斯(Henri le Gras)在法国巴黎发行。其时,笛卡尔本人已到瑞典女王克里斯蒂娜的宫中讲学,这本书本来就是为献给女王而作,笛卡尔大概在去瑞典前已经看过清样,并且在1650年2月11日去世前他给女王讲学时就已有了样书。该书的问世成为笛卡尔临死前留给世人的一份珍贵礼物。

《灵魂的激情》一书分为三章(部分)207条。第一部分是"激情总论并附带论及人的全部本性",重点讲人的身体、心身关系,主要是生理学的探讨;第二部分"论激情的数量和顺序并对六种原始激情作出说明",在这里主要是心理学的探讨;第三部分"论特殊的激情",最后通过对这些特殊激情的研究上升到对伦理道德问题的研究。

下面我们将对笛卡尔对这三方面的论述作一简要概括。

1. 什么是"激情"

笛卡尔认为,激情是每一个人都有的,都曾在内部经历过的,我们无须到别处或借助别人的观察来发现他们的本性。笛卡尔宣称,要正确地了解灵魂的激情是什么,首先就要弄清灵魂的功能与身体的功能之间的区别。因为与灵魂结合在一起的身体是最直接作用于灵魂的东西。在灵魂中称作激情(passion)的东西,在身体中通常称作活动(action)。活动和激情是同一个东西,他们有着不同的名字,只是因为它和两个不同的主体(灵魂和身体)发生关系。因此,要获得关于激情的知识,最好的办法是考察灵魂和身体即心身之间的区别,看一看在我们之内的这些功能的每一种应当归于它们二者中的哪一个。

如果说在第一哲学中笛卡尔对人的灵魂、心、特别是对理智进行了全面研究,而在《灵魂的激情》中,重点则是研究人的身体、情感、情绪、意志。前者是一种形而上的研究,后者则是一种形而下的即具体科学的考察。笛卡尔分别考察了身体的热和运动、心脏的运动、肌肉的运动,外部对象任何作用于我们的各种感官,特别是笛卡尔对人的神经系统、动物元精(或动物元气,animal spirits)进行了研究,认为动物元精是产生于大脑、活动于血液中、能使灵魂和肉体、心和身产生相互作用的一种物质力量,它能将外部对象的作用传递到大脑,也把大脑中的信息传达到肢体。并且笛卡尔还提出了著名的"松果腺理论",认为松果腺是心身发生相互作用的场所,血液、动物元精、神经系统、灵魂在松果腺产生了一种复杂的相互作用的场景。笛卡尔这方面的思想,笔者已在前面"心身关系"一节中作了具体描述,不再重复。在此,我们仅考察笛卡尔关于激情的论述,把动物元精和松果腺理论作为大家熟知的理论前提。

在考察了仅仅属于身体的各种功能之后,应该归之于灵魂的功能只有思想(pensée,thought)。而思想主要分为两类:一类是灵魂的活动,另一类是灵魂的激情。被称作灵魂的活动的这一类是我们的全部欲望(desire),我们从经验得知,它们直接起源于我们的灵魂;而我们称作灵魂的激情是在我们自身之中发现的那些各种各样的知觉或知识形式,它们不是由我们的灵魂造成的,而总是从它们表现的那些事物接受到的。

我们的欲望又分为两种:一种是由终止于灵魂的自身之中的活动组成,如我们热爱上帝的欲望,概而言之,即把我们的思想用于某种非物质的对象;另一种是由终止于我们的身体中的活动组成,如我们想要散步的欲望,有了这个欲望,我们的腿和身体就会移动起来、走起来。

我们的知觉也分成两种：一种是以灵魂为原因，而另一种是以身体为原因。那些把灵魂作为原因的知觉是对我们欲望的知觉，以及对于那些依赖于欲望的想象和其他思想的知觉；由身体引起的知觉，大部分都依赖于神经。从笛卡尔的表述看来，前一种知觉更像反省，它是对于我们欲望活动的一种自觉，而后一种接近于我们说的感觉。

经过一番考察之后，笛卡尔对"灵魂的激情"作出了明确的定义，"在考察灵魂的激情与全部其他思想有哪些不同之后，在我看来，我可以把它一般地以为我们特别地把它们与灵魂相关联的那些知觉、感受或情绪，它们由动物元精的某种运动引起、保持和加强"①。笛卡尔对"灵魂的激情"所作的上述定义可分为两个部分：第一部分指明激情的范围，即那些只和灵魂相关的知觉、感受或情绪。在这里知觉、感受或情绪是同一个东西，笛卡尔的措辞是"我们可以把它叫作知觉"，"我们也可以把它叫作感受"，"然而我们可以更准确地把它们叫作情绪"，因为情绪可以对灵魂产生强有力的冲击，最能体现激情的特点。第二部分还要指明激情是由动物元精的某种运动所引起、保存和加强的，其目的一是要把激情和由灵魂自身所引起的欲望分开，二是要解释它们最终和最近似的原因以便把它们和其他感受分开。

笛卡尔在对"激情"作出明确定义后，进一步以动物元精和松果腺理论来说明激情不存在于心中，而是位于灵魂中，既然灵魂位于松果腺中，那么激情也是在松果腺中与灵魂发生关系；同时，激情也主要是由储存于大脑的空隙中的动物元精所引起的。在《灵魂的激情》一书的第二部分，笛卡尔重点是对激情做生理学的考察，说明激情与外部感觉和内部感觉的区别，与人的身体和灵魂的关系，如何被血液中的动物元精推动并通过神经系统和位于松果腺中的灵魂发生关系。可以说笛卡尔是欧洲近代第一个对人的激情进行生理学解释的人，笛卡尔的这些解释是以他的医学

---

① *The Philosophical Works of Descartes Vol.1—2*，Rendered into English by Elizabeth S.Haldane and G.R.Ross，Cambridge University Press.1973.Vol.I，p.344.

知识和解剖学实验为基础的。他把对人的知、情、意的考察与对人的生理学、科学的考察结合起来,把对人的激情的考察与对人自身内部心和身的相互作用联合起来考察,这为从哲学和科学两个方面对人进行综合研究开了先河。现代的神经生理学、心理学哲学和心智哲学都或多或少是沿着笛卡尔开辟的道路前进的。

2. 原始的激情

综观人类的激情,笛卡尔一口气列举了 40 种之多,然而,这 40 多种激情的作用和影响并非完全相同或平分秋色。从来源上讲,有些是原初的,有些是派生的,也就是说,有一些是第一等级或第一序列的,有一些是第二等级或第二序列的。有些甚至更次之。而笛卡尔重点考察了六个原始的激情,把它们考察清楚了可以达到纲举目张的效果,其他数十种激情的原因、影响也就自然清楚了。笛卡尔说:"在对我们列举的激情作了一个概览之后,我们就会很容易看到,只有六种这样的原始激情,即惊奇、爱、恨、渴望、快乐和悲伤。所有其他激情都是由这六种中的某一些所组成的,或者是它们的亚种。为了不让它们的纷繁复杂使我们的读者感到迷惑,这就是为什么我在这里将要分别考察这六个原始激情的原因,俟后我还将要说明全部其他激情是以什么方式起源于它们的。"①

第一,惊奇(wonder)。惊奇是灵魂的一种突然惊讶,它使灵魂全神贯注地考虑在它看来是稀有和不同寻常的那些对象。它首先是由我们大脑中所有的印象所引起的,这个印象代表着那个稀有从而是值得认真关注的那个对象;然后,它由动物元精的运动引起,这个印象支配着动物元精、以极大的力量趋向它所在的大脑的那一部分,以便在那里加强和保护它;那个印象也支配着动物元精通向用于保持各种感官的肌肉。由于惊讶所致,惊奇具有很大的力量,惊讶即这个印象的突然出现改变了动物元

---

① *The Philosophical Works of Descartes Vol.1-2*, Rendered into English by Elizabeth S.Haldane and G.R.Ross, Cambridge University Press.1973.Vol.I, p.362.

精的运动。惊奇的力量取决于两种因素,即新奇性(novelty)和它引起的运动从一开始就拥有它的全部力量这一事实。新奇的感官对象影响了大脑中通常不受影响的某些部分,而这些部分比那些常受影响的部分要更柔弱,这就更增加了动物元精在那里激起的运动的效果。

惊奇是一种对认识非常有用的激情,因为它能使我们学习并在记忆中保存我们从前不知道的东西,我们只是对那些在我们看来似乎是稀有的、非同寻常的事物感到惊奇,以前我们对它们一无所知,或者说它们不同于我们熟知的那些事物。

第二,爱。爱是由动物元精的运动引起的一种灵魂的情绪,动物元精激动起灵魂自愿地与那些使它感到愉悦的对象结合斗争一起。通常将爱分为两种,一种是仁慈之爱(love of benevolence),一种是色欲之爱(love of concupiscence),以此来区分爱的效果,但这并没有说明爱的本质。爱的本质应该是,我们乐意和那些令我们愉快的对象结合在一起。有多少种我们可能爱的对象,就有多少种爱。虽然野心家爱荣誉,吝啬鬼爱钱财,酒徒爱酒,暴徒爱他想要施暴的女性,以及一个高尚的人对他的朋友和夫人的爱,一位慈父对他孩子的爱,这些爱可能是非常不同的,但就他们都分享了爱而言,它们又是相似的。

笛卡尔阐明了"单纯的好感"(simple affection)、"友谊"(friendship)和"奉献"(devotion)这几种爱之间的细微区别。他认为,当人把被爱的对象和他自身相比较时,给予他所爱的对象以不同程度的尊重,因而就产生了上述三种不同的爱。"因为当我们对爱的对象的尊重低于对我们自己的尊重,我们对那个对象只有单纯的好感;当我们对爱的对象和对我们自己同样的尊重时,这就叫作友谊;当我们对它更为尊重时,我们所有的这种激情就名之为奉献。"①所以我们可以对花儿、鸟儿和马有好感;一般说来,我们只是对人才有友谊;对于至高无上的上帝才有奉献,但有时我

---

① The Philosophical Works of Descartes Vol.1-2Rendered into English by Elizabeth S.Haldane and G.R.Ross,Cambridge University Press.1973.Vol.I,p.386.

们也会为了我们的君王、祖国和城市,甚至为了某个特殊的人而奉献。

第三,恨。恨是由动物元精引起的一种情绪,它激动起灵魂渴望与呈现在它面前的有害对象分开。虽然恨和爱是直接对立的,但是我们并没有将它们划分为如此多的种类,因为在某种程度上,我们并没有注意到我们有意要与其分开的那些坏的事物中存在的区别,就像我们注意我们与其结合在一起的那些好的事物中存在的区别那样。

第四,渴望。渴望是由动物元精所引起的一种灵魂的激动,动物元精使灵魂为了未来而期望那些使灵魂感到愉悦的东西。所以,我们不仅渴望所缺乏的善的出现,而且还渴望出现了的事物的保存,甚至还渴望不要有恶;既渴望我们已经有的东西,也渴望我们认为在将来可能要经历到的东西。渴望是一种没有对立面的情绪(爱和恨、快乐与悲伤是相互对立的),因为趋善和避恶是同一的运动。当我们趋善时,所有的渴望是由爱、随之希望和快乐伴随着;而同一个渴望,当他避恶时,它是由恨、害怕和悲伤伴随着,这就是我们通常把它们对立起来的原因。但是,如果我们希望在它同样地与它要趋向的善及与它要避的恶相关的条件下考虑它,我们就可以清楚地看到,渴望不过是引起这两者的同一激情。渴望的种类和被渴望的对象一样多,例如好奇心是对知识的渴望,它不同于对荣誉的渴望,也不同于复仇的渴望。

第五,快乐。快乐是灵魂的一种愉快的情绪,灵魂对善的欣赏就在于这种情绪,除此之外,灵魂从它所拥有的善的事物中并不能接受到任何其他结果。但是我们不要把作为一种激情的快乐与那种纯粹的理智的快乐相混淆,理智的快乐是由灵魂的活动而产生的,而作为激情的快乐是在灵魂中激起的一种令人愉快的情绪。因为人的灵魂和肉体是结合在一起的,所以理智的快乐通常也是和作为激情的爱相伴随的。

第六,悲伤。悲伤是一种令人不愉快的沉闷,灵魂从恶接受到的不舒服和不安就在于此种激情。同样也有理智的悲伤和激情的悲伤之别,但二者也常常是相伴随的。快乐起源于我们所有的那个信念即我们拥有某种善,悲伤起源于我们所有的那种信念即我们拥有某种恶或缺陷,然而,常常是我们感到了悲伤或快乐但未能清楚地观察到作为它的原因的善或恶。

笛卡尔对六种原始激情的讨论重点是对人进行心理学的考察,与他在第一哲学中对人的理智、理性、意志的认识论的研究相对应,也可以说是对前者的补充。按照笛卡尔的观点,考察人的理智、理性,可以脱离开人的身体,因为理智、理性和身体是没有任何关系的,前者的本性在于思想,而后者的本性在于广延;而考察人的激情及知觉、情感和情绪,则离不开身体,恰恰相反,它正是人的心身相互作用的结果,是由身体中的血液和动物元精的运动引起的。通过这两方面的研究,笛卡尔对人的灵魂形成了一个完整的概念。在笛卡尔对灵魂的研究中,提出了一整套常识心理学(folk psychology)的基本概念,为近现代哲学和心理学对人的心灵的研究提供了一整套范畴概念。另外,我们还看到,笛卡尔在讨论爱、恨、渴望、快乐、悲伤这后五种激情时,总是把它们和善、恶、趋善避恶相联系,这又把心理学的研究与伦理学的研究联系起来了。而这种联系在对特殊激情的研究时,笛卡尔论述得更为详尽。

3. 特殊的激情

笛卡尔以对一般的激情和原始激情的生理学和心理学的考察为基础,进一步对各种特殊激情进行深入的研究,特殊的激情是由六种原始激情产生化合而成的,在这些考察中有一些是心理学的问题,而有一些则触及伦理学的问题,即笛卡尔认为智慧最高等级的问题,它位于人类知识之树的顶端,可以说笛卡尔对激情的生理学和心理学的研究,是为伦理学的研究作铺垫、打基础的。在这里我仅就和伦理学相关的一些特殊激情作一些讨论。

(1)尊重和鄙视。尊重和鄙视是原始激情"惊奇"的亚种,尊重与鄙视这两种激情可以与一切对象相关,但是特别明显地与我们自己相关。

引起这两种特殊激情的动物元精是如此明显。它们甚至能够改变人的风采、姿态和步伐，可以说它们能够改变对自身具有褒贬意见的那些人的全部活动。我们有许多理由尊重我们自己，最为突出的一个理由就是我们具有自由意志，正是依赖于自由意志的那些活动就可以有理由使我们受到称赞或贬损。在某种程度上自由意志使我们像上帝一样成为我们自己的主人，只要我们不要因为疏忽而失去了上帝给予我们的权利。

笛卡尔通过人对于自己的尊重就在于人有自由意志并能很好地支配自由意志这一思想，阐发了人是平等的、应该尊重他人、善待他人，而不应该鄙视他人的伦理思想。他提出：一个人完满地追求善德就是他务必要运用自己的意志去从事或实施他评判为最好的那些事情。在意志自由这一点上，每一个人都是平等的。

具有慷慨美德的人总是平等待人。慷慨防止他们蔑视他人。"因为他们并不认为他们自己比别人低人一等，尽管那些人有更多的善和荣誉，甚至有更多的精神天赋、更多的知识，或者一般说来在某些其他完善性方面超过他们；同时他们也并没有尊敬他们自己远胜过尊敬那些超过他们的人，因为在他们看来，所以这些东西和善良意志相比都微不足道了，他们仅就善良意志而尊重自己，他们也假定善良意志的存在、至少是能够存在于其他所有的人之中"①。"所以通常是行为最高尚的人最谦卑"②。具有慷慨美德的人自然就会去从事一些伟大的事业。因为他们认为，没有比为他人做好事、轻视个人利益更重要了。因为这个原因，他们总是非常谦恭、和蔼可亲和乐善好施。除此之外，他们能够完全控制自己的激情特别是欲望、妒忌和羡慕等。那些自视很高的人就没有真正的慷慨，而只有骄傲，而骄傲总是非常有害的。

（2）勇敢和怯懦。笛卡尔认为，勇敢（courage），当把它看作是一种激

---

① *The Philosophical Works of Descartes Vol.1-2*, Rendered into English by Elizabeth S. Haldane and G.R. Ross, Cambridge University Press. 1973. Vol.I, p.402.

② Ibid.

情而不是习惯或自然倾向时,它是动物元精的某种热或搅动,强迫灵魂专心致志且充满力量地去从事它渴望要作的那些事情。英勇(bravery)是勇敢的一种,它使灵魂去从事那些最危险的事情。虽然英勇的对象是困难的,通常从困难那里得来的是害怕甚至绝望,但是我们在最危险、最绝望的事情中,表现得最英勇或勇敢,这就是中国人说的哀兵必胜的道理。重要的是,为了和我们遇到的困难作斗争,我们应该希望甚至我们应该有信心:我们提出的目标是会达到的,我们一定会成功的。

怯懦和勇敢是直接对立的,它是一种沉闷和冷漠,阻止灵魂着手从事在没有这种激情时灵魂会做的那些事情。害怕或恐怖是怯懦的一种,与英勇相反对,如果说英勇是一种过度的勇敢,害怕则是一种过度的怯懦。它不仅是灵魂的一种冷漠,而且也是灵魂的混乱和震惊,它能从灵魂中得到抵御灵魂认为就存在眼前的恶。也就是说,怯懦并不完全是坏的东西,它也有某种用处,起码是它能使我们免除因为某些可能的原因我们被激动起来去承受的痛苦。它除了使我们的灵魂免除这些痛苦之外,它的第二个方面就是有益于身体,因为它控制动物元精的运动,防止我们耗费我们的体力。但通常说来,怯懦是非常有害的,因为他使我们的意志不去进行有益的活动,它起因于我们没有足够的希望和渴望。

(3)光荣和羞愧。光荣是以自爱为基础的一种快乐,它起源于我们所有的要得到他人称赞的信念或希望。所以它不同于内部的满足,后者来自我们的信念即我们已经进行了某种好的行为。因为有时因为我们自己并不认为是好的东西而受到称赞,而有时则因为我们自己认为是很好的东西而受到谴责。但是两者既是自尊的种类,也是快乐的种类,因为受到他人的尊重是自己尊重的一个原因。与此相反,羞愧则是悲伤的一种,它是建立在自爱的基础之上的,它起源于我们对被谴责的忧虑和害怕;此外它还是一种谦虚或谦卑以及对自我的不信任。因为,如果我们尊重自我达到了如此的高度,以至于我们不能想象我们自己会被任何人所鄙视,这样我们就不能很容易地羞愧。

　　光荣和羞愧,它们一个是通过希望、一个是通过羞愧鼓动我们通向美德,就此而言,它们具有同样的功能。为了我们不会因为做了好事而感到羞愧,或使我们的恶行成为我们虚荣心的一种来源,因此有必要告诉人们判断什么是真正值得羞愧,或什么是真正值得称赞的。但是,像晚期希腊的犬儒学派那样完全弃绝这些激情也是不对的。虽然普通人的判断不一定正确,但我们不能离开他们而生活,受到他们的尊敬对于我们很重要,我们应该常常看重他们的意见。

　　从笛卡尔对于特殊激情的分析,我们可以对笛卡尔的伦理观有了部分的了解。笛卡尔虽然没有系统的伦理学著作,但是并不能说没有系统的伦理思想。首先,在他的《谈谈方法》一书中为自己确立的行为守则就体现出了他的伦理思想和处世之道。除了《灵魂的激情》的第三部分之外,笛卡尔还在 1647 年 2 月 1 日给夏吕(Chanut)的信中论述了"爱的辩证法",1649 年 1 月给伊丽莎白公主的信中论述了道德问题。① 仅就笛卡尔论述"特殊激情"这一部分中表现出的伦理思想来看,他的伦理思想有如下三个特点:第一,笛卡尔的伦理思想是以他对人体的生理学的了解为基础,可以说他是以物质为基础去说明精神的,他根据他的解剖学和生理学的知识,以人体的血液循环、神经系统、反射理论,以及由于当时科学水平的限制所提出的、在今天看来并非科学的动物元精理论,来说明人的道德的形成及其影响,可以说笛卡尔的伦理思想是朴素唯物主义的。第二,笛卡尔的伦理思想也是以他的情感理论为基础,对于道德善恶的分析是以人的爱和恨、快乐和悲伤等情感或原始激情为基础的,或者说他把尊敬、鄙视、慷慨、勇敢、怯懦、光荣和羞愧等道德观念看作是由原始激情所产生的一些特殊激情,因此,可以说他的伦理学不是理性伦理学,而是情感伦理学或激情伦理学。第三,笛卡尔的伦理学具有利他主义的色彩。在《谈谈方法》的开篇处,笛卡尔论述人的理性能力时说,良知是世界上

――――――――――

　　① 参见《笛卡尔为真理而斗争》,cf.Descartes ou le combat pour la vérité,par Pierre Mesnard,Seghers Philosophie,1974.

分配得最均匀的东西，也就是说，在理智或理性上每一个人都是平等的，每一个人都具有认识世界的能力，都是认识的主体。而在灵魂的激情中笛卡尔则讲，在意志自由方面人人都是平等的，即每一个人都是自由活动的主体、道德的主体，没有自由意志就不可能有道德。既然我们因为我们有自由意志而尊敬我们自己，我们也要因为自由意志存在于每一个人中而尊敬每一个人。同时，笛卡尔还常常将"自由意志"与"善良意志"混用，认为每一个人都有善良意志。具有慷慨美德的人就是要为他人做好事，把个人利益置于次要的位置，因此，利他成为了一种美德。笛卡尔强调人人平等、利他爱人这些思想在 17 世纪是很独特和少有的，与稍后出现的霍布斯的著名的利己主义思想形成了鲜明的对比。

五、笛卡尔哲学的传播者

讲到笛卡尔哲学的影响和传播，首先要提到的是麦尔塞纳。他是一位神父、数学家兼哲学家，比笛卡尔大八岁，早年就读于拉·弗莱舍公学，他一生的活动主要在巴黎，可以说他是 17 世纪科学和哲学革命的中心人物，他对于推进和协调哲学家和科学家的工作作出了极大的贡献。在 17 世纪初期，法国科学院（l'Académie française）还没有成立，科学交流机构还不发达，很大一批科学家的交流是通过麦尔塞纳神父进行的，他在巴黎的寓所成为欧洲科学家的活动中心。他召集科学界的朋友们每个星期四在一起聚会，交流各种知识、见闻、科学实验和研究的成果，许多著名学者都来参加，如罗贝伐尔（Gilles Personne Roberval，或 Personne de Roberval，1602—1675）、德札尔克（Girard Desargues，1593—1662）、费尔玛（Pierre de Fermat，1601—1665）（这三人都是当时有名的数学家）、伽森狄等都是常客，人们将这学术沙龙称作"自由学院"（la école de la liberté）或"麦尔塞纳学院"（la école de Abbé Mersenne）。他十分热心和世界各国的学者保持联系，有一个庞大的国际通信网，笛卡尔一生中的大部分书信都是给他的,他自称是笛卡尔的信箱,他成为笛卡尔在法国的私人代表,正是他使隐居荷兰的笛卡尔与欧洲的学术界保持着紧密的联系。笛卡尔的《第一哲学沉思集》也就是通过他送给当时的哲学家和神学家征求意见,于是产生了六组反驳和答辩,对传播笛卡尔的哲学起到了很大的作用。此外,麦尔塞纳还翻译出版了许多学者的著作,如伽利略的《力学》(*Mécaniques*,1594)、霍布斯的《论公民》(*De Cive*,1642)等。

麦尔塞纳在今天是作为笛卡尔的亲密朋友而被人铭记的,其实他本人也是一位非常重要的学者和哲学家。他在哲学上的主要贡献是对于怀疑论的批判,他的主要著作《科学的真理——反对怀疑主义或皮罗主义》(*La Vérité des sciences contre les sceptiques ou pyrrhoniens*,1625)一书,就是以对话体的形式来讨论怀疑主义总问题的,在其中详细考察了塞克斯都·恩披里柯的《皮罗学说概略》(*Hypotyposes pyrrhoniennes*,约公元190年),并认为,尽管怀疑主义论证我们不能获得关于事物的本性的知识,但我们还是能够获得关于现象界的知识;虽然感觉经验不能告诉我们事物的本来面目,但我们还是能够发现一些联结现象的规律,可以在行动中作出预见;虽然我们不能找到任何绝对确实的第一原则,但我们还能够得到足够的无可怀疑的原则,使我们能够构筑起我们关于经验世界的信息体系。这些有限的知识足够作为我们行动的指导,我们能够建立关于现象的科学,它们对于我们的生活有适当的实用价值。麦尔塞纳认为,对怀疑主义的最好回答,就是指明我们所能认识和实际上认识到的东西。麦尔塞纳承认怀疑论的主张有一定的合理性,但不同意他们所得出的结论,即什么东西都不能认识。因而麦尔塞纳不同意从怀疑论得出不可知论的结论,他坚持一种可知论的立场,认为认识论上的怀疑论是关于经验世界的科学真理发展的序曲,这和笛卡尔为了发现科学真理而进行方法论上的怀疑是相通的。与笛卡尔不同的是,他认为我们不能获得关于本体的知识,而只能获得关于现象的知识、事物呈现于我们的表面的知识,并把数学看作是关于这些事物的假设体系。麦尔塞纳是位实证哲学家,他发展了一种现象主义,并首先运用力学的模式来说明世界。麦尔塞纳传播和宣扬笛卡尔的哲学,着重的是笛卡尔对科学的贡献,而并不推崇笛卡尔的形而上学,因为按照他的实证观点看来,科学并不需要形而上学的基础,这和笛卡尔主张从形而上学上推演出科学的普通原则是针锋相对的。

罗奥(Jacques Rohault,1618—1672,一说是 1620—1675)和皮埃尔·席尔文·雷吉斯(Pierre Sylvain Régis,1632—1707)对于传播笛卡尔哲学也作出过贡献。罗奥生于法国的亚眠(Amiens),一位数学教授,醉心于精确科学和经验科学,热情地宣讲笛卡尔的哲学。使他名噪学坛的是他开设的"罗奥讲座",这是一个公开的讲座,每周一次,星期三举行。地点是在圣·马丽(Saint Marie)他的住所,愿意去听的都可以去,主要是宣讲笛卡尔哲学,讲授方法论问题、梦的研究、我思、广延或形体等,许多名人都去听过这个讲座并受益匪浅。后来这一讲座在国王的干预下停办了,因害怕笛卡尔哲学在他的国家引起麻烦。

可以说皮埃尔·席尔文·雷吉斯就是罗奥讲座培养出来的哲学家,他生于法国阿让(Agen)附近,后来巴黎学习神学,被罗奥的笛卡尔讲座所征服,成为一位笛卡尔主义哲学家,并且在罗奥去世之后,继续了罗奥的讲座,讲座在官方干预下停办之后,他修改自己的讲义,等到十年后将其出版,他曾经和于埃、马勒伯朗士及莱布尼茨等人进行过论战,因为这些哲学家指责笛卡尔的原理是违背宗教的。

皮埃尔·席尔文·雷吉斯的《哲学体系》(*Système de philosophie*) ·书在逻辑学上重新表述了笛卡尔的方法论规则,认为三段论是无用的。尽管他在形而上学方面恢复了笛卡尔的思想与广延的二元论,但他的思想表现出明显的经验论色彩。皮埃尔·席尔文·雷吉斯的笛卡尔主义学说的最明显的特征,就是把人看作复合的实体,人是精神和肉体的偶然统一,人只是在这种统一中才是一个精神、一个灵魂。因为统一,灵魂才有广延的观念,特殊的大脑运动总是引起特殊的感觉,而且对象的观念也影响大脑,灵魂的全部观念——包括上帝观念——依赖于大脑的运动,快乐和痛苦使人爱和恨或追求和退却。但在人死后精神就会和肉体分离，精神不再有广延观念，不再想象、记忆或作用于物质世界。不和肉体相统一的精神只能认识和爱它自身和上帝。在他的物理学中研究了星体通过漩涡而形成，流体力学、空气动力学、磁力、重力等问题，描述了温度表、气压表等新的仪器，还研究了行星的发展及人和运动的生理功能感觉性质以及激情等笛卡尔研究过的自然哲学问题。

笛卡尔的哲学在生前就已传播开来，并且遭到教会的排挤和打击。在他死后，1663 年天主教会把笛卡尔的全部著作列为禁书，1671 年法国国王路易十四下令禁止在大学中讲授笛卡尔哲学。尽管如此，笛卡尔学说还是广泛地流传，拥有许多追随者，形成了两个与笛卡尔相关的学派，即笛卡尔学派（Cartesians）和"理性派"或"唯理论"（Rationalists）。笛卡尔学派又分为两支：一支是以法国的哲学家马勒伯朗士为代表的偶因论（Occasionalisme），一支是荷兰医学家雷吉斯为代表的物理学的机械论，他们分别继承和修正了笛卡尔哲学的形而上学和物理学。

偶因论是为了解决笛卡尔关于心身关系问题提出来的。偶因论本身也有多种形态，在荷兰有格林克斯（Gueulincx，1625—1669）的偶因论，在德国有克劳伯（Jean Clauberg，1622—1665），在法国有拉福格（Louis de La Forge，1666 年曾发表了《根据笛卡尔的原则论人的精神的机能及其与身体的联系》（*Traité de l'esprit de l'homme et Traité de l'âme humaine*）的偶因论，科德莫瓦和马勒伯朗士的偶因论。

科德莫瓦是一位语言学家、历史学家、律师，曾任法国皇太子的老师，在哲学上信奉笛卡尔主义，曾著有《身心区别和统一十论》（*Discernement du corps et de l'âme*，1666）、《话语物理学漫谈》（*Discours physique de la parole*，1668）和《形而上学、历史和政治杂论》（*Divers traités de métaphysique, d'histoire et de politique*，1691）等著作。他使偶因论系统化，为马勒伯朗士的偶因论作准备。他是从笛卡尔的机械论，特别是"动物是机器"的思想中引出偶因论的。他首先将一切运动形式都归结为位置的移动，将人的身体看作是一台机器,并通过一系列的定义、定理和推理得出结论,任何形体都不能自己运动,第一推动者必然是一个精神,但我们的精神是不能引起、阻止或加速运动的,只能改变它的方向。精神的推动者只能是上帝,因果性被归结为物质碰撞中的一连串运动。也就是说上帝才是运动的根本原因,而现实因果性只是运动的一些偶因。把这一理论推广到身心关系上,认为心灵是身体活动的偶因,身体的活动是心灵活动的偶因。其实拉福格在科德莫瓦《身心区别和统一十论》一书出版前就已经提出了"偶然原因"(Cause occasionelle)一词,科德莫瓦把"偶因论"运用到运动物理学和心身关系问题上,并且还进一步把偶因论推广到我们的感知能力和意志能力上,认为神推动我们朝着他运动,但与物体不同,精神有一种自由的能力中断这种运动。

雷吉斯是荷兰乌特勒支大学的医学家,起初是笛卡尔哲学的信奉者,后来成为笛卡尔的论敌。他重点继承和发挥了笛卡尔的物理学,著有《物理学初步》(Fundamenta Physicae,1646)一书,但后来笛卡尔对他不满意,竭力和他划清界限。因为雷吉斯从笛卡尔的学生成为了笛卡尔的论敌使笛卡尔十分恼火,因此要极力否认雷吉斯的观点和他的联系,但实际上雷吉斯对传播和继承笛卡尔的物理学是起过很大作用的。

拓 展 阅 读

一、必读书目

1. Oeuvre de Descartes, publiées par Charles Adam et Paul Tannery, Paris, Librairie Philosophique J.Vrin.《笛卡尔全集》,查理·亚当保罗·特纳里编辑,巴黎让·弗兰哲学书店出版。

Tome VI:Discours de la méthode et essais,1982 第 6 卷:《谈谈方法和三篇论文》,1982 年。

Tome IX-1:Méditations 1974 第 9 卷第 1 册:《第一哲学沉思集》,1974 年。

Tome IX-2:Principes 1978 第 9 卷第 2 册:《哲学原理》,1978 年。

Tome X：Recherche de la verité 1974 第 10 卷：《探求真理》，1974 年。

Tome XI：Passions de l'ame 1974 第 11 卷：《灵魂的激情》，1974 年。

2. The Philosophical Works of Descartes Vol.1-2,Rendered into English by Elizabeth S.Haldane and G.R.Ross,Cambridge University Press.1973.《笛卡尔哲学著作集》第 1、2 卷，伊丽莎白·S.哈尔丹和 G.R.罗斯英译本，剑桥大学出版社 1973 年版。

3. The Philosophical Writings of Descartes,2 vols.edited and translated by John Cottingham et al,Cambridge University Press,1985.《笛卡尔哲学著作集》，第 1、2 卷，卡丁汉等编译，剑桥大学出版社 1985 年版。

4. The Essential Descartes,edited and with introduction by Margeret D.Wilson, New American Library 1969.《笛卡尔精粹》，玛格丽特·D.威尔逊编辑，新美书社 1969 年版。

5. Jean-Luc Marion, *Cartesian Questions：Method and Metaphysics*, University of Chicago Press,1999.《笛卡尔的问题：方法和形而上学》，让-吕克·马礼荣，芝加哥大学出版社 1999 年版。

二、参考书目

1. 笛卡尔：《第一哲学沉思集》，庞景仁译，北京：商务印书馆 1986 年版。

2. 笛卡尔：《哲学原理》，关文运译，北京：商务印书馆 1958 年版。

3. 汤姆·索雷尔：《笛卡尔》，冯俊译，北京：中国社会科学出版社 1992 年版。

4. 冯俊：《开启理性之门——笛卡尔哲学研究》，北京：中国人民大学出版社 2005 年版。

5. 冯俊：《从现代走向后现代——以法国哲学为重点的西方哲学研究》（当代中国哲学文库·冯俊卷），北京：北京师范大学出版社 2008 年版。

25

伽森狄、帕斯卡尔和马勒伯朗士的哲学

冯 俊

至于你所称之为天然的,或者你所说的与我俱生的那一类观念,我不相信有任何一种观念是属于这一类的,我甚至认为人们用这个名称称谓的一切观念似乎都是外来的。

——伽森狄:《对笛卡尔〈沉思〉的诘难》

人是自然中一株柔弱的苇草。

"人的伟大之所以伟大,就在于他认识自己可悲","认识[自己]可悲乃是可悲的;然而认识我们之所以为可悲,却是伟大的"。

——帕斯卡尔:《思想录》

我们在上帝之中看一切事物。

——马勒伯朗士:《真理的探求》

———————— ❦ ————————

笛卡尔哲学引起了多方面的反响,在法国引起的直接反响就伽森狄从唯物主义的角度对他的"二元论"和唯心主义进行批判,帕斯卡尔从非理性主义的角度对笛卡尔的理性主义进行了批判,马勒伯朗士继承了笛卡尔哲学的许多思想但是从宗教哲学的角度发挥了笛卡尔形而上学中的唯心主义因素。因此,使得 17 世纪的法国哲学展现出唯物主义和二元论、理性主义和非理性主义论争的新态势。

伽森狄站在唯物主义原子论的立场上对笛卡尔的二元论和唯心主义的形而上学进行了批判,运用唯物主义的经验论对笛卡尔的唯心主义的唯理论进行了批判,可以说在对笛卡尔的众多批评中,伽森狄的批判最为全面、系统。

帕斯卡尔认为,理性主义的几何学精神只能建立公理体系,但不能证明第一原理、第一原则,因为理性是有限制的,在理性之外还有"心"(Heart;le coeur),还需要直觉主义的敏感性精神,只有它才能够发现第一原理、第一原则。因而理性主义低于直觉主义,理性低于直觉,哲学低于信仰,这实际上是对笛卡尔的理性主义的挑战。

马勒伯朗士从笛卡尔的心身二元论出发走向了客观唯心主义,从"我思故我在"变成了"在上帝之中看一切"。上帝不仅使我们对于真理的认识成为了可能,而且上帝还使世界上的一切运动成为了可能,建立了典型的偶因论,把神看作是我们一切运动的真正原因和动力,是自然界运动的总原因,自然界一切具体事物运动变化的原因只是一些偶因、机缘,是第二原因,最终的必然性是来自上帝的一般法则。灵魂和肉体也是不能直接相互作用,也是上帝通过偶因使它们相互作用。精神和物体的相互作用、精神对物体的认识只有通过上帝才有可能。

在此,我们应该注意如下几个问题:一是注意伽森狄对于笛卡尔哲学批判的切入点和论据。二是帕斯卡尔对于人心和敏感性精神的分析是对于笛卡尔理性主义的最好的批判和补充。三是马勒伯朗士被说成是法国的贝克莱,他们有类似性,但一个是走的主观唯心主义之路,一个走的是客观唯心主义之路。四是考察一下偶因论的发展脉络。

温和怀疑论；人心；敏感性精神；无聊与消遣；在上帝中看一
切；偶因论

笛卡尔哲学在法国引起的直接反响就伽森狄从唯物主义的角度对他
的"二元论"和唯心主义进行批判,帕斯卡尔从非理性主义的角度对他的
理性主义进行了批判,马勒伯朗士继承了笛卡尔哲学的许多思想但是从
宗教哲学的角度发挥了笛卡尔形而上学中的唯心主义因素。因此,使得
17 世纪的法国哲学展现出唯物主义和二元论、理性主义和非理性主义论
争的新态势。

一、伽森狄的唯物主义哲学

伽森狄是 17 世纪法国的一位唯物主义哲学家,以反对亚里士多德主
义、笛卡尔的二元论及唯理论、恢复古代的伊壁鸠鲁(Épicure, 341—270
BC)学说为特色,力图将伊壁鸠鲁的原子论和感觉论与基督教结合起来。

伽森狄是一位物理学家、哲学家,同时又是一位神学家。他 1592 年
生于普罗旺斯省(Provence)狄涅城(Digne)附近的尚普泰西耶村
(Champtercier)的一个殷实农民家庭,从小立志要当神父,他在狄涅和埃
克斯(Aix)两地学习神学,1614 年获神学博士学位。先后在狄涅教授修
辞学,在埃克斯教授哲学。在此后一个期间还先后担任过狄涅大教堂的
议事司铎和主监。

在 17 世纪 20 年代,伽森狄因为他的天文学观察等科学活动和第一
部著作的发表而为世人所认识。1624 年发表的第一部著作名为《对亚里
士多德的异议》(*Exercitationes Paradoxicae Adversus Aristoteleos* ,或译作《奇

谈怪论地反对亚里士多德派的研究》)。1625 年到达巴黎后,和巴黎的学术界建立了联系,认识了佩蕾斯(Nicolas-Claude Fabri de Peiresc,1580—1637,天文学家和作家)和麦尔塞纳,和一大批学者保持着通信联系,其中包括伽利略。

1626 年开始对伊壁鸠鲁感兴趣,经过多年的研究、草拟、编辑和修订,终于完成了《伊壁鸠鲁的生平和学说》(*De la vie et des moeurs de Épicure*,1647)一书。1641 年被选入巴黎的法国教士大会(l'Assemblée de Clergé Français),在此期间还给年轻的莫里哀讲授过哲学。麦尔塞纳将笛卡尔刚刚写成的《第一哲学沉思集》送给他征求意见,他写出了第五组反驳,和笛卡尔展开了争论,可以说是对笛卡尔的二元论、唯心论和唯理论进行了全面系统的批判。笛卡尔对他的反驳作出了答辩,伽森狄对笛卡尔的答辩又进行了反驳,并将这些反驳和诘难收在一起,以《形而上学的探讨,或为反对笛卡尔的形而上学而提出的怀疑和异议》(*Disquisitio metaphysica*;*seu*,*Dubitationes et instantiae adversus Renati Cartesii Metaphysicam et responsa. Recherches métaphysiques*;*ou*,*Doutes et instances contre la Métaphysique de R.Descartes et ses réponses*)为题于 1644 年单独出版。

由于他出版《论假太阳》、《弗鲁德学说批判》、《天文学指南》、《论重物坠落时的速度》(与费尔玛合著)等天文学的著作和对伽利略的机械论和天文学说的维护,1645 年被任命为法国皇家学院(Collège Royal)[即今天的法兰西学院(Collège de France)]的教授,讲授数学,听课的有各种年龄层次的人,还有许多著名学者。由于健康原因,讲授的时间不长,只讲授了一年,1647 年就回故乡狄涅养病。1654 年在返回巴黎的途中感染热病,1655 年在巴黎去世。

伽森狄的哲学著作除了《对亚里士多德的异议》、《伊壁鸠鲁的生平和学说》、《形而上学的探讨,或为反对笛卡尔的形而上学而提出的怀疑和异议》。之外,还有《第欧根尼·拉尔修的第十部著作的译注》(*Animadversiones in Decimum Libri Diogenis Laertii*,1649)、《伊壁鸠鲁哲学大全》(*Syntagma Philosophiae Epicuri*,1649)和《哲学体系》(*Syntagma Philo-sophicum*),后一部著作是在他死后三年即 1658 年由别人收入他的全集中出版的。

伽森狄在《哲学体系》一书中将哲学分为三个部分:物理学、逻辑学和伦理学。物理学的目的是要发现关于世界的真理,伦理学的目的是要考察人的美德,而逻辑学是教导人们认识真理的方法。因此哲学是关于真理和德行的学说。在物理学上,他恢复了伊壁鸠鲁的原子论;在伦理学上,他恢复了伊壁鸠鲁的快乐论、幸福主义;在逻辑学即认识论和方法论上,他坚持的是感觉论和温和怀疑论。在这里,我们将从伽森狄在哲学史上打上深刻印记的三个方面来介绍他的学说。

1. 温和怀疑论

伽森狄早年曾信奉并亲自讲授过被经院哲学奉为权威的亚里士多德主义,但后来在蒙田(蒙台涅)人文主义和夏隆怀疑主义的著作的影响下,成为亚里士多德主义和经院哲学的反对者而走向了近代哲学。

他的第一部著作《对亚里士多德的异议》的第一部分,就是批判亚里士多德哲学的奇谈怪论。他认为亚里士多德的形式和质料的学说不能够合理说明自然,或对自然界一无所知。伽森狄认为在解释自然方面,德谟克利特和伊壁鸠鲁的原子论胜于亚里士多德的形式和质料学说,原子论从感性的确定原则出发,把自然界分解为元素,则更适合对经验的自然的研究。

伽森狄认为,我们关于世界的知识只是来源于感觉经验,我们不能获得绝对真实的第一原则和真实的或本质的定义,因为从经验的归纳中绝不能产生确实的普遍命题,不管收集的材料多么全面,将来仍然会出现相反的例证。即使我们力图去发现某种真实的定义和第一原则,但如果是运用三段论推理,我们也不能得到关于自然的科学知识。

《对亚里士多德的异议》一书最后一部分,否认了获得关于世界的必然知识的可能性。他运用古代怀疑论的论证来说明,我们所认识的一切东西只能是事物的现象而不是事物本身。我们可以知道蜂蜜似乎是甜的,但我们不知道蜂蜜实际上是否是甜的。在现象的基础上,我们不能说事物的本性就是作用于我们感官的这些结果的产生者。感觉经验太易变化,在被感知到的东西的基础上,不能提供任何方法来判定实在的本来面目,我们也没有任何方法从经验推论出引起这些经验的东西,我们甚至不能建立任何真知识的标准,所以,我们只能得到结论:我们对实在一无所知。然而伽森狄主张,我们还是能够发展关于现象的有用科学,只要我们把结论限制在经验世界,我们就既不会与神圣的真理相冲突,也不会接受任何关于不可感知的实在的独断论。形而上学和数学的独断论都是没有价值的冒昧推测。

《对亚里士多德的异议》一书代表伽森狄的早年思想,其中显露出温和怀疑论的思想,在他的后期著作中,这一思想得到了进一步的发挥。他运用伊壁鸠鲁的原子论作为假设模式,来证明我们怎样能够拥有关于现象世界的知识,怎样能够发展关于这个世界的科学。这种观点在《哲学体系》一书中得到了充分的体现。

《哲学体系》一开始就讲述了伊壁鸠鲁的知识论,总结了古代怀疑论的观点。他要探求是否有一个绝对确实的区分真理和谬误的标准。伽森狄认为,某类事物在特定的时间里是显而易见的、明白的,就连怀疑论者都不会否认的;而另一类事物是不清楚、不明白的。后者又可进一步分为三种:一种是绝对不明显的,在任何条件下都不可能认识的,伽森狄借用皮罗(Pyrrho,360—270 B.C.)的一个例证,即天上的星星的总数到底是奇数还是偶数,这是在任何条件下都无法清楚地知道的;另一种是自然不明显的,我们不能感知它们,但我们能通过符号、记号来认识它们,如皮肤上的毛孔,我们可以通过出汗来推知它们的存在;第三种是,某些事物是暂时不明显的,这是因为暂时条件的限制,只要条件具备它们还是能被感知到的。古代怀疑论承认了第三种暂时不明显的事物能够通过"指示性符号"来认识,事件总是有规律地联结在一起的,当一个被观察到了我们就会想到另一个,烟就是火的指示性符号,即使我们暂时看不见火,从远处的浓烟,我们可以推论火的存在。皮罗主义者认为,这种通过指示性符号获得的不明显的事物的知识,在日常生活中是重要的和有用的。怀疑论者和独断论者之间的区别或不一致,就在于是否承认有任何记号我们能借以获取第二种事物即自然不明显的事物的知识。怀疑论者认为我们的认识不能超越现象,而独断论者主张可以通过指示性符号来获得自然不明显的事物的知识,因为符号能超出可能的经验去揭示事物。

在对怀疑论作了一番总结和指出怀疑论和独断论的区别之后,伽森狄提出了自己的调和论,他宣称,独断论者夸大了人类心灵的能力,声称我们能够认识事物的真实本性。其实事物的本性或事物本身是向我们隐蔽着的,不能认识的。而怀疑论又过分地强调知识的障碍,否认我们能够认识自然界展示给我们的东西。其实某些事物的存在和可以被认识是显而易见,无须怀疑的。我们能够认识现象,我们也能够通过一种指示性符号来认识自然不明显的对象。通过感官,我们可能感知明显的记号,对于事物的存在作出确切的结论。通过理性,我们可以解释这些记号,辨别感觉经验指出的世界所具有的确切特征。我们可以凭理性对不可感知的对象作出推断,例如,德谟克利特就是在望远镜发明出来之前很久,推断白色的银河是由无数的星星组成的。我们的感官有时会出错,但也会被细心的推理所纠正,理性的推理也是以感觉经验为基础的,同时我们关于自然不明显的事物的推理和知识,还可以由经验来验证。怀疑论对于我们推理的反驳我们可以置之不理,我们拥有确实的推理原则,它们可以作为我们进行推理的手段。伽森狄在认识和真理问题上采取了怀疑主义和独断主义的中间道路,是一种调和论,或曰温和的建设性怀疑论。他承认了世界的可知性,承认感性和理性的区别,感性在先,理性在后,通过感觉感知符号、记号,通过理性去认识隐蔽的本性,一切理性知识都来源于感觉,然而理性的认识高于感性认识。并且理性可以校正感性的错误,并且理性推理的正确性可以由经验来验证和检验。这里体现出的是唯物主义的经验论的思想。这种经验论的思想，在伽森狄批判笛卡尔的天赋观念论时也得到了充分的体现。之所以还把伽森狄称作是温和的怀疑论，是因为他认为，要得到绝对确实的知识是不可能的，我们只能达到一种有限的、有用的知识。我们并没有发现绝对真理，绝对真理是我们得到的一些模糊影子，但是这些影子也对世界作出了令人满意的科学解释。这种解释是以经验和推理为基础的经验的解释。

2. 原子论

在反对亚里士多德和笛卡尔的形而上学的同时，伽森狄在自然观上复兴了古代伊壁鸠鲁的原子论。

伽森狄把原子和虚空看作是宇宙的本原，宇宙中的万事万物都是由原子构成。原子是客观实在，是肉眼看不见的物质实体。它是有形体的、绝对充实的、单纯的、不可分割的实体。既然有形体、有广延，它就不是一个抽象的数学的点；既然它充实、单纯，它就不是由许多部分构成。它本身就是最简单的要素，不可能再分割，是最单纯的实体。

作为实体的原子是同一的、没有差别的，原子的不同仅在于形状、大小、重量的不同，即在质上是统一的，在量上是相区别的。物质物体是原子不同组合的产物，物体的大小是构成物体的原子大小的结果，物体的密度不同，取决于在同样体积的物体中的原子数量的不同。从形状上来讲，原子还有圆形、椭圆形、扁豆形和钩形等区别。另外，原子还具有重量，这使得原子具有运动的倾向和能力。

虚空也是宇宙的本原。如果存在着原子及其运动，那就应该存在着虚空的空间，否则运动是不可能的。虚空也是客观存在的，它不可创造，它不可消灭，它是无限地、永恒地独立存在的，它不以原子及其运动为转移。虚空只是将原子分隔开来的场所，或原子运动的场所。原子构成物体，是物体的部分，而虚空则不是物体的部分，它是物质的否定，是无实体性的。运动是原子的固有属性。由于原子本身有重量,就可以在虚空中发生内在颤抖和不安,不断地企图运动。重量是原子的一种天然的自我运动的力量和能力。伽森狄还用伽利略的落体实验来说明,一切物体不论在大小和质量上如何不同,都以同样的速度从高处落下,这完全是重力使然。基于原子的这种能动性,伽森狄强调物体是能动的,反对笛卡尔认为物质被动的观点。

原子运动有两种基本形式,一是下降的运动,一是反射的运动——各个原子相互碰撞后弹回的运动。伽森狄抛弃了伊壁鸠鲁原子论中的朴素辩证法思想,又重新退回到德谟克利特,否认原子有自动偏离。他将近代的机械论和古代的原子论结合起来,把原子的运动归结为机械的位移。原子间相互的机械碰撞,造成原子的不同结合而形成万物。物体的运动也是按照机械的规律进行的。他还运用原子来解释灵魂和天体的演化。

伽森狄从原子论出发,认为心灵、灵魂并不是独立存在的实体,而是由最精细的原子构成的,是由最纯的血所形成的一种非常精细、非常稀疏的散布到你所有肢体中的精气,和肉体紧密相连,一同生长,一同衰弱。因为灵魂是一种物质性的东西,不存在什么独立的精神实体,"人是由两种物体合成的,一个是粗实的,另一个是精细的;既然把物体这一通常的名字给了前者,那么就把后者称为灵魂或心灵"①。伽森狄将人的灵魂分为两种,一种是感性灵魂,即动物灵魂,为人和动物所共有的;另一种是理性灵魂,是人所特有的。但它们二者都是物质的,就是理性的灵魂也离不开大脑,大脑一昏心灵则昏,大脑一乱心灵则乱。

他还用原子论来说明天体的形成和演化。他认为,不同重量和体积的原子在碰撞运动中时而聚集成团,时而分裂零散。重的原子团下降为大地和海洋,轻的原子团上浮形成空气和日月星辰。但是这些天体并不是永恒不变的,它们都处在这样的不断运动、变化的过程中,在运动中可

---

① 伽森狄:《对笛卡尔〈沉思〉的诘难》(*Disquisitiones anticartesianae*,1644),庞景仁译,北京:商务印书馆1981年版,第84—85页。

能造成原子新的聚散,这就是旧的天体的毁灭,新的天体产生,天体星球也是不断生灭变化的。伽森狄力图用原子论来解释自然,然而他又想将原子论的自然观和基督教的信仰一致起来。他认为原子是上帝创造的,原子的运动是上帝赋予它们的力量而引起的,上帝是一切事物的第一原因。他批判了笛卡尔关于上帝存在的本体论证明和宇宙论证明,但是却同意从宇宙间的和谐秩序、自然万物构造的完美性中可以得出上帝存在的论据。在伽森狄看来,原子论只是一种便于解释自然现象、自然原因的假说。伽森狄虽然是恢复古代原子论,然而他用近代机械论对其进行了改造,具有近代的特点。虽然笛卡尔的物理学否认有不可分的原子存在和无物质的绝对虚空存在,但从机械性这一点上来讲是共同的。如果说在形而上学上伽森狄和笛卡尔针锋相对的话(严格地说,伽森狄没有形而上学或抛弃形而上学),那么在物理学方面两人有许多共同之处。

3. 对笛卡尔形而上学的批判

伽森狄在对笛卡尔形而上学沉思的诘难中对笛卡尔学说的批判,是对笛卡尔的各种批判中最为全面系统、最切中要害的一种。可以说它是近代哲学史上唯物主义对唯心主义的一次猛烈批判。

第一,伽森狄对笛卡尔把认识主体、思维主体仅看作是"一个思想的东西"的观点进行了批判。

笛卡尔经过普遍怀疑认为"我"仅仅是一个思想的东西,既不是气,也不是风,既无形体,又无广延,是一个脱离了一切物体性的、独立的精神实体。而伽森狄则认为,世界上的一切东西都是物质性的、都有广延。人的灵魂,或笛卡尔所说的"我",在他看来,并不是什么精神本原的东西,从本质上来讲也是一种物质的东西,不过是一种渗透和散布到肉体中的非常精细、非常稀疏的物质。伽森狄一眼就看出,笛卡尔的"我"并不是一个整个的人,而仅仅是灵魂,并且把灵魂看成是没有任何物质特性的东西,伽森狄反问道:

为什么你不可以仍然是一阵风,或者是被心脏的热或不拘什么别的原因所刺激起来的、由你最纯的血所形成的一种非常精细、非常稀疏的、散布到你所有的肢体里的精气,它,也就是你,给你的肢体以生命,并能用眼睛看,用耳朵听,用大脑想,就是这样执行着通常归之于你的一切功能?①

笛卡尔说,摄取营养和行走不是灵魂的属性。伽森狄说:

假如你就是像我们以前描写的动物性的精气那样的一个物体,那么,既然你的粗浊的肢体是为一种粗浊的物质所营养,而你自己是精细的,你为什么不能是为一种更精细的物质所营养的呢?②

伽森狄认为灵魂和肉体一同生长、发育、吸收营养。

笛卡尔最后得出结论说,我就是一个心灵、一个灵魂、一个理智、一个理性。只有思想与我分不开。③

伽森狄是站在唯物主义的立场上来批判笛卡尔的,认为认识的主体、思维主体是具有物质特性的,不是完全摆脱了物质特性的独立实体。但是他的唯物主义过于朴素、原始,把人的思想灵魂完全解释成一种精细的、稀疏的物质性的气。因而从理论水平上无法超过笛卡尔。从根本上来说,笛卡尔和伽森狄都不懂得人的思维这一特殊现象的本质,笛卡尔为这一特殊现象所迷惑,认为人的理性思维是不能等同于任何物质运动或物质过程的,它是从本质上完全不同于物质的东西,笛卡尔看到了思维和物质的差异和本质区别,但他把这种区别绝对化了,使精神脱离了物质,成为一种独立的实体。实际上,这种脱离了物质的独立实体不可能成为

① 笛卡尔:《第一哲学沉思集》,庞景仁译,北京:商务印书馆 1986 年版,第 263 页。
② 同上书,第 264 页。
③ 同上书,第 267 页。

真正的认识主体。而伽森狄则看不到人的理性思维的特异性,把它简单地等同于一种物质运动,因而看不到人的主体性地位,看不到认识主体和作为认识客体世界的不同就在于人是一个有理性、有我思的一个能动主体,认识主体不仅是一个具有物质特性的主体,而是一个具有思维、具有意识活动的物质性的能动主体。因而尽管伽森狄坚持唯物主义的立场,论证了认识主体的物质性,但是笛卡尔对伽森狄十分鄙弃,把他称作没有精神的一块"极好的肉"。

第二,伽森狄对笛卡尔关于上帝存在的证明进行了批判。

伽森狄像霍布斯一样,对于"上帝存在"的证明的批判是从对"天赋观念"的批判入手的。因为笛卡尔首先肯定"上帝"是我们心中的一个天赋观念,然后通过探讨这一天赋观念的来源和本质来证明上帝的存在。伽森狄坚持唯物主义的经验论,认为全部观念都是外来的,它们是由于存在于理智之外的事物落于我们的某一感官之上而升起的,心灵不仅有从感官接受外部对象、形成它们观念的能力,而且有把这些观念加以各式各样地集合、分割、缩小、放大、对比、组合的能力,如一个狮头羊身龙尾怪兽、未见过的金字塔和城市等观念就是这样形成的。他驳斥笛卡尔说:

> 至于你所称之为天然的,或者你所说的与我俱生的那一类观念,我不相信有任何一种观念是属于这一类的,我甚至认为人们用这个名称称谓的一切观念似乎都是外来的。①

至于一般观念、类的观念,在伽森狄看来是在许多个别观念中抽象出来的共同性的东西,否则无以形成。他说,如果动物、植物以及一切普遍观念都是天赋的,我们也就没有必要去对那些个别的东西加以辨认。

笛卡尔说,我的本性使我能够理解什么是真理。伽森狄认为把这句

---

① 笛卡尔:《第一哲学沉思集》,庞景仁译,北京:商务印书馆1986年版,第283页。

话解释出来就是,真理的观念天然地印在灵魂中。伽森狄批驳道:

> 假如真理只是判断和所判断的事物二者之间的一致性而不是别的,那么真理就只是一种关系,因而它就不能同事物本身和事物的观念二者之间的比较中分得开,或者(这也没有什么两样)就不能同事物的观念分得开,因为事物的观念不仅有表象它自己的性质,同时也有如实地表象事物的性质。……假如事物的观念是外来的,那么真理的观念也是外来的,而不是与我们俱生的。①

伽森狄对"天赋观念论"的这些批驳,体现出了他鲜明的唯物主义的经验论立场,这是在洛克以前对于天赋观念论最有力的批判。

笛卡尔认为上帝是天赋观念的来源,是上帝把它们放在我们心中,就像工匠将记号刻在他的作品中一样。上帝是我们的创造者,他很可能是按照他自己的模样来创造我,上帝在创造我时将"上帝"的观念放在我的心中,如果没有上帝存在,在我心中就不可能有天赋观念。伽森狄认为:观念一部分是外来的,一部分是我们自己捏造的,没有什么天赋的观念,上帝的观念是把万物的完满性集于一身。说上帝将天赋观念放在我的心中就像工匠将标记刻在他的作品上一样,这也是不能自圆其说的。这个标记是用什么方式刻的呢? 你怎样去辨认? 说作品和作者相似也是说不通的。你曾经面对面地看见过他,把你和他比较过你和他是相符的吗?

> 因为作品永远不能和作者相似,除非作品是作者用把自己的本性传过去的办法生出的。可是你并不是上帝用这样的方法把你生出来的;因为你不是他的儿子,你也不能分有他的本性,你仅仅是被他创造的,就是说,你仅仅是被他按照他所想出的主意而制造的;因此,

---

① 笛卡尔:《第一哲学沉思集》,庞景仁译,北京:商务印书馆 1986 年版,第 284 页。

你不能说你和上帝相似,就如同你不能说一座房子和一个泥瓦匠相似一样。①

并且,如果上帝将上帝观念赋予你就像工匠将标记刻印在作品上一样,那么上帝应该将这一记号刻印在所有的作品上,

> 那么所有的人就都会有同样的标记刻印在精神上,他们就都会用同一的方式、同一的样子领会上帝;他们就都会把同样的一些东西归之于上帝,就都会对他有同样的感觉,可是我看到的恰恰与此相反。②

不仅无神论者和不信教者心中根本就没有上帝观念,即使同是信教者,他们对于上帝的理解和感觉也不一样,凭这一点就可以证明不是上帝将上帝的观念亲手刻印在你的心中。

伽森狄还对笛卡尔的上帝存在本体论证明进行了批判。笛卡尔论证道,上帝是一个绝对完满的观念,而绝对完满的东西不仅存在于理智中,而且还存在于现实中,因为仅仅存在于理智中的东西,不如既存在于理智中、又存在于现实中的东西完满,上帝既然是绝对完满,那么他必然是现实地存在的。存在性是上帝的完满性之一。

笛卡尔把上帝作为认识真理性的保证,认为全部科学的可靠性和真实性绝对有赖于对真实上帝的认识,当认识到上帝存在之后,就会使我们从怀疑到不疑,就会使我们相信几何学及其他科学的真理。伽森狄驳斥道:

> 很难找到什么人相信你以前不相信几何学论证的真理,而现在你由于认识了一个上帝才相信了。因为,事实上,这些证明是非常明

---

① 笛卡尔:《第一哲学沉思集》,庞景仁译,北京:商务印书馆1986年版,第310页。
② 同上书,第311页。

显、确定的，它们本身无须有待于我们的思虑就会得到我们赞成的。①

其实，上帝存在的证明还不如几何学的证明那么明显，很多人都不相信上帝的存在，然而没有一个人怀疑几何学的论证。有谁相信几何学论证的明显性和确定性要从上帝的证明中得来呢？到什么地方去找这样一个人，当你问他为什么确信一切直角三角形的勾股定理时，他回答说他之所以确信这条真理是因为他知道有一个上帝呢？

伽森狄对笛卡尔的天赋观念和上帝存在论证的驳斥，具有唯物主义的倾向，但是伽森狄并不否认上帝的存在，他认为我们不可能有上帝的观念，意思是说，对于上帝我们不可能有知识，这是属于信仰事情。他坚持"二重真理论"，认为真理有两个源泉，一个是"自然光明"，另一个是"信仰和宗教的光明"，前者是按照经验和理性来解释世界，后者是按照上帝的启示和权威来说明超自然现象。他反对笛卡尔从上帝的观念出发来论证上帝的存在，但他却同意从自然的和谐、美好、功用和节约来证明上帝的存在，并断言上帝是宇宙的第一因，原子的创造者。伽森狄反对经院哲学，反对笛卡尔关于上帝存在的证明，但他绝不是一个无神论者，相反他是一个虔诚的天主教徒，在他的哲学内部包含着不可克服的矛盾性，这就是马克思所指出的，伽森狄"竭力要使他的天主教良心和他的异教知识相协调，使伊壁鸠鲁和教会相适应，这当然是白费力气"②。

第三，在心身关系问题上，伽森狄对笛卡尔进行了批判。

笛卡尔认为，我对我自己有一个清楚明白的观念，我是一个思想而无广延的东西，而物体、肉体则是有广延而无思想的东西，因而心和身在本质上是有区别的。伽森狄驳斥说，其实你对你自己并没有一个清楚明晰

---

① 笛卡尔：《第一哲学沉思集》，庞景仁译，北京：商务印书馆 1986 年版，第 331 页。

② 马克思，《博士论文·序》，见《马克思恩格斯全集》第 40 卷，北京：人民出版社 1982 年版，第 188 页。

的观念,你说你是一个思想的东西,但不知道在思想的你是什么,因为思想是一种活动,而不是一种实体,你只是认识了一种活动而没有认识一种实体。你说你是一个没有广延的东西,这表明,你只知道你不是什么,并不知道你是什么,光知道自己不是什么就能够说你对自己有一个清楚明晰的观念吗?伽森狄坚持唯物主义一元论,认为精神、心灵也不过是一种特殊物体。

笛卡尔在证明心身统一时说,我和形体是非常紧密地联结在一起,搅混在一起,融合、渗透得像一个整体一样,特别是当我痛苦、饥饿、口渴时越发感觉到这一点。伽森狄反驳说,假如你仍然是非物质的,不可分的,没有丝毫广延,你怎么能和那么大的身体结合起来呢?假如你完全不同于这个肉体,你怎么能和它混合起来、和它合成一个整体呢?一切结合应该是由两个结合起来的东西的非常紧密、非常亲切的接触,然而,没有物体怎么去接触呢?一个有形体的东西怎么能和一个无形体的东西接合、联结呢?再说,你既然是无形体、无广延,怎么会有感觉呢?

笛卡尔为了更好地说明心身的结合、二者实际上是统一的,他又论证说,灵魂并不直接受身体一切部分的感触,而是在脑里或大脑中叫作“共同感官”的那个最小的一部分里和身体相接触。伽森狄说,这样解释也是不恰当的。不管这一部分多小,它仍然是有广延的。只能说灵魂是有广延的,身体也是有广延的,各自的许多小部分相互匹配。即使把你和大脑联结的那个部分当成一个点,如果说它是一个物理的点的话,它仍然是有广延的,仍然是可分的、有部分的,如果说它是一个数学的点,那它只是一种现象的东西,事实上不存在。总之,伽森狄反对笛卡尔把灵魂和肉体、精神和物体绝对割裂开来,并揭露出把它们二者绝对割裂开来以后企图再把它们结合起来的不可能性。伽森狄坚持唯物主义的一元论,物质的同一性,用物质来说明意识,这立场是对的,但他不懂意识是高度发展的物质——大脑的功能——而把它看成是一种精细、稀疏的物质,并且认为观念、灵魂都是有广延的,因而陷入了庸俗的物质论。因而伽森狄和笛卡尔一样都未能解决心和身、意识和物质的关系问题。

除了上面这三个主要问题之外，伽森狄还就笛卡尔的怀疑方法、理智和意志的关系及错误形成的原因等问题进行了批判。伽森狄对笛卡尔的批判在当时的历史条件下，是唯物主义对唯心主义的一场斗争，但是从哲学的理论水平来说，并没有超过笛卡尔，因而他在理论上并没有战胜笛卡尔。他的理论基础是古希腊的原子说，是一种素朴的唯物论和经验论，在笛卡尔论哲学时提出的主体思想的至上性，具有普遍必然性的观念是怎么得来的，真理可靠性的保证，人的自由意志，心身的分别和统一等问题上，就显得无能为力。这表明了在近代哲学，原子论已经不是唯物主义克敌制胜的武器了，要想战胜笛卡尔，是以后的唯物主义的任务。

伽森狄不仅在物理学上复兴了伊壁鸠鲁的原子论，在认识论上偏爱伊壁鸠鲁的经验论，除此之外，在伦理观方面推崇伊壁鸠鲁的幸福论或快乐论，在社会历史观方面拥护由伊壁鸠鲁第一次提出的社会契约论。在17世纪伽森狄全面复兴古代的原子论，这对于批判唯心主义的形而上学、恢复唯物主义的地位有着十分重要的作用，并且对18世纪贝尔等人的怀疑论和唯物主义者产生了极大的影响。但是，伽森狄运用的是古代武器，无力在思维水平上战胜近代的唯心主义。

二、帕斯卡尔的非理性主义哲学

帕斯卡尔与笛卡尔同时代但比笛卡尔年轻得多，也是法国近代哲学的开启者之一。可以说他是从笛卡尔主义出发而走向否定笛卡尔主义。如果说伽森狄重点批判了笛卡尔的二元论和唯心主义的先验论，那么帕斯卡尔重点批判了笛卡尔的理性主义。在笛卡尔高扬理性、开创理性主义和科学的时代之时，帕斯卡尔敏锐地看出了理性的局限和科学的无能，强调了直觉、感情和本能等非理性因素的作用，一方面克服笛卡尔的理性独断论，一方面要建立笛卡尔哲学力所不及的关于人的哲学，并且将哲学和宗教联系起来,为基督教作辩护。

帕斯卡尔奠定了概率论(theory of probability)的基础,是一位数学家;创立了流体静力学,是一位物理学家;发明了第一部计算器和公共交通系统,是一位科学发明家;他对于世界及科学研究的意义有着深刻的理解,是一位科学理论家;他对人类的理性及其他认识能力有过深沉的思索,是一位哲学家;他深切关注人类的状况、前途和命运,是一位道德学家;他用他的哲学和道德学说为基督教作辩护,是位护教学家。

帕斯卡尔,1623 年 6 月 23 日生于法国奥维涅省(Auvergne)的克勒蒙—菲朗城(Clermon-Ferrand)的一位世袭小贵族的家庭,父亲艾蒂安·帕斯卡尔(Etienne Pascal)是该地区的政府官员(法院副院长),同时也是一位数学家和音乐学家,颇有名望。帕斯卡尔是一位神童,很小就显示出极高的天分和卓越的研究才能,在 11 岁时就从用餐刀轻敲食盘发出响声、手一按住盘子声音就消失这一现象受到启发,写出了一篇论述振动体发声的论文《论声音》("Traité des sons"),12 岁时就独自在卧室的地板上用炭笔画出了许多几何图形,发现了欧几里得(Euclid,生存于 300 BC)《几何原本》(Elements)第 1 卷第 32 定理"三角形三内角之和等于两直角"。当他 16 岁时就写出了著名的论文《圆锥曲线论》("Essai pour les coniques",1640),提出"帕斯卡尔定理"(théorème de Pascal),受到当时的数学家笛卡尔、德札尔克等人的高度赞扬,帕斯卡尔从此开始走进了学术界。

帕斯卡尔的父亲受命出任诺曼底省(Normandie)的监察官到各地催征捐税,帕斯卡尔见到父亲为税务的计算工作而劳累,开始构思计算器,经过多次改进完善之后,终于根据齿轮系统的转动而自动进位的原理,制作出了世界历史上第一台手摇式计算器。1646 年,帕斯卡尔 23 岁开始了关于真空问题的实验,他重复了伽利略的弟子托里拆利(Evangelista,Torricelli,1608—1647)的实验,观察到水银柱随着高度不同地方的气压变化而变化,1647 年他和他姐夫佩里埃(Florin Périer,1605—1672)一起进行了反复的试验,总结出气压随山的高度的增加而减少、水银柱的高度在高处比在低处更低,从而提出了密闭流体能传递压强,压力随受力面积大小而异的定律,即"帕斯卡尔定律"。当今压强的国际制单位就是以帕斯卡尔的名字命名的,国际代号为 Pa。在此实验的基础上,帕斯卡尔写出了《关于真空的新实验》(*Expériences nouvelles touchant le vide*,1647)、《真空论·序》(*Préface sur le Traité de vide*,1647)、《论液体平衡大实验》(*Récit de la Grande Expérience de l'Équilibre des Liqueur*,1648)、《液体平衡》(*Traité de l'Équilibre des Liqueurs*,1653)和《论空气的重力》(*Traité de Pesanteur de la Masse de l'Air*,1653)等作,否认了"自然畏惧真空"的教条,为大气压力的理论与流体静力学奠定了基础。他还发明了注水器、水压计,改进了托里拆利的气压计。帕斯卡尔还设计了气压实验的逆实验,用气压计来测量山的高度。并且以大气压力来解释虹吸现象,还发现气压变化与气候条件有关。这为气象学的发展奠定了基础。

帕斯卡尔还在代数学中提出了"帕斯卡尔·三角形"(triangle de Pascal)即二项式系数的三角形排列法。在《数学三角形》(*Traité du triangle arithmétique avec quelques autres petits traités sur la même matière*,1653)中第一次提出了数学归纳法的证明方法。他还提出了极限和无穷小的观念,为微积分的产生铺平了道路。在死前两年他还潜心研究过当时几何学中的热题:摆线(la roulette)问题,取得了令逻辑学界瞩目的成果,这些成果直接促成了微积分的诞生。

帕斯卡尔不仅是一位卓越的科学家和数学家,而且是一位狂热的信教者和宗教辩护学家。在他一生中有过"三次皈依",和当时崇尚奥古斯丁主义与加尔文教有着密切关系的冉森教派结下了不解之缘,而冉森教派在法国的据点乡间皇港修道院,则是帕斯卡尔经常的去处。在 1656 年1 月至 1657 年 3 月以俗人的身份,化名路易·德·蒙达尔特(Louis de Montalte),前后写了十八封抨击耶稣会的信,向外省友人介绍巴黎耶稣会神父的丑闻言行,揭露他们的虚伪道德,争取社会对冉森派的同情,后以《外省人信札》结集出版,它不仅成为法国文化史上反映思想斗争的经典,同时也因其文笔优美而成文学史上的一篇绝作。

帕斯卡尔一生中也从不停止过哲学的探索,对于科学自身的发展规律、科学方法论、人类的存在状况和前途命运有着深邃的见解。在《真空论·序》中他断言科学如何依实验和推理而发展,而与权威和教条相矛盾;在《几何学精神》(*De l'Esprit géométrique*,1657)和《说服的技术》(*De l'Art de persuader*,1657—1658)等文中集中讨论发现真理的方法,指出几何学体系的适用范围和人类理智认识的局限性,从而形成他自己的完整方法体系。1655 年与沙西(Louis-Isaac Lemaistre de Saci/Sacy,1613—1684)神父讨论古希腊哲学家爱比克泰德(Épictète,60—138)和 16 世纪法国怀疑论者蒙田后撰写的《与沙西谈爱比克泰德和蒙田》(*Entretien avec Monsieur de Sacy sur Epictète et Montaîgne*)中对人的伟大与可悲的看法,成为后来《思想录》(*Les Pensées*)一书的思想先导。《思想录》是帕斯卡尔的主要哲学著作,从 1656 年开始写作,它并不是一部系统的著作,而是作者的一些随想记录于小纸条上,长短不一,近千段,他死后经亲友编排整理于 1670 年出版,冠以《帕斯卡尔先生关于宗教和其他主题的思想》(*Blaise Pascal,Les pensées sur la religion et sur quelques autres sujets*)的长名,简称《思想录》,都是我们研究帕斯卡尔哲学和宗教思想的宝贵数据。

1662 年 8 月 19 日,在痛苦与疾病中结束了自己的生命,年仅 39 岁。这短暂的一生是同疾病作斗争的一生,也是为科学而奋斗、追求真理的一生,在短暂的一生中取得了许多长寿的人终生所无法达到的辉煌成就。

1. 理性或几何学精神

在科学方法和认识问题上,帕斯卡尔深受笛卡尔的影响,认为亚里士多德所建立的形式逻辑并不能帮助我们发现真理,发展真理的逻辑应当到几何学中去寻找,几何学是清楚明白、唯一确实的科学。和笛卡尔一样,他认为方法的全部秘密就在于"顺序",方法就在于遵从一定的顺序。他还特别称赞笛卡尔的"我思"学说以及由此演绎出的结论。

理性(raison),在帕斯卡尔这里就是指心灵在几何学中的推理活动或推理方式,如抽象、分析和演绎等,他也把它叫作"几何学精神"(l'esprit de géométrie),即逻辑思维和推理的活动。几何学构筑了一个公理体系,对其使用的概念、术语都作出了定义,并且从一些自明的公理出发演绎出全部命题,只要这些公理是确凿无误的,那么逻辑地推演出全部命题也必然是真实的。帕斯卡尔是充分地肯定了几何学的作用,并且在他的科学研究中也广泛地运用了几何学的证明和推演的方法。因而在这一方面看来,有人把他算作是一个笛卡尔主义者或理性主义者。

然而,帕斯卡尔认为几何学的方法是有限的,过分抬高理性或理智的作用是一种理性的独断。在许多问题上"笛卡尔既无用而又不可靠"①。帕斯卡尔是要充分地肯定几何学方法的作用,但不像笛卡尔那样无限抬高;注意科学的价值,但不像笛卡尔那样是一个"对科学穿凿过分的人"②。对于理性也应该看到它的局限性,理性自信能够发现坚固不移的东西、自信能掌握真理,但只有在我们从其效果考察一番它的认识能力之后才能作出判断,这如同康德要批判地考察人的认识能力,以防止理性的独断。在批判地考察了理性或几何学的方法之后,帕斯卡尔指出了它们的如下缺陷:

第一,理性和几何学的方法不能定义原始概念、不能证明第一原则。如前所述,几何学方法是要建立一个公理体系,对它所用的全部概念、名词进行定义,并从已经确立的真理中演绎出全部其他命题。但是,对原始概念的定义是以解释它们的意义的概念为前提的,而其他概念的意义的解释又以其他概念为前提,几何学是无法证明空间、时间、运动、数量等原始概念的。基础命题的证明是以其他命题为前提的,而其他命题的证明

---

① 帕斯卡尔:《思想录》,何兆武译,北京:商务印书馆1986年版,第39页。

② 同上。

又依赖于其他命题,因而几何学无法证明最基本的命题。这种无能为力只是人类理性或理智的脆弱性或局限性,而不证明我们全部知识的不可靠,否认理性的至上性并不等于怀疑主义,否认理性全能并不等于否认真理。原始概念或基本命题虽然不能被理智或理性所证明,然而它们却是十分可靠的知识,只是它的可靠性另有基础和保障,那就是人心或内心,它是人的一种直觉认识或本能,原始概念和基本命题是靠内心直接感觉到。内心是真理或知识可靠性的另一种保障或根本的保障,是理智、理性的基础。

帕斯卡尔在这里要说明数学的确实性是不能仅凭理性来保障的。17世纪的科学把数学奉为最为完善的科学,当笛卡尔将几何学的方法作为发现真理的最理想方法而无限抬高的时候,帕斯卡尔则对数学的基础和几何学方法的确实性进行更深入一层的思考,看到了理性和几何学方法的局限性,看到了数学知识、真理除了需要理性之外还需要人心、内心的直觉或本能,既坚持了真理,又否定了独断和怀疑主义,在这一点上可以说帕斯卡尔比笛卡尔更为正确。

第二,理性和几何学的方法不能建立人的科学。如果说理性和几何学的推理在认识真理方面并非全能的话,那么在关于人的问题上,理性和几何学的方法更加无能为力,它们不适合于对人的认识。对于人的生存状况、前途和命运、痛苦和幸福、伟大和渺小是不能进行推理和演绎的。如果说几何学的推理方法是适合于自然科学的话,那么对于人来说它完全无用,甚至人的职业特征都分不清楚。理性思维不能完全解决人类生存的状况问题,我们不能将人类自身的状况完全归结为数学公式和几何学的推论。帕斯卡尔说:

> 我曾长时期从事抽象科学的研究,而在这方面所能联系的人数之少使我失望。当我开始研究人的时候,我就看出这些抽象科学是不适宜于人的,并且我对它们的钻研比起别人对它们的无知来,更会

把我引入歧途。我原谅别人对于这些所知甚少。然而我相信至少可以找到不少同志是研究人的,这是真正适宜于人的研究工作。可是我弄错了;研究人的人比研究几何学的人还要少。正是由于不懂得研究人,所以人们才去探讨别的东西。①

然而,对于人来说,关心自身是多么重要啊!

对于人,没有什么比他自己的状态更为重要的了。没有什么比永恒更能使它惊人动魄的了;因而,如若有人对丧失自己的生存、对沦于永恒悲惨的危险竟漠不关心,那就根本不是自然的了。②

人总是要关心和解决人生的问题,人的问题,人的存在及其意义、人的幸福与可悲、人的目的和出路的问题。人对于自身状况的关心胜于追求关于外物的真理。"有关外物的科学不会在我痛苦的时候安慰我在道德方面的愚昧无知的;然而有关德行的科学却永远可以安慰我对外界科学的愚昧无知。"③因此,从这个角度来说,科学是虚妄的,笛卡尔对于科学的作用是穿凿过份的。帕斯卡尔认为,人类的理性不能管理人的行为,人类的行为是由习惯和偏见所规范的。人类社会的一切社会制度都是由习俗所造成的,不能用理性来解释。

第三,理性和几何学方法在形而上学和宗教领域也是无效的。笛卡尔企图在形而上学的沉思中用理性来证明上帝存在,认为只有用理性对上帝的存在进行了证明之后,才能使更多的人去信仰上帝,已往之所以有那么多人不信仰上帝,是因为未能用理性很好地去证明它,虽然笛卡尔对上帝的证明不能使神学家满意,但理性神学是笛卡尔形而上学中的一个

---

① 帕斯卡尔:《思想录》,何兆武译,北京:商务印书馆 1986 年版,第 73—74 页。
② 同上书,第 94 页。
③ 同上书,第 26 页。

鲜明倾向。

而帕斯卡尔认为,理性的活动与宗教无任何关系,理性不能证明上帝的存在和性质。只有同类的才相知,人是有限的和广延的,因而他只能认识有限的或有广延的东西,宇宙虽然是无限,它的本性是有限的人所不能认识的,但由于它是有广延的,我们还是能够认识它的存在,而上帝既是无限的又是没有广延的,作为有限的和有广延的我们,是完全不能认识他的。理性对于认识或证明上帝完全是无能为力。

在帕斯卡尔看来,基督教的真理是不能由几何学的方法、先验的演绎推理来证明的。

> 信仰乃是上帝的一种恩赐;千万不要相信我们说的:它是推理的一种恩赐。其它宗教关于他们的信仰并不这样提;他们只是进行推理以期达到这一点,然而推理却没有引他们达到这一点。①

帕斯卡尔反对用先验的演绎推理对上帝作理性形而上学的论证,但他并不一般地反对宗教作论证,他自己就是要为基督教辩护而作论证的,只是他的论证不是求助于理性,不是借助于演绎推理,而是求助于经验事实和历史事实,求助于奇迹、预言书等。

帕斯卡尔的理性是一种狭义的理性,即指理智活动、知性活动,即在几何学中的抽象、分析和演绎活动,而不是指广义的理性,即与那种神秘的启示相对立的人的全部认识能力或理性能力而言的,因为从广义上来讲,理性包括知、情、意三个方面,帕斯卡尔和其他欧洲近代哲学家一样,都是崇尚理性、反对权威的。但是,帕斯卡尔批判的这种狭义的理性又与康德的理性概念不同,因为康德的理性是与理智、知性不同的一种认识,而帕斯卡尔的理性和理智、知性是一回事。因此,更准确地说,帕斯卡尔

---

① 帕斯卡尔:《思想录》,何兆武译,北京:商务印书馆 1986 年版,第 130 页。

是一个非理智主义者,这比说他是一个非理性主义者更少歧义。

帕斯卡尔对于理性的分析和批判就是要向我们表明,理性和几何学的方法并不是我们认识真理的唯一手段,除此之外,我们还有其他把握真理的手段;并且数学和科学的真理对于人来说并不是最重要的,人除了求真之外,更重要的是还要求善、求美。不要对理性作过分地使用,认为理性万能、理性至上是理性主义的一种偏见和傲慢。"最符合理智的,莫过于这种对理智的否认。"①在 17 世纪这个理性主义的时代,有这种敏锐和气魄是十分难得的。

2. 人心或敏感性精神

除了以理性为基础的几何学精神而外,帕斯卡尔更为突出地强调以人心或内心为基础的敏感性精神。

"l'esprit de finesse",即敏感性精神、微妙的精神、精确性的精神,也有人就其本质含义直接译为直觉的精神。与几何学精神相比,它有如下特点:

其一,它和日常生活有着密切的联系,是人们的一种良好洞见力。几何学精神是一种纯粹抽象的推论,虽然原则是显而易见的,但脱离日常生活。"但是敏感性精神,其原则就在日常的应用之中,并且就在人人眼前。人们只需要开动脑筋,而并不需要勉强用力;问题只在于有良好的洞见力。"②但敏感性精神和几何学精神并不是相互排斥的,而是可以兼容和互补的。

其二,它是敏锐的感受而不是证明。敏感性精神是在敏感性的事物方面的精神,敏感性的事物的原则需要亲身感受。

其三,它是直觉而不是推论。敏感性精神是一种直觉、一种直接的与整体性的把握,是一种特殊的、自然的推理,但是这种直觉并不是每一个

---

① 帕斯卡尔:《思想录》,何兆武译,北京:商务印书馆 1986 年版,第 128 页。
② 同上书,第 3 页。

人都能具有的,只有少数人才能达到这一点。

按照帕斯卡尔的规定,

因而便有两种精神:一种能够敏锐地、深刻地钻研种种原则的结论,这就是精确性的精神;另一种则能够理解大量的原则而从不混淆,这就是几何学精神。一种是精神的力量与正确性,另一种则是精神的广博。①

这两种精神是可以分离存在的,"精神可以是强劲而又狭隘的,也可以是广博而又脆弱的"②。因而也就造就了两种人,即具有敏感性精神的人和具有几何学精神的人。

习惯于依据感觉进行判断的人,对于推理的东西毫不理解,因为他们想一眼就钻透而不习惯于探索种种原则。反之,那些习惯于依据原则进行推论的人则对于感觉的东西毫不理解,他们在那里面探索原则,却不能一眼看出。③

敏感性精神,就其认识论基础而言它就是人心或内心。对内心(le coeur)帕斯卡尔有多种规定,但都是把它和理性、理智对比来讲的。时而帕斯卡尔把内心等同于感情;理智晦涩且行动迟缓,感情是明快且行动迅速的,是出自内心的。时而帕斯卡尔把内心等同于意志,意志虽然不直接认识对象,但它决定着理智认识的方面和选择的范围,理智只能在意志给它规定的范围内形成认识和判断。同时,人们在日常生活中不是根据理智而行动的,而是由意志的驱使而行动的。时而帕斯卡尔把内心等同于

---

① 帕斯卡尔:《思想录》,何兆武译,北京:商务印书馆 1986 年版,第5—6页。
② 同上书,第6页。
③ 同上书,第6页。

本能;他说:"本能与理智,两种天性的标志"①。这里把本能与内心完全等同起来,"本能、理性——我们对于作证是无能为力的,这是一切教条主义所无法克服的。我们对于真理又具有一种观念,这是一切怀疑主义所无法克服的"②。本能在这里也是和内心完全相等同的,上面的意思是说,我们既要承认理性,也要承认内心、人心,这是不可分的两个方面,要认识真理,二者都需要,我们承认内心或本能的作用就可以克服理性的独断论、教条主义,承认理性的作用就会克服怀疑主义。帕斯卡尔还说:"内心、本能、原理"。这里的意思是,内心就是本能,能够认识第一原理,这样本能和直觉又是一个意思了。

帕斯卡尔对于内心的规定最主要的意义是直觉,即对于真理的一种直接把握、直接知觉,直观,是认识真理的一种手段或工具。这就是说认识真理不仅需要理智,而且还需要内心。内心能够比理性更深刻地洞见实在的本质,能够确定几何学中的原始概念和第一原则,这是几何学自身所无法解决的问题,对于第一原理的直觉可以说是内心的主要作用。

那么,内心还有另外一个作用,就是对于上帝的感受或对于上帝的爱。"感受到上帝的乃是人心,而非理智。而这就是信仰:上帝是人心可感受的,而非理智可感受的。"③理智的特长是推理,而推理并不能导致信仰,它只能是一种理智的认识,而人心则是对于上帝的爱,"人心天然地要爱普遍的存在者,并且随着它之献身于此而天然地要爱它自己"④。人心、内心能感受上帝、爱上帝,而理智的推理和认识则不能,"认识上帝距离爱上帝又是何其遥远"⑤。由此可见,人心、内心对于基督教的辩护、对

①　帕斯卡尔:《思想录》,何兆武译,北京:商务印书馆1986年版,第157页。
②　同上书,第175页。
③　同上书,第130页。
④　同上。
⑤　同上。

于宗教形而上学的建立有着十分重要的作用,有了内心的作用才有信仰。

帕斯卡尔十分强调敏感性精神和内心、人心的作用,特别是它对真理的直觉和对上帝的爱,实际上,他把它们看得比几何学精神和理智、理性更为重要。但是,帕斯卡尔强调,他的方法是二者的结合统一,既要讲几何学精神,又要讲敏感性精神,既要讲理智、理性,又要讲内心、人心。他突出强调内心、人心的重要性,但并不等于要用它来替代理智或理性,而是用它来补充后者,可为其作基础和支撑。理智和内心各有所司、各有所长,不要扬此抑彼,不要将此之长比彼之短。"理智若向内心要求其最初原理的证明才肯加以承认,那就犹如内心要求理智先感觉到其所证明的全部命题才肯加以接受是同样地徒劳无益而又荒唐可笑的。"①理智重要,然而"人心有其理智,那是理智所根本不认识的"②。如果方法在于顺序,理智"有其顺序,那要靠原理和证明,而内心的则是另一种"③。因此,绝不能用理智来否定或替代内心。相反,如果认为"只凭本能的感情便可以认识一切事物",而永远不需要理智,那也是不可能的,内心的知识是极少数的,"而其余的一切便都只能凭推理获得"④。帕斯卡尔方法的精神,就在于把握理智和内心、几何学精神和敏感性精神的统一而不是走极端,这也是帕斯卡尔自认为比笛卡尔理性主义和怀疑论者高明之处。

3.人的不幸与伟大

与笛卡尔相比,帕斯卡尔更注重人的科学。他认为,"人必须认识自己:如果这不能有助于发现真理,至少这将有助于规范自己的生活,没有别的比这更为正确的了"⑤。然而,不用说笛卡尔的理性主义未能建立起

---

① 帕斯卡尔:《思想录》,何兆武译,北京:商务印书馆 1986 年版,第 131 页。
② 同上书,第 130 页。
③ 同上书,132 页。
④ 同上。
⑤ 同上书,第 26 页。

人的科学来,实际上自古以来一直未能建立起真正人的科学。帕斯卡尔
最敬重两位哲学家,一位是斯多亚学派(Stoïcisme)的爱比克泰德,一位是
法国的人文主义者蒙田,他们都研究了人,但是他们各自都只是说出了一
部分真理,并且他们二人的观点是直接相矛盾的。

帕斯卡尔和皇港修道院院长沙西神父谈话时讲到,爱比克泰德看到
了人的天职,人信仰上帝并能公平地管理一切,但是他不承认人的无能,
他假定人有很强的力量,夸大人的自由和权力,没有看到人的孤独无援,
不能对上帝履行其义务,人的自由和权力实际上和上帝相关联,没有看到
人是罪恶的奴隶,人是腐败与愁苦的。所以,爱比克泰德的学说虽有可取
之处,但失之于自满,容易形成一种"恶魔式骄傲"的学说。

蒙田使人们清楚地看到了人自身的弱点,认识到人类本性的无力,人
无法建立起信仰。人类的理性虽然可以凭着真理、呼唤原则,但人因想象
的诱惑、风俗习惯的统治以及可笑的自欺,仍不免要坠入错误之中,理性
为自己的武器所战败。

帕斯卡尔认为,爱比克泰德和蒙田,一个人采取信任态度,另一个人
采取怀疑态度;一个人认为人是伟大的,另一个人认为人是软弱的。是不
是将他们二者结合起来就可以构成一个完整的道德科学呢?不能。因为
他们两个人的错误与真理都是相互冲突的,不能并存的,这种二律背反只
能从一个最高的层次上来加以解决。帕斯卡尔就是把对人的研究、解决
这种二律背反来作为自己的使命。

(1)人是什么?

人是最难理解的东西。人是自然界中最奇妙的对象,他由两种相反
并且品类不同的本性即灵魂与身体所构成。

> 然而正是这种东西,我们却最不理解。人对于自己,就是自然界
> 中最奇妙的对象;因为他不能思议什么是肉体,更不能思议什么是精
> 神,而最为不能思议的则莫过于一个肉体居然能和一个精神结合在

一起。这就是他那困难的极峰,然而这就正是他自身的生存。①

人是一个矛盾体,还归根到底是肉体和灵魂、精神的矛盾,而正是这个矛盾最为难解。人自身中肉体和灵魂的矛盾是笛卡尔哲学中的矛盾,帕斯卡尔同样把这个矛盾作为研究人的难题。

就人在自然中的位置而言,或说就人的存在而言,它是无限大与无限小的中间物,是无穷和虚无的中项。如前所述,帕斯卡尔认为,自然在大的方面大得无限,在小的方面也小得无限,自然有着双重的无限性,大的无限帕斯卡尔把它叫作虚无,"对于虚无而言就是全体,是无和全之间的一个中项"②。人处在两极之中,距两个极端都是无穷之远。和无限大一极相比,他是有限的存在物,是小到近乎虚无的存在物;和无限小相比,他又是一个全体。人就是这样一个中间物、比例中项,既是某种东西,但又不是一切。

就人的认识而言,或说就人的知识界限而言,它是与人存在的界限相一致的,"我们的理解在可理解的事物的秩序里,只占有我们的身体在自然的领域里所占有的同样地位"③,思维的范围和存在的范围是一致的。"我们在各方面都是有限的,因而在我们能力的各方面都表现出这种在两个极端之间处于中道的状态。"④人既不能认识无限大,也不能认识无限小,

> 他距离理解这两个极端都是无穷之远,事物的归宿以及它们的起源对他来说,都是无可逾越地隐藏在一个无从渗透的神秘里面;他所由之而出的那种虚无以及他所被吞没于其中的那种无限,这二者

---

① 帕斯卡尔:《思想录》,何兆武译,北京:商务印书馆 1986 年版,第 35—36 页。
② 同上书,第 30 页。
③ 同上书,第 32 页。
④ 同上。

都同等地是无法窥测的。①

对于无限大与无限小即无穷与虚无，认识这两者需要有无穷的能力，但我们不具备这种能力，只有上帝才能认识它们。而人存在于两个极端之中，人的认识也处于两个极端之中，人既不可能确切有知，也不可能绝对无知，人知道的东西不多，但总是知道一些东西，犹如在辽阔无垠的海洋中不定地漂流着的一叶扁舟，从一头被撞到另一头，永远找不到一个固定的点，追求不到确实性和固定性。这就是人的局限性，存在的局限性和认识的局限性。

（2）人是一个充满着错误的主体。

就人的认识能力而言，"人不外是一个充满着错误的主体，假如没有神恩，这些错误就是自然而然的而又无法免除的。没有任何东西可以向他显示真理。一切都在欺弄他"②。人的认识能力是有限的，出现各种错误是必然难免的，而这些错误产生的原因主要在于主体自身，人就是一个充满错误的主体。

主体自身中造成错误的原因也多种多样。其一，错误由感官和理智二者本身的不真实和相互欺骗而产生。"真理的这两个根源，即理智和感官，除了两者都缺乏真诚性而外，并且还彼此相互欺弄。"③一方面，感官和理智都未能真实地反映实在；另一方面，它们还相互欺骗，感官以虚假的表象来欺弄理智，理智又对感官进行报复，灵魂的热情又搅乱了感官，给感官造成了虚假的印象，因而必然产生错误。其二，错误产生于想象力。"想象——它是人生最有欺骗性的那部分，是谬误与虚妄的主人"④，它的欺骗性在于它并不总是在欺骗人，这就更使人难以把握，越发

---

① 帕斯卡尔：《思想录》，何兆武译，北京：商务印书馆1986年版，第30页。
② 同上书，第46页。
③ 同上。
④ 同上书，第41页。

欺骗人,如果它总在骗人的话,我们倒还可以有一个判断真理和谎言的标准。想象,"这位理性的敌人,是喜欢驾驭理性并统治理性的"①,因为想象的力量大于理智的力量,

> 世界上最伟大的哲学家,假如是站在一块刚好稍微大于所必需的板子上面而下面就是悬崖;那么不管他的理智怎么样在向他肯定他的安全,但他的想象必然占上风。大多数人绝不会接受这种想法而不面色苍白、汗出如浆的。②

想象统治了理性,就把我们引入必然的错误。其三,幼年的错误印象、学校中的错误教育以及新奇事物的魅力,也是造成错误的原因。其四,有种种疾病可以损坏我们判断的感官。其五,我们自身的利益会影响我们对事情的判断。就是世界上最公正的人,也不可以担任他自己案件的审判官。其六,幻想使我们产生错误。其七,习惯也是产生错误的原因。习惯似乎是人的第二天性,然而依据习惯的或然推论是不能推知必然性的。其八,习俗也会影响人们的判断和选择。其九,"偏见导致错误。"③其十,意志影响着理智的指向和认识范围,对于意志所不喜爱的方面就不能形成认识,因而形成的认识和判断都是片面的。

由上观之,人的认识能力是有限的,我们对世界的认识是有限的,绝对真理是无从达到的,我们的认识是充满着错误的,犯错误是人天性中的弱点和无能。

(3)人的可悲和不幸——无聊与消遣。

就人在社会中的存在境况而言,人是可悲的和不幸的。

人的可悲和不幸首先就在于人的空虚和无聊。无聊是一切痛苦中最

---

① 帕斯卡尔:《思想录》,何兆武译,北京:商务印书馆 1986 年版,第 41 页。
② 同上书,第 42 页。
③ 同上书,第 51 页。

大的痛苦，

> 对于一个人最不堪忍受的事莫过于处于完全的安息，没有激情，无所事事，没有消遣，也无所用心。这时候，他就会感到自己的虚无、自己的沦落、自己的无力、自己的依赖、自己的无能、自己的空洞。从他的灵魂的深处马上就会出现无聊、阴沉、悲哀、忧伤、烦恼、绝望。①

当人没有生活的目标、没有追求的对象、没有东西来排遣自己时，人就会感到空虚和无聊。

然而，"我们的本性就在于运动，完全的安息就是死亡"②。人总得不断地运动，不断地去追求，不断地去斗争。所得的目标和斗争的对象都是其次的，重要的是我们不能停止追求、不能停止运动和斗争，因为那样又会重新使我们陷入空虚和无聊之中。因此我们追求的不是那个被追求的对象，而是追求对事物的追求。"最使我们高兴的莫过于斗争，而非胜利。"③我们在争论中爱看意见交锋，但是一点也不肯去思索被发现的真理；"在感情方面，也要看到对立两方的冲突才有趣；……我们追求的从来都不是事物本身，而是对事物的探索"④。人生可谓目的是没有的，运动就是一切。

因而，人天然地需要消遣，来排遣自己的无聊。人的不幸就在于不懂得安安静静地待在家里，总要去忙忙碌碌，去追求纷乱和哄闹。一个有足够财富、本可以待在家里快快乐乐地过日子的人，却要去远涉重洋、攻城伐地，因为他觉得一步不出门是难以忍受的。国王占有了世界上一切最美好的东西，应有尽有，可以有一切东西来满足。然而如果他没有消遣，

---

① 帕斯卡尔：《思想录》，何兆武译，北京：商务印书馆 1986 年版，第 63 页。
② 同上。
③ 同上书，第 64 页。
④ 同上。

与他人或其他事物隔绝,没有任何感官上的满足,没有精神上的操心,没有伴侣,成天陷于对自身状况的思索之中,他就会成为一个愁苦人,比他最卑微的国民更加不幸,因为国民会寻欢作乐来排遣自己的无聊。

假设有一个天天赌博并且都赢一点钱的人,你每天早晨给一笔当天他可能赢到的钱,而让他不要去赌博,他会觉得不幸的,因为他追求的是赌博的乐趣并非赢钱。如同一位猎手,你每天给他送一只兔子而要他不去狩猎,他也会不幸的,因为他喜爱的不是猎获品而是打猎。人们所追求的不是那种平静的享受,而是那种忙乱,忙乱转移了我们的思想,并使我们开心。人们喜爱热闹和纷扰,而把监狱中的无聊看成是一种可怕的惩罚。

所以,人只有在各种奔波和劳累中才是幸福的,因为这些劳累是一种消遣,它可以掩盖和排遣人的空虚和无聊。

> 我们使人从小就操心着自己的荣誉、自己的财富、自己的朋友,甚而至于自己朋友的财富和荣誉。我们把业务、学习语言和锻炼都压在他们身上;……我们就这样给他们加以种种担负和事务,使得他们从天一亮起就苦恼不堪——你也许说,这就是一种奇异的方式,可以使他们幸福。①

而这种幸福又正是人的不幸,成天地处于这种忙碌奔波之中正是人的苦难。所以,在人身上构成了一种奇异的矛盾,一方面,我们人的原始天性的秘密本能使我们意识到,幸福实际上只在于安宁,而不在于乱哄哄;而我们的另一种秘密本能又驱使我们去追求消遣和身外的活动,去追求乱哄哄和某种刺激,并且人们力图通过刺激去得到安宁。"整个人生就这样地流逝。我们向某些阻碍作斗争而追求安宁;但假如我们战胜了

---

① 帕斯卡尔:《思想录》,何兆武译,北京:商务印书馆1986年版,第73页。

阻碍的话,安宁就会又变得不可忍受了。"①矛盾的解决同时又是矛盾的产生,矛盾永远处于这种生生不灭的过程之中,而这就是人生。

在一定意义上讲,幸福和不幸是相互转化的,而这种转化的契机或条件是消遣。不幸的人有了消遣就会幸福,而幸福的人只要陷入无聊就会不幸。消遣是克服无聊的法宝,是获取幸福的良方。

然而,消遣并不能治疗苦难,而只是把苦难短时间地隐蔽起来,是一种十分可悲的安慰,是一种心灵的自我麻醉,让心灵被身外的事物和乱忙所占有,而不去对自身苦难状况进行思索,因而也不可能找到真正摆脱苦难的道路。因而在这里似乎又是一种奇特的矛盾、一种对立的统一:一直被视为人生最大福祉的消遣,事实上却是人的最大苦难,因为它比其他一切事物更使人脱离谋求对自己苦难的补救之道;而本来使人最难受的无聊,在某种意义来讲又是人的最大福祉,因为它比其他一切事物更有助于人找到对苦难的真正治疗方法。所以说,

> 唯一能安慰我们之可悲的东西就是消遣,可是它也是我们可悲之中的最大的可悲。因为正是它才极大地妨碍了我们想到自己,并使我们不知不觉地消灭自己。若是没有它,我们就会陷入无聊,而这种无聊就会推动我们去寻找一种更牢靠的解脱办法了。②

这就是人生的辩证法。不过,无聊、可悲和不幸,这种起源于人类本性的问题是人自己所不能解决的,治疗人类苦难的真正办法只能是去倾听上帝的声音。

帕斯卡尔批评了单纯的理性主义不关心人的状况,而他自己却要根据人类的本能对人类自身状况进行直觉,更加关心人、研究人,这无疑是

---

① 帕斯卡尔:《思想录》,何兆武译,北京:商务印书馆1986年版,第69页。
② 同上书,第82页。

一种进步,然而他认为人是孤独和不幸的,人总是悲惨和充满苦难的,人的一切活动都不过是力图克服这种苦难和不幸,而这些活动本身又是最大的苦难和不幸。人生的境况就如同希腊神话中的西西弗斯(Sisyphus),一次又一次地将巨石从山脚推到山顶,而当目的刚刚达到,巨石又重新滚下山谷,他又不得不重新将巨石向山顶推去,永无休止的无效劳动,永生永世的磨难和惩罚。帕斯卡尔陷入了一种悲观主义之中,最终不得不祈求于宗教。

(4)人的伟大就在于思想。

人有他可悲的一面、不幸的一面、苦难的一面,然而他还有其伟大的一面、尊严的一面、优异的一面。人的全部伟大、尊严和优异就在于人有思想。

人是灵魂和肉体的复合体,然而形成人的伟大的是思想而不是肉体。我们可以设想一个人没有手、没有脚,甚至没有头,却不能设想人没有思想,因为没有思想就成一块顽石或一头畜生。就人的肉体而言,他是自然界中最脆弱的东西,最容易毁灭的东西,一口气、一滴水就可以置他于死地,他是自然中一株柔弱的苇草;然而人又是一株能思想的苇草,他的全部尊严就在于思想,"纵使宇宙毁灭了他,人却仍然要比致他于死命的东西更高贵得多;因为他知道自己要死亡,以及宇宙对他所具有的优势,而宇宙对此却一无所知"①。宇宙和人的肉体的特性是空间或广延性,而人的灵魂的特性是思想,后者是人的尊严和优异于宇宙的地方,我们应该追求自己的尊严,即求之于思想,而不求之于空间,就空间而言,宇宙囊括了我,吞没了我,由于思想,人却可以囊括宇宙。

不过,帕斯卡尔的"思想"并非只是指知性思维或理性思维,还包括情、意,是知、情、意的统一,是理智和人心的统一。并且,重点是从道德和伦理的角度来理解人的思想,强调思想中情感、意志、本能直觉等非理性

---

① 帕斯卡尔:《思想录》,何兆武译,北京:商务印书馆1986年版,第158页。

的因素,把人类思想的实践的和道德的方面放在首位。

帕斯卡尔颂扬了人类的自我意识。人的思想不仅能够认识宇宙和自然,而且还能认识人自己,理解自己,感知自己的生存状况、自己的可悲。感觉到可悲,就是自我意识的一种表现,是人伟大的一种标志。自然物如一棵树、一栋被毁坏的房子,它们不能认识自己,所以它们也不会可悲。因此,人的伟大还在于能够认识自己的可悲。"人的伟大之所以伟大,就在于他认识自己可悲","认识[自己]可悲乃是可悲的;然而认识我们之所以为可悲,却是伟大的"。① 人的可悲就证明了人的伟大。

因此,人的可悲是一种伟大的可悲、崇高的可悲,有着尊严的可悲,是从一种为他自己一度所固有的更美好的天性里面堕落下来的可悲。人的不幸是一个被废黜的国王的不幸,因为他曾有过伟大与辉煌,只是沦落到了这步田地,一个平民绝不会因自己不是国王而感到不幸。腐化了的人性是从上帝那里堕落下来的。所以人一半是天使,一半是禽兽。

人是一个奇特的矛盾主体,人的这种矛盾性表现在:人希望真理、追求真理,找到的却只是不确定性,感到了真理的影子,而掌握的只是谎言,人有认识真理的能力,却没有获得真理。人渴求幸福,找到的却只是可悲与死亡,幸福只是一种愿望,而永远不能现实地得到,这种愿望成为对人的一种惩罚。

那么应该怎样去看待人,怎样去看待人性呢? 前面曾提到过帕斯卡尔批判的对人性的两种看法,

> 有人把天性看成是完美无瑕的,另有人则看成是无可救药的,于是他们就无法逃避一切邪恶的这两大根源:即,不是骄傲,便是怠惰。……因为如果他们认识人的优异性,他们就忽视人的腐化,从而他们虽然很能避免怠惰,却陷于高傲;而如果他们承认天性的不坚

---

① 帕斯卡尔:《思想录》,何兆武译,北京:商务印书馆 1986 年版,第 175 页。

定,他们就会忽视天性的尊严,从而他们虽然很能避免虚荣,但这又坠入绝望之中。①

那么帕斯卡尔本人的方法是取其中道,把握中道才是最正确的作法,"脱离了中道就是脱离了人道"②。这种中道的做法就是,既要看到人的伟大又要看到人的卑鄙。"绝不可让人相信自己等于禽兽,也不可等于天使,也不可让他对这两者都忽视;而是应该让他同时知道这两者。"③仅看到人和禽兽相等同而看不到人的伟大是危险的,仅看到人伟大而看不到他的卑鄙也是危险的,而同时忽视了这两者就更加危险了,只有同时知道这两者才是正确的。因此,我们既不要肆意地赞美人,也不要肆意地谴责人,"如果他抬高自己,我就贬低他;如果他贬低自己,我就抬高他;并且永远和他对立,直到他理解自己是一个不可理解的怪物为止"④。帕斯卡尔在指导人们正确地认识了人性之后,要人热爱自己身上美好的天性,尊重人自己的价值,同时也要人恨自己,鄙视自己身上的卑贱。

帕斯卡尔对人的评价是一位伟大的人文主义者的评价,在揭露人性弱点的同时,更多的是对人的颂扬。然而这并不是帕斯卡尔人学的全部,如果仅停留在这一步,他的观点仍不过是爱比克泰德和蒙台涅观点的综合,而帕斯卡尔要从人学走向神学,将哲学和宗教结合起来,认为要真正认识人,只有信仰基督,倾听上帝的声音。

4. 为基督教辩护

人的问题是把哲学和宗教联系起来的桥梁,对人之境况的深沉的哲

---

① 帕斯卡尔:《思想录》,何兆武译,北京:商务印书馆 1986 年版,第 198—199 页。
② 同上书,169 页。
③ 同上书,第 181 页。
④ 同上书,第 182 页。

学思考使人们走向宗教信仰。如果人不能解决起源于他的本性的问题，那就请听上帝的声音，那么上帝的声音在哪儿呢？不在异教之中，因为它们缺乏权威性和证据，也不在犹太教之中，虽然犹太教说明亚当和夏娃的堕落所遭受的苦难，然而它没有提供人类苦难的治疗方法。只有基督教才能提供这种治疗方法，基督是人和上帝的中介，在他身上我们可以看到上帝的伟大和我们悲惨。

（1）只有认识了基督才能真正认识人。

帕斯卡尔不是一般地为宗教辩护，他反对自然宗教，反对异教，而只是为基督教辩护。他认为一种宗教要成为真正的宗教，它就必须认识人性，应该认识人的伟大与渺小，以及这两者的原因。"真正的宗教必须教导人的伟大、可悲，必须引人尊敬自己与鄙视自己，引人爱自己并恨自己。"①而只有基督教才能做到这一点。也就是说，唯有基督教解决了对人的认识问题，它可以避免上述对人性的两种错误看法，它使人既不会陷入于高傲之中，也不会坠入于绝望之中，基督教既能教诲人类，而又能矫正人类。人类罪恶的两大根源即骄傲与怠惰，上帝便以他的两种品性即仁慈和正义来矫治。基督教能帮助人更深刻地认识自身，我们所发现人类的伟大与卑贱也就愈多，而哲学家对人认识的深刻程度使普通人惊异，而基督徒对人认识的深刻程度则使哲学家惊异。

只有认识了基督才能真正地认识人，基督是上帝的伟大与人的可悲的中道，在基督身上可以看到人的伟大与可悲。

> 认识上帝而不认识自己的可悲，便形成骄傲。认识自己的可悲而不认识上帝，便形成绝望。认识耶稣基督则形成中道，因为我们在其中会发现既有上帝又有我们的可悲。②

① 帕斯卡尔：《思想录》，何兆武译，北京：商务印书馆 1986 年版，第 222 页。
② 同上书，第 234 页。

耶稣基督道成肉身,既是神又是人,他既是伟大上帝的化身,又蒙受着苦难和可悲,并且耶稣基督又是人类苦难的拯救者。因此,一方面我们仅仅由于耶稣基督才认识上帝。没有这位中间者,也就取消了人与上帝的一切相通;由于耶稣基督,我们就认识了上帝,那些想不通过耶稣基督就证明上帝的观点和学说是错误的。另一方面,我们也只能由于耶稣基督才认识到自己生和死。离开了耶稣基督,我们不知道什么是生和什么是死,进而言之,我们不知道什么是上帝,什么是自己。

(2)赌一赌上帝是否存在。

在上帝观方面,帕斯卡尔和笛卡尔也是针锋相对的。

帕斯卡尔不是从科学的角度、从自然的角度来了解上帝,而是从人学的角度、从人的幸福的角度来了解上帝。人为了幸福他需要上帝,人不能在自身之中,而应当到上帝中,去寻求他可悲的补救之道。消遣不能给人以幸福,它只能使我们自我麻醉、自我忘却,它不仅不能治疗和补救人的可悲,反而正是人最大的可悲,信仰上帝才是治疗苦难而得到幸福的补救之道。"幸福既不在我们的身外,也不在我们的身内;它在上帝之中,既在我们身外,又在我们身内。"①因此,为了使人幸福,宗教必须向人揭示出:上帝是存在的,我们有爱上帝的义务,我们真正的福祉存在于上帝之中,我们唯一的罪过就是脱离上帝。所以,帕斯卡尔说他不能原谅笛卡尔,因为笛卡尔想在哲学中撇开上帝,上帝只是轻碰一下使世界运动起来,除此之外,他就再也用不着上帝。帕斯卡尔认为这不可饶恕。

帕斯卡尔还反对笛卡尔运用理性方法来证明上帝的存在。认为"上帝存在或者不在"这个问题是不能靠理性的必然推理来证明的,根据理智,你既不能得出其一,也不能得出另一,你不能辩护上帝存在,也不能辩护上帝不存在。

那么,我们能不能根据非理性的方法、运用或然的推理来解决这个问

---

① 帕斯卡尔:《思想录》,何兆武译,北京:商务印书馆1986年版,第211页。

题呢？我们能不能像在赌博中一样,运用一下概率论的方法来解决这个问题呢？帕斯卡尔和费尔玛、惠更斯等人最早从对赌徒赌博的研究中建立了概率论,而在这里,帕斯卡尔企图引用概率论来解决上帝是否存在这个传统的形而上学的问题。他认为,决定"上帝存在,或者不存在",这不是一个理性的证明问题,而实际上进行的是一场赌博。

让我们来赌一赌上帝是否存在吧！这个问题与每一个人的生命和幸福都密切相关,因此每一个人就不得不赌,不得不作出选择。那么在赌博中自然是两利相权取其大,两害相权取其轻。摆在我面前的有两样东西可以输:即真与善;有两样东西需要躲避:错误与悲惨。

让我们权衡一下赌上帝存在这一方面的得失吧。我们估价这两种情况:假如你赢了,你就赢得了一切;假如你输了,你却一无所失。因此,你就不必迟疑去赌上帝存在吧![①]

这样的好事,我们何乐而不为呢？在赌博中往往会赢得比赌注大两倍、三倍甚至更多的好处。如果我们以一生来赌而可赢得两次生命的话,我就应该打这个赌,如果我能够赢得三次生命的话那就非赌不可了,这样一本三利的事情非干不可。所以我们应该把宝押在上帝存在上,因为这里有着无限的幸福和无限的生命可以获得。

一般说来,输和赢的机会是相等的,即胜负的概率是一比一,我们并不一定会赌赢,我们一定得冒险,我们也可能会输,然而,我所下的赌注是有限的,哪怕我们以自己的全部生命作赌注,这都是有限和渺小的;而我们所将赢得的将是无限的,无限的生命和无限的幸福。哪怕在无限的机会中我们只赢一次,我们得到的利益将是无穷的。我们是以有限去赌无限,"因此,在一场得失机遇相等的博弈中,当所赌是有限而所赢是无限

---

① 帕斯卡尔:《思想录》,何兆武译,北京:商务印书馆1986年版,第110页。

的时候,我们的命题便有无限的力量。这一点是可证的;而且假如人类可能达到任何真理的话,这便是真理"①。

由上观之,宗教是不确定的,是非理性的。然而在人的生活中又有哪些事情是那么绝对确定的呢? 航海、战争都是不确定的,如果只有确定的事才去做,那么就什么事都不要做。从上面对于上帝的赌博论证中可以看出,在我为着明天、为着不确定的东西而努力的时候,我们的行为是有道理的,根据上述的机遇规则,我们应该为着确不定的东西而努力,应该努力去追求。这就是赌上帝存在的意义,它指引着我们生活,标示着我们的幸福,在这场赌博中我们是用我们的全部生命和全部活动去赌。

(3)三种伟大和三种秩序。

帕斯卡尔认为,理性和信仰是不能结合的,不能用理性来论证信仰,理性只能达到一定的点,而信仰能使我们超过这一点,所以信仰高于理性。帕斯卡尔主张,我们当怀疑时就怀疑,当证明时就证明,当服从时就服从。一个人应当具有下面三种性质,即:人应该是皮罗主义的信徒,几何学家,服从的基督徒。而就这三种性质而言是一个比一个更高级,最后一种是最高级的性质。

就整体而言,存在着三种不同的伟大和三种不同的秩序。

三种伟大是:一切伟大的事物,精神的人的伟大,智慧的伟大。伟大的事物是指在物质方面的伟大,肉体上的伟大;精神的人的伟大是指伟人天才们有思想、精神方面的伟大;智慧的伟大是指圣徒们的伟大和上帝的伟大。这就是三种不同的伟大,分属于三个不同领域,它们各自有着自己的秩序,因而也就有三种不同的秩序。伟大天才有他们在精神领域中的伟大光辉和显赫,绝不需要与他们毫无关系的任何肉体上的伟大。物理学家阿基米德(Archimède,287? —212 BC)他没有财富和身世上的显赫,然而同样受人尊敬;他没有攻城伐地,也没有城池黄金,然而他把自己的

---

① 帕斯卡尔:《思想录》,何兆武译,北京:商务印书馆1986年版,第112页。

发明贡献给了人的精神,他有着精神领域的光辉与显赫。耶稣基督没有财富和任何外表上的知识成就,他没有君主的权威,也没有阿基米德式的发明,然而他是神圣的,有着来自上帝的伟大,是仁爱方面的伟大。

然而,有的人只看到和赞慕肉体方面的伟大,而看不到精神的伟大;有的人只看到精神的伟大,而看不到仁爱的伟大。其实这三种秩序不仅存在着,而且一个高于一个,从肉体到精神之间的距离是无穷的,从精神到仁爱之间的距离也是无穷的。

一切物体、太空、星辰、大地和地上的王国都比不上最渺小的精神,因为精神有思想,能够认识这一切事物并有自我意识,而所有的物体合在一起都不能造就一丝一毫思想来,物体不能认识他物,更讲不上有自我意识。所以精神要比物体高级得多。

但是,全部物体、全部精神及它们的产物合在一起,也产生不出最微小的仁爱来,因为后者属于更加无限崇高的超自然的领域。

三种伟大和三种秩序和思想,既是帕斯卡尔的宗教观,也是他的本体论和人生观。就它是宗教观而言,帕斯卡尔认为,宗教是最高等级的智能,它不仅是一切物质财富所不能比拟的,同时也是人的理智和精神无法达到的,信仰是无限地高于理性的。就它是人生观而言,帕斯卡尔鄙视物质财富、肉体的享受,因而也鄙视作为它们的代表的君主、国王、富人和首领,而认为做一个精神上伟大的人要比他们崇高千百倍,所以他颂扬了阿基米德的伟大。但是,做一个在精神上伟大,有着卓越发明和精神贡献的人,还远不如做一个虔诚的基督徒,后者又比前者崇高千百倍。在这里可以看出,帕斯卡尔的皈依对他学术思想和人生观的影响。

说到它是本体论,就又不得不联系到笛卡尔来讲。笛卡尔认为有三种实体,即物体、精神和上帝,在这一点上帕斯卡尔和笛卡尔是相同的。但笛卡尔认为前两者是有限的实体,二者的关系是并列的,是世界的两个方面;而第三者即上帝是无限的实体。因此这三个实体在笛卡尔那里是“品”字形结构,而在帕斯卡尔这里是个梯形结构,从肉体到精神,从精神到上帝,是一个等级上升的阶梯,而这个阶梯每一级之间的距离又是无限的。

由上观之,帕斯卡尔哲学所要解决的矛盾与问题仍然是笛卡尔哲学的矛盾与问题,即人自身的肉体和精神的关系问题,有限的实体肉体和精神与无限的实体上帝之间的关系问题。但对于这两个问题笛卡尔和帕斯卡尔二人解决的方法大不相同。对于第一问题,灵魂和肉体这两种本质上完全不同的实体如何能在人身上结合呢? 这个最难解的问题在笛卡尔那里是"心身关系"问题,是一种心理学、科学的探讨。而帕斯卡尔则进行了一种视角的转换,他要进行一种伦理学、人学的研究。肉体标示着人的脆弱、人有苦难、不幸的可悲,精神标示着人的优异、人的尊严、崇高和伟大。那么,这样完全对立的两种性质是如何在人身上结合的呢? 它们的结合在同一个主体中是不可想象的,那么在帕斯卡尔看来,出路在于把矛盾的主体分开,脆弱、无力和苦难是属于自然,优异、崇高和伟大是属于神恩。帕斯卡尔解决这种二律背反的方法,和后来康德解决第三组二律背反即必然与自由问题的方法一样。把它们放在不同的层次上来看,它们都是正确的。对于第二个问题,肉体、精神及二者的结合物人和上帝的关系,笛卡尔把上帝看作是肉体和精神的创造者,人的创造者,并且是人认识的真理性的保证。而帕斯卡尔认为,上帝是人的灵性、崇高与优异的来源,是人类苦难的拯救者,是人类幸福的保证。

三、马勒伯朗士的宗教哲学

马勒伯朗士是笛卡尔哲学的直接继承者之一,他继承了笛卡尔的理性主义,承袭了对笛卡尔产生过重大影响的柏拉图—奥古斯丁传统。然而他和笛卡尔不同的是,笛卡尔仅仅是一位信仰天主教的哲学家,而马勒伯朗士则是一位道地的天主教哲学家,他的哲学学说是以神为中心的,他企图通过笛卡尔的二元论在柏拉图、奥古斯丁哲学和基督教神学之间架起桥梁。马勒伯朗士的哲学是一种宗教哲学。

1638 年 8 月马勒伯朗士生于法国首都巴黎的一个贵族家庭,父亲是当时法国著名首相黎世留的总司库,其他亲属也都是达官显贵。由于他天生孱弱多病,使他在幼年未能接受正规的学校教育,而是聘请一位家庭教师教授他拉丁文和希腊文的基本知识。16 岁开始被送入拉玛士公学(Collède de la Marche)学习,两年后取得了文科学士学位,由于他厌恶亚里士多德哲学和托马斯·阿奎那的经院哲学,后转入巴黎大学神学院学习神学,希望将来当一名隐修神父。

1660 年马勒伯朗士进入了奥拉托利会修道院(Congregation de l'Oratoire)做初学修士,该会是由红衣主教贝律尔于 1611 年在巴黎创立的,是天主教会内部的一个教团,该会与当时其他修道院的一个显著区别是,它反对当时占统治地位的亚里士多德哲学而宣扬柏拉图和奥古斯丁,可以说这种氛围对于马勒伯朗士后来承袭柏拉图—奥古斯丁传统而把笛卡尔主义和奥古斯丁主义结合起来产生了很大的影响。1664 年他成为了一名神父。

就在同一年,一个偶然的机会使他发现了笛卡尔匿名发表的《论人》一文,从而改变了他的精神生活和人生道路。《论人》是笛卡尔早期的一部未完成的著作,是《论世界》一书的一部分,主要是一部生理学的著作,运用机械论的观点来描述人,表明灵魂和肉体是有区别的。1633 年得知伽利略因主张地心说而被教会定罪而未敢发表《论世界》,到死后十多年才由他的朋友出版。马勒伯朗士被该书深深地打动,阅读时激动不已,一时间成为笛卡尔及其哲学的崇拜者,从此他就一头钻进笛卡尔哲学当中去,还进一步研究了笛卡尔的数学、自然科学的著作,以及笛卡尔的追随者、偶因论者科德莫瓦的著作,经过四年的学习和研究之后,他决定将自己的思想整理成篇而公之于众。从 1668 年起,马勒伯朗士开始写作他的第一部著作《真理的探求》(*De la Recherche de la Vérité*),1674 年到 1675 年以两卷本第一次面世。该书在当时的哲学界和神学界引起了轰动。1678 年马勒伯朗士出版了《关于〈真理的探求〉的说明》

（*Éclaircissements*），它是对前两部书中几个问题的进一步阐明，实际上是《真理的探求》一书的第三部分。《真理的探求》一书在马勒伯朗士有生之年连续出了六版，为他赢得了极大的社会声望。

紧接着马勒伯朗士出版了一系列在思想主题上和《真理的探求》紧密相关的著作。1676 年出版了《基督教的会话》（*Conversations Chréchrtiennes*），其基本内容和《真理的探求》基本上相同，但偏重宗教和道德问题。1680 年出版了《论自然和神恩》（*Traité de la Nature et de la Grace*）一书，这是对阿尔诺诘难的回答。1677 年出版了论述宗教和真理问题的四个沉思《基督教沉思》（*Meditations Chréchrtiennes*），后来经过修订，写成了二十个沉思，名为《基督教和形而上学沉思录》（*Meditations Chréchrtiennes et Metaphysiques*），1683 年出版。1684 年出版了《论道德》（*Traité de morale*）。1688 年出版了《关于形而上学和宗教的对话录》（*Entretiens sur la Métaphysique que et sur la Religion*），该书的论题和《真理的探求》是一致的，但是经过了多方面的辩驳使得他的思想更加成熟，理论更加完善和深入，表述更加浅显明了，因此可以说《关于形而上学和宗教的对话录》是《真理的探求》的完善形式的再现，并且系统、概括、可读性强，可以通过它对于马勒伯朗士哲学有个全面的了解。

早期到中国传教的法国传教士，在中国发生了一场持续多年的"礼仪"之争，争论的焦点是对中国人祭祖、祭孔、磕头等礼俗的态度问题，以及当时的官方哲学——朱子理学——到底是无神论或是有神论的问题。其中一派耶稣会士们认为朱子哲学是有神论，"理"即耶稣教的上帝、天主；其中的另一派如巴黎外方传教会等团体则认为朱子理学是无神论。受巴黎外方传教会来华主教李奥纳的约请，马勒伯朗士写了《一个基督教哲学家和一个中国哲学家的对话——论上帝的存在和本性》一书，论证中国的"理"应该是"上帝"，气也不应该是无限的，重点反对斯宾诺莎式的无神论，该书于 1708 年出版。

1699 年马勒伯朗士被接纳为法兰西科学院（l'Académie des sciences,

或 l'Académie française)院士，他的最后一本著作《关于改进物理学的思考》(*Reflexions sur la Premotion Physique*) 于 1715 年出版。就在同一年 6 月 20 日，他在巴黎近郊的一位朋友家做弥撒时得病，经过了三个多月的病痛之后，10 月 13 日在巴黎逝世。

马勒伯朗士在生前就已赢得了极高的声誉，他的哲学在欧洲大陆的许多国家被公开宣讲。

1. 避免错误才能发现真理

马勒伯朗士的哲学和笛卡尔的哲学有着千丝万缕的联系，他是直接从笛卡尔的二元论出发的。在《真理的探求》一书中的许多观点可以说是笛卡尔观点的再现。例如，他抛弃了经院哲学中隐秘的质、实体的形式等概念，而把物质定义为广延，认为物体是有广延的东西，能够具有各种形相和运动，物体的行为可以根据物体的各个部分的形状和运动来解释。而心灵或灵魂与肉体是完全不同的，可以和肉体分开的。动物是机器而人有灵魂。人对自身的精神状态的意识是直接的、无误的，"我思故我在"；而对于物体的知觉是间接的、不可靠的。感觉和想象不能认识事物的本性，对于事物的本性的知识只能来自被理智所感知到的清楚明白的观念，等等。马勒伯朗士以笛卡尔的这些观点为理论前提来建立自己的哲学。

在《真理的探求》中，马勒伯朗士研究了受骗和错误的各种原因，讨论了发现真理的正确方法，避免错误、发现真理是该书的主旨所在。

像帕斯卡尔一样，马勒伯朗士也讨论了人类悲惨和不幸的原因，他说："错误是人的不幸的原因。在世界上正是坏的原则产生了恶。正是错误在我们的灵魂中产生并保存了使我们痛苦的各种恶，只有竭力避免错误才能希望得到牢固的真正的幸福"①。人有了错误就是不幸的，但是

---

① 马勒伯朗士：《真理的探求》，见《马勒伯朗士全集》(*Oeuvres Complètes de Malebranche*)，édité par Génevière Rodis-Lewis，Paris：Librairie Philosophique J. Vrin，1972，第 1 卷，第 1 编，第 1 章。

错误并不是必然地被人所具有,人是能够避免错误、发现真理的。我们不能盲目地信仰、仓促地判断,我们只应把那些清楚分明地看到的东西当作真的予以接受,只有小心地避免错误才能达到真理。

而真理又可以分为两种,一种是必然的真理,这主要是存在于数学、形而上学和大部分的物理学和伦理学中。另一种是偶然的真理、或然的真理,这主要存在于政治学、医学和各门实践科学之中;在这些领域中我们应满足于或然的真理,这并不是无法达到确实性,而是因为我们不能等到获得确实性就不得不行动。但只要我们对于那些其真理还不明显的命题不作完全的同意,而只把它们作为一种或然的真理,我们也不会犯错误的。

产生错误的原因是多种多样的,取决于灵魂自身的特性以及灵魂与外界事物的关系。灵魂由两个部分所组成,一部分是纯粹被动的,另一部分是既被动又主动的。第一部分是心灵或理智,第二部分是意志。心灵有三种职能:一是感觉,它直接和外界事物发生关系,接受外界事物,是主观与客观联系的桥梁;二是想象,它接受不在眼前的事物的影像,是外界事物在头脑中的再现,尽管当下不存在但可以想象出来;三是纯粹理智,它接受抽象的、共相的东西,如几何学和伦理学中的一些基本定理。马勒伯朗士首先从感觉、想象和纯粹理智三个方面以及它们和意志的关系,来考察错误产生的原因。

(1)感觉。

考察错误的原因,首先就要考察感觉,因为由感性知觉得来的认识经常不准确、不可靠。但"不是我们的感觉欺骗我们,而是我们的意志用它鲁莽的判断欺骗我们"①。错误取决于人的自由意志的运用,而人的自由意志常常对外部事物作出鲁莽的判断,把事物对于我们的关系看作是事

① 马勒伯朗士:《真理的探求》,见《马勒伯朗士全集》(*Oeuvres Complètes de Male-branche*),édité par Génevière Rodis-Lewis,Paris:Librairie Philosophique J. Vrin,1972,第1卷,第1编,第5章。

物的本性自身的正确表征,这样就会陷入错误。"当一个人感觉到热时,他绝不会因为相信他感觉到了热而出错。但如果他判断他所感到的热是存在于感觉的灵魂之外,那他就错了。"①即不能把相对于主观才有的东西当作客观本身的东西。在这里,马勒伯朗士首先要否定物质的第二性的质的客观性。认为色、声、香、味等仅仅是一些主观的心理变化、心理样态,是一种主观的感觉,依存于主体而存在,并不是事物本身的客观性质,如自然中并没有声音,声音并不是从外界对象中传出来的,自然中只有空气的振动,这种振动使你产生了一种感觉,这就是声音,如果认为声音是存在于外界,存在于对象本身之中的客观性质,那你就要犯错误,所以我们应该避免这种仓促的判断。

同样我们关于第一性质的感觉也不是对象本身性质的真实反映。例如,视觉不能给我们以物体大小的概念,月亮对于我们的视觉来说,要比那些最大的星球还要大得多,而我们绝不怀疑月亮比那些星球不知要小多少。视觉也不能正确地反映事物的形状,一个圆形的桌子我们看上去是椭圆形的,正方形的桌子我们看上去是菱形的。这些都是我们和对象所处的距离不同,角度不同,这些视觉的形象表现的是眼睛和对象的一种相对关系。同样,明显的运动和静止、迅急和缓慢都是和我们相关的,并不是对象本身的面貌,我们如果根据我们的感觉来判断事物本身,那就会要犯错误。

这样,马勒伯朗士和贝克莱(George Berkeley,1685—1753)一样,通过感觉的相对性而否定了第二性的质,进而否定了第一性的质的客观存在性。

但是,对于感觉自身的研究,马勒伯朗士要比笛卡尔和贝克莱更深入、细致,他在感觉中区别了四种不同的因素:对象的作用(如粒子的运

---

① 马勒伯朗士:《真理的探求》,见《马勒伯朗士全集》(*Oeuvres Complètes de Malebranche*),édité par Génevieve Rodis-Lewis,Paris:Librairie Philosophique J.Vrin,1972,第1卷,第1编,第5章。

动),感官、神经和大脑中的变化,灵魂的感觉或知觉,灵魂所作的判断。由于这四种因素似乎是同时发生作用并一起被发现,我们就容易把它们搞混,看不到感觉仅仅是一个心理事件而把它当作是我们的肉体中或其他对象中的东西。这就是我们在感觉问题上犯错误的生理和心理基础。

在感觉的生理过程问题上,马勒伯朗士继承了笛卡尔的观点,引入了"动物元气"概念,把神经看作动物元气通过的信道,当外部对象作用感官时,神经的外表就开始运动,动物元气就把这个印象传输给大脑,于是在灵魂中产生了感觉的心理因素。在这个生理过程中,一些"痕迹"(des traces)被动物元气印在大脑上,印得深浅不一。动物元气还可以被其他原因所发动,影响了这些痕迹,产生了一个心理影像。人可以产生或重新产生这些影像,如意志的作用就会使动物元气运动,这些被印在大脑的纤维上的痕迹受到影响时,影像就产生了。除了意志的作用外,还有其他的原因使动物元气运动,影像是无意产生的。

马勒伯朗士还对"痕迹"之间的联系作了一种机械的解释。他认为,当我看到几个事物联系在一起时,在大脑中的相应的痕迹之间也产生了一种联系,当这一组痕迹中的某一个激动起来时,其他痕迹也会随之而激动。他说:

> 例如,如果一个人发现他自己在某个公开仪式上,他注意到了一切场景和参加仪式的全部显要人士,时间、地点、日期和其他特殊细节,那么回忆起这个仪式的地点或某个更不重要的场景就足以向他自己表示出全部其它景况了。①

这种联系或连接是非常重要的,

---

① 马勒伯朗士:《真理的探求》,见《马勒伯朗士全集》(*Oeuvres Complètes de Malebranche*),édité par Géneviève Rodis-Lewis,Paris:Librairie Philosophique J. Vrin,1972,第1卷,第2编,第1部分,第5章。

痕迹的相互联系、从而观念的相互联系不仅是修辞学的全部比喻的基础,而且还是道德学、政治学,总之一切与人有关的全部科学中无数其他更为重要的事物的基础。

……

我们大脑中存在的一些痕迹彼此自然地联结在一起,并且和某些情绪联结在一起,因为这对于生命的保存是必要的。①

讲到感觉的作用和如何避免感觉所造成的错误的时候,马勒伯朗士得出结论说,感觉既不欺骗也不虚伪,如果我们用之得当,它是完全能尽其职责的。那就是把它用于物体的保护、生命的保存,它是极其有用的,它报告灵魂痛苦或快乐,哪些事应该做,哪些事不应该做,在人身上表现为本能和自动动作,有其盲目的正确性。如果人处在危险之中,例如即将身陷绝壁之中时,不是凭感觉的本能自我保护而是要等思想经过一番考虑之后再作反应的话,他必定会坠崖而亡。在这里感觉是完全可以相信的,不应该拒绝感觉所提供的材料。

在利害方面、生命的保存方面感觉不欺骗我们,于是我们就养成了习惯,在任何问题上都相信感觉,认为感觉能告诉我们关于外界事物的真理,那就要犯错误。因此正确的方法是对感觉不要做超越的使用,“永远不要用感觉来判断事物本身,而仅仅是用它来判断事物和我们肉体的联系,因为事实上感觉不是为了用来认识事物的真理的,它仅仅是用来保护我们的肉体的”②。

(2)想象。

想象也是灵魂的一种机能,它能在物质事物不在场、我们没有现实地

---

① 马勒伯朗士:《真理的探求》,见《马勒伯朗士全集》(*Oeuvres Complètes de Malebranche*),édité par Géneviève Rodis-Lewis,Paris:Librairie Philosophique J. Vrin,1972,第1卷,第2编,第1部分,第5章。

② 同上书,第1卷,第1编,第4章,第1节。

感知到它们时产生或再现它们的影像。想象也是我们产生错误的另一个原因。和我们谈论感觉一样,如果我们认为物质事物的影像表现的是事物本身,而不是事物和我们的联系,那么我们的判断就是错误的。一般来说,想象要比实在的感觉更微弱,但从心理的观点看,有时它们也会和感觉一样生动有力,这就使我们判断,被想象的对象是现实地当下存在的,实际上对象根本不存在。这也是想象产生错误的原因之一,或曰产生错误的心理和生理基础。

在研究完感觉和想象之后,马勒伯朗士得出结论说:我们的感觉官能和我们的想象力,用来认识外界物体与我们身体的联系是非常合适的;心灵通过肉体获得的那些观念,全部是为了肉体的;感觉官能和想象力所获得的观念,是不可能使我们明确地发现真理的,如果我们要避免错误,那是绝不能信任它们的。

(3)纯粹理智。

纯粹理智或曰纯心灵也会产生错误。如果说感觉和想象的错误产生于肉体的本性和构成,取决于灵魂对于肉体的依赖的话,那么纯粹理性的错误则是由于心灵自身的本性所造成的。所谓"纯粹理智",它的机能不是在大脑中形成外部对象的影像,而是去认识外部对象、理解外部对象。但是心灵是有限的,如果我们不记住这个事实,错误就会产生。人类的理智有很多认识不了的东西,我们不要去认识那些认识不了的东西,相信那些不能理解的东西。如果我们不遵循正确的思维方法,硬要探求那种不可认识的隐秘真理,不把清楚明白的东西和或然的东西明确地区分开来,我们就会犯错误。

马勒伯朗士要求我们不要夸大心灵的能力和范围。"可以说,人的灵魂是一定量的或一部分的思想,思想有其界限,超越了界限灵魂就不能通过。"①但这并不是说心灵不能很好地发挥它的各种功能,数学就是训

---

① 马勒伯朗士:《真理的探求》,见《马勒伯朗士全集》(*Oeuvres Complètes de Malebranche*),édité par Géneviève Rodis-Lewis,Paris:Librairie Philosophique J.Vrin,1972,第2卷,第6编,第1部分,第5章。

练心灵的最好手段,它从清楚明白的观念开始并且有顺序地进行下去。代数学和几何学"这两门科学是全部其他科学的基础,它们给获取全部精确科学提供了正确的方法,因为人们除了代数学特别是几何学就不能更好地运用心灵的能力"①。

在方法问题上,马勒伯朗士推崇笛卡尔的理性主义的方法,为了探求真理,他为自己立下了和笛卡尔的方法规则相类似的规则,要求推理必须建立在我们有其清楚明白的观念的东西之上,从最简单、最容易的东西开始。也就是说探求真理必须以对清楚明白的观念的知觉为基础,必须有顺序地进行,就像数学家遵从的那些顺序一样,他说:

> 要考察广延的属性,我们就应该像笛卡尔所做的那样,从最简单的关系开始,经过比较简单的关系到更简单的关系。不仅因为这种方法是自然的,能有助于心灵的活动,而且还因为上帝是有顺序地并以最简单的方式活动,所以用这种方法来考察我们的观念及其关系会使我们更好地认识上帝的工作。②

在认识论和方法论上,马勒伯朗士明显地是倾向于笛卡尔而反对亚里士多德,把笛卡尔描绘为英雄,他为探求真理开辟了道路;把亚里士多德描绘为罪魁,他堵塞了真理之路。

但是,马勒伯朗士并不像笛卡尔那样认为运用理性主义的方法和纯粹理智的作用(天赋能力和天赋观念)就可以发现真理。马勒伯朗士认为,不仅感觉、想象不能告诉我们事物的真理,就是纯粹理智也不能把握事物的本质。人的心灵自身中并没有观念,更没有天赋观念,它们都是存

---

① 马勒伯朗士:《真理的探求》,见《马勒伯朗士全集》(*Oeuvres Complètes de Male-branche*),édité par Géneviève Rodis-Lewis,Paris:Librairie Philosophique J. Vrin,1972,第2卷,第6编,第1部分,第5章。
② 同上。

在于上帝之中的,我们只是在上帝之中看到一切事物的本质,只有在上帝之中才能找到永恒真理。所以"在上帝之中看一切"(la vision en Dieu)是马勒伯朗士认识论思想的一个非常重要的部分。

2. 在上帝之中看一切

"在上帝之中看一切"是马勒伯朗士对于认识的真理性、关于外界事物的知识问题所作出的回答,这一理论在他的哲学体系中的作用,如同"天赋观念论"在笛卡尔哲学体系中的作用。

(1)"我思故我在"和观念。

马勒伯朗士哲学的出发点和笛卡尔哲学的出发点是一致的,都是"我思故我在"。至少在我思想的时候我是存在的,因为虚无不具有特性,一个虚无不可能和另一个虚无相区别。如果当我思想时我不存在,那怎么能有思想的行为呢? 当我思想的时候,我必定是一个思想的东西。"虚无没有属性。我思,所以我存在。"①

但我是什么呢? 我只知道我是一个思想的东西,它不是一个形体,因为形体不能思想。物体、形体是一个有长、宽、高的广延,既不能感觉、不能意欲,也不能思维,因而它不能思想,它的存在方式是由空间距离关系组成。而思想的方式,感觉、愿望、推理等和空间距离的关系毫不相干,因此这个思想的实体一定不是形体。

马勒伯朗士和笛卡尔都是从"我思"到"我在",他们的第一步是相似的,在这里我们看不出两位哲学家的区别。但到后来两人就分手了:对于笛卡尔来说,"我思"是一个直接的认识,在我的心灵中有清楚明白的观念,我们对其拥有清楚、明晰观念的一切东西,全都是真的,理性的观念全都是天赋的。对于马勒伯朗士来说,"我思"只能使我们达到一种意识,通过它我们只能把握我们的存在,而不能把握我们的本质。那个意识虽

---

① 马勒伯朗士:《关于形而上学和宗教的对话录》,Paris:A.Colin,1922,对话 1,第 1 部分。

然是清楚明晰的,但不是认识。心灵中不仅没有天赋观念,而且没有任何观念。观念存在于上帝之中,心灵本身是无能为力的,只有和上帝相结合才能看到观念,在上帝之中我们才有认识,才能得真理。

马勒伯朗士认为心灵不能直接认识物体,因为它们二者在本质上是完全不同的,有广延的物体与无广延的灵魂不能够相互接触,灵魂不能获取物体,物体也不能走进灵魂,要认识物体必须通过观念,灵魂只是和观念打交道,观念是心灵的直接对象,是我们认识物体的中介。他说:

> 我们不能知觉在我们以外的物体的本身。我们看见太阳、星体和无穷无尽的物体在我们以外,灵魂不能从肉体中走出,去(姑且这样说)在天空中翱翔以便观察一切物体。因此它不是从它们本身看见它们。比如说看见太阳时,我们心灵的直接对象不是太阳,而是一种直接与我们的灵魂相结合的什么东西,这个东西,我们称之为观念。因此,用观念这个词,我在这里不是指别的东西,而是指在心灵知觉到什么东西的时候,心灵的直接对象或者与心灵最接近的东西说的。①

按照马勒伯朗士的理解,观念应该具有哪些特性,并且它们是怎么形成的呢?

首先,关于对象的观念是各不相同的特殊属性。例如圆的观念就有着不同于方的观念的属性,所谓属性就不能是虚无,它应该是实在的存在,所以观念是实在的存在。因此,要形成一个观念,心灵就不得不产生或创造一个实在的存在。然而,假如心灵能在虚无中创造出实在的存在,

---

① 马勒伯朗士:《真理的探求》,见《马勒伯朗士全集》(*Oeuvres Complètes de Malebranche*),édité par Géneviève Rodis-Lewis,Paris:Librairie Philosophique J.Vrin,1972,第 1 卷,第 3 编,第 2 部分,第 1 章。

这是假设心灵拥有它实际上不能拥有的创造力,这是人类的一种自傲,把上帝才有的从虚无中创造的能力错误地归于心灵。所以,观念是不能由心灵自己创造的。

其次,也许有人会说,观念是由"感觉印象"而来的,这种假设不仅没有解决困难,反而更增加了困难,因为我们不能了解物质的感觉印象怎么能够形成一个精神性的东西——观念。所以,观念也不能从外部事物或外部事物的印象得来。

观念既不是心灵虚构的,也不是外来的,那么是不是天赋的、人的心灵固有的呢(因为笛卡尔就是从这三个方面来考察观念的来源)?马勒伯朗士也排除了这可能性:其一,以一个给定的三角形为基础,只需要变换角度我们就能够设想无数种三角形,我们能够设想无限多样的几何图形,每一种都有无限的变化。假定一种无限数量的无限性实际上存在于心灵之中是难以相信的。其二,心灵怎么知道要选择哪一个观念作为它选择的指导标准,而为什么事先以这一个观念作为选择的指导标准,这仍需要一个观念,这样就会陷入无穷后退,因而这种说法是不可能的。其三,假设有一套观念被全部心灵所共有,比假设每一个人心中都有一套观念更简单、更符合神的原则。其四,假设有一套被全部心灵所共有的观念,说明了我们实际上所看到的知识的普遍性,例如中国人和欧洲人有着同样的代数学和几何学。其五,如果说观念是天赋的,那么也不能说明像 2+2=4 这样的数学真理是天赋的,因为它们不是观念,而是一种关系,观念是实在的,而真理只是实在东西之间的一种关系。

最后,马勒伯朗士得出结论:观念虽然表现了实在,但它不是对于外界事物的反映,它不能来自物体或感觉印象;不是心灵凭空虚构的;也不是天赋的、心灵中固有的。观念是上帝创造世界时运用的"理念"(idée)或"原型"(prototype),这些理念或原型只能存在于上帝自身之中,因此我们只能在上帝之中看到各种观念,并通过观念看一切事物。

（2）在上帝之中看一切。

在上帝自身有"他所创造的全部事物的观念，不然他就不能生产出它们来"①。观念是上帝创造万物所依据的模型、原型或柏拉图所说的理念，万物是对观念的模仿和分有。这是观念存在于上帝之中，被包含在上帝的单一本质之中。"可以说上帝是精神的场所，就像在某种意义上说空间是物体的场所一样。"②上帝是广大无垠的、无所不包的，心灵能在上帝之中看到上帝的作品，"我们在上帝之中看一切事物"③。在上帝之中洞见，这一理论是来源于奥古斯丁，马勒伯朗士把它改造成为自己哲学体系中的一个重要理论。

在马勒伯朗士看来，有一条真理，这就是：我们不能感知万物，只有通过观念认识万物。我们不能当前地、直接地看到物质对象，因为我们经常看见有些对象并不在外界存在，如我们在梦中所见的事物、当我们大脑有病时所见的事物都不存在，所以说对象是不可见的。我们之所以看见对象，是由于观念作用于我们的精神，我们能感觉到自己的肉体也是由于观念的作用。我们所由之构成的物质不能作用于我们的精神，只有高于它、创造它的那个上帝用物质的观念作用于我们的精神。除了通过观念，我们看不见对象本身，甚至感觉不到肉体本身，这是一条真理。④ 完全是上帝把观念呈现给心灵，上帝以千百种方式照亮心灵，使我们能够认识到多种多样的抽象的、普遍的真理。只有上帝能够改变我们心灵的样态。"因此，必定是我们的全部观念存在于有效的神圣实体中，只有它是有理

---

① 马勒伯朗士：《真理的探求》，见《马勒伯朗士全集》(*Oeuvres Complètes de Male-branche*)，édité par Génevière Rodis-Lewis，Paris：Librairie Philosophique J. Vrin，1972，第1卷，第3编，第2部分，第6章。

② 同上。

③ 同上。

④ 参见马勒伯朗士：《一个基督教哲学家和一个中国哲学家的对话——论上帝的存在和本性》，庞景仁译，见《马勒伯朗士的"神"的观念和朱熹的"理"的观念》，冯俊译，商务印书馆2005年版。

智的或能够照亮我们,因为只有它能够影响我们的理智"①。

我们在上帝之中看到我们的观念,但这些观念是什么呢? 也就是说我们在上帝之中到底看到了什么呢?

第一,我们看到了永恒真理的观念。虽然观念不能等于真理,观念是实在的,真理是一种关系,但是真理是观念的关系,由观念所组成,组成真理的观念存在于上帝之中。

> 所以,我们不像奥古斯丁那样说我们在看到真理时看到了上帝,而是说在看到这些真理的观念时看到了上帝。因为观念是实在的,但观念之间的相等即真理并不是实在的。当我们说 2×2＝4 时,数的观念是实在的,但它们之间存在的相等只是一种关系。所以按照我们的观点,当我们看到永恒真理时就看到了上帝,并不是说这些真理就是上帝,而是这些真理依赖的观念存在于上帝之中。也许甚至奥古斯丁也是这样来理解问题的。②

心灵只有和上帝结合才能看到真理。

第二,在上帝之中我们看到了变化着的、可毁灭的事物的观念。"虽然奥古斯丁说我们在上帝看到的只是不变的和不可毁灭的事物,但我们还是认为在上帝之中人们认识到了变化着的和可毁灭的事物。"③我们说在上帝之中看见一切事物,并不是说我们真的看到那些可感觉的事物,而是事物的纯粹观念,它表现了事物的本质。事物的可感部分不能反映事物本身、物自体。事物的本质、事物本身是广延,我们在上帝之中看到的

---

① 马勒伯朗士:《真理的探求》,见《马勒伯朗士全集》(*Oeuvres Complètes de Male-branche*),édité par Géneviève Rodis-Lewis,Paris:Librairie Philosophique J. Vrin,1972,第 1 卷,第 3 编,第 2 部分,第 6 章。

② 同上。

③ 同上。

正是作为纯粹观念的广延。

我们在上帝之中看到的不是可感的物体,而是物质的本质或实体即广延。但我们在上帝之中看到的也不是物体的实在的广延即长、宽、高三向量,而是物体的"心智的广延",即这种广延是一种精神性的、心智的东西,它是广延的观念,是上帝创造万物的"原型",它存在于上帝之中。所以,物体有两种广延。

> 你应该把两种广延分别开来:一个是心智的,另一个是物质的。心智的广延是永恒的、广大无垠的、必然的;这就是神圣的存在体"上帝"的广大无垠性,就其可以被物质性的造物分有,可以由广大无垠的物质表现方面而言;简言之,它是可能的无限多的世界的心智观念;这就是当你想到无限时,你的精神所思考的东西,就是通过这个心智的广延你才认识可见的世界。
>
> ……
>
> 另一种广延是被创造的广延,这就是组成世界的物质,它与你所感觉的作为必然的存在体的广延大不相同,只有信仰才能告诉你它的存在。①

广延的纯粹观念即心智的广延存在于上帝之中,它作为一种原型以观念的形态包括在物质世界中具体表现出来的各种可能的关系。当我们沉思心智的广延时,我们所看的只是我们所居住的这个物质世界的原型或其他无数可能世界的原型。心智的广延存在于上帝之中,所以它具有上帝的特性,是广大无垠的、永恒的、必然的,因为存在于上帝之中的东西就是上帝本身。

第三,我们在上帝之中看到了永恒的道德律。马勒伯朗士说:"最

---

① 马勒伯朗士:《基督教沉思》,Paris:Montaigne,1928,第172—173页。

后,我认为全部心灵在上帝中看到了永恒的道德律和其他东西,只不过是以不同的方式而已。"①我们认识到真理,是因为心灵和上帝的紧密结合,我们认识到道德命令,是因为我们的心灵对于上帝的自然倾向,这种自然倾向使我们认识到"我们应该爱善避恶,应该爱正义胜过爱财富,听从上帝胜过命令他人,以及无数的其他自然规律"②。在我们对于上帝的根本取向中包含着自然的道德规律,对于这种取向的考察会使我们意识到道德规律和道德义务。

由上观之,马勒伯朗士"在上帝之中看一切事物"的理论所要解决的问题是理性认识、具有普遍必然的知识是怎么得来的问题。科学的真理、关于物质事物的本质的知识以及普遍的道德是怎么得来的? 它们可靠性的保证是什么? 笛卡尔为了解决这个问题,提出了天赋观念论,认为它们是以天赋观念的形式存在于纯粹理智之中的(是上帝放进去的);或是理智的天赋能力认识到的,心灵借天赋的观念或天赋能力就能认识到物质的本质和科学的真理,这些知识都是先验的。而马勒伯朗士则更进一步,认为普遍必然的知识不是天赋在我们心中的,而是直接存在于上帝之中的,离开了上帝就不能有科学真理,我们只能和上帝紧密结合或倾向上帝才能得到普遍必然的知识和道德规律。笛卡尔把上帝作为科学知识的最终保障,而马勒伯朗士把科学知识看作就是上帝本身。

但是,马勒伯朗士"在上帝之中看一切事物"的理论是不彻底的,因为并不能看一切事物,有两个突出的特例,那就是我们在上帝之中既看不到自我也看不到上帝自身。因为我们没有自我和上帝的观念。我们对于心灵、灵魂即自我的认识是通过内部感觉,是对于心灵的特殊状态的直接

① 马勒伯朗士:《真理的探求》,见《马勒伯朗士全集》(*Oeuvres Complètes de Male-branche*),édité par Géneviève Rodis-Lewis,Paris:Librairie Philosophique J.Vrin,1972,第 1 卷,第 3 编,第 2 部分,第 6 章。

② 同上。

意识,而不是通过观念。至于上帝,我们也不是通过观念来认识它,因为没有上帝的观念。理由之一是,观念是某种存在的观念,它表示是此物而不是他物,包含着限制,而上帝是没有限制的、无限的存在,因而不应该有他的观念;理由之二是,观念是上帝创造万物的原型或模型,而上帝并不是依据某个原型或模型造的,他是不能有作为原型的观念的,所以我们不是通过观念来认识上帝,而是直接意识到他的。

(3)对灵魂和其他灵魂的认识。

马勒伯朗士说,对于事物的认识有四种方式:第一种方式是通过事物本身来认识它们;第二种是通过它们的观念来认识它们,即通过某种不同于它们的东西去认识它们;第三种是通过意识或通过内部感觉去认识它们;第四种是通过推测去认识它们。[1] 只有上帝才可以通过他本身去认识,因为只有他能作用于精神、直接显露于精神、通过他的实体照亮精神,我们能够当下直接地看到他,上帝没有任何形成他的原型即观念,我们不能通过观念去看他。我们是通过观念去看物体的,因为物体不能作用于精神,我们不能从它们自身去认识,只有通过某种不同于它们的东西即观念去认识。对于灵魂或自我,我只有通过内部感觉去认识,而对他人的灵魂我只能通过推测去认识它们。

笛卡尔说,心灵、灵魂或自我比肉体、形体更容易认识,我对于灵魂有一个清楚明白的观念。在这一点上马勒伯朗士与笛卡尔不同,马勒伯朗士认为,诚然,灵魂的存在比身体的存在容易知道,因为灵魂只要思想就可以知道它的存在,"我思故我在"。但对于灵魂的性质的认识并不比对于形体的性质的认识更容易。当我们除去感觉印象来考虑形体的本质时即考虑它们的观念时,它们是广延。这个观念是一个十分清楚的观念,再也没有更清楚或更完全的知识。当我们考虑灵魂时,我们则不能说对它

---

[1] 马勒伯朗士:《真理的探求》,见《马勒伯朗士全集》(_Oeuvres Complètes de Malebranche_),édité par Géneviève Rodis-Lewis,Paris:Librairie Philosophique J.Vrin,1972,第1卷,第3编,第2部分,第7章。

有一个清楚明白的观念，"我们不是通过观念去认识灵魂，我们在上帝中根本就看不到它，我们只有通过意识去认识它"①。但是，意识、内部经验只能告诉我们灵魂以内发生什么，内部意识只告诉我们存在、我思想、我受苦，但不能告诉我，我是什么、我的思想的性质、我的意志和情感的性质是什么，意识不能把一切东西清楚明白地显示出来，我们不能把思想、意志和情感的各种状态归结成一种本质概念，像将物体的各种情状归结为广延这个本质概念一样。如果我们是通过在上帝之中的观念来认识灵魂的话，我们就应该先验地认识到它的全部属性，就像先验地知道广延的全部属性一样。虽然我们知道灵魂的存在、灵魂是一个思想的东西，这些就足以证明灵魂的精神性和不朽，但"我们对于灵魂的本性并不拥有如同对形体的本性那样完善的知识"②。

尽管我们通过直接意识所得到的关于灵魂的知识是不完善的，但它们并不是假的。马勒伯朗士说：

> 我们根据意识对我们的灵魂所拥有的知识是不完善的，这一点是事实，但这种知识绝不是假的。相反，我们根据感觉或意识（如果可以把发生在我们身体内的感觉叫作意识的话）对形体所拥有的知识不仅是不完善的而且是假的。所以我们必须有一个形体的观念来纠正我们关于它们的感觉。但我们不需要一个灵魂的观念，因为我们关于它们的意识完全不会使我们陷入错误。为了在我们关于灵魂的知识中不出错，只要不把灵魂和肉体混淆在一起就足够了，只要我们运用理性就能够避免这种混淆。③

---

① 马勒伯朗士：《真理的探求》，见《马勒伯朗士全集》（*Oeuvres Complètes de Male-branche*），édité par Géneviève Rodis-Lewis，Paris：Librairie Philosophique J.Vrin，1972，第 1 卷，第 3 编，第 2 部分，第 7 章，第 4 节。
② 同上。
③ 同上。

因为我们不需要在上帝中去看灵魂。

那么,对于其他人的灵魂我们是怎么认识的呢?我们怎么具有它们的知识呢?我们既不能通过它们的观念在上帝中去看它们,因为没有心灵的观念;也不能通过直接意识去认识它们,因为它们不同于我们自己。"很明显,我们只是通过推测去认识它们。"①"我们推测他人的灵魂和我们的灵魂相似。"②但是,当我从关于我自己的知识、从我自己所有的感觉、知觉来推断他人时,对他们作出的判断、结论往往是错误的。其实,我们对于其他灵魂是有确实的知识的,"但我们明确地、确凿地认识它,因为正是上帝告诉我的"③,是启示使我确实地认识到其他的灵魂或心灵。

3.上帝的存在及其属性

上帝是无限完美的存在,他不是被创造的,没有原型,也就是说没有他的观念,那么我们是怎么认识到上帝的呢?上帝存在吗?他的性质是什么?他和世界的关系怎样?

(1)上帝存在的证明。

上帝是什么呢?

我们的上帝就是那位自有的、无限完满的存在体,我们的上帝就是没有任何条件、没有任何限制的存在体。他以一切有限精神所无法理解的一种方式,把凡是有完满性的东西,在一切被创造的以及可能的东西中的全部有真正实在性的东西,都包含在他本身里。他在他本身里甚至也包含了万物中最末的、最不完满的物质里边有实在

---

① 马勒伯朗士:《真理的探求》,见《马勒伯朗士全集》(*Oeuvres Complètes de Male-branche*),édité par Géneviève Rodis-Lewis,Paris:Librairie Philosophique J. Vrin,1972,第1卷,第3编,第2部分,第7章,第5节。

② 同上。

③ 同上。

性或完满性的东西。①

上帝是无限的、没有限制的、无限完善的存在物，"无限地无限的无限"（l'Infini infiniment infini），全智、全能、全善、全在，即大写的"存在"（Être）。

那么，我们怎么能够证明他的存在呢？马勒伯朗士认为，上帝的存在无须证明，一切证明都是多余的，我们的精神当前地、直接地知觉到他的存在。

> 想个什么都没有和什么都没想，知觉个什么都没知觉，是一回事。因此，凡是精神当前地、直接地知觉的东西都是个什么东西，或者都存在。……而我想到无限，因此无限是存在的。因为，如果它不存在，在知觉它的时候，我什么都没知觉到，因此我并没知觉。我知觉，同时又没知觉，这是矛盾的。②

上帝和无限是同一个东西，所以我想到了无限，知觉到了无限，上帝就真正地存在。

尽管马勒伯朗士反对对上帝存在作任何证明，但实际上他关于上帝的论证和笛卡尔的论证一样，是"本体论证明"的改头换面，都是从上帝的概念来推论上帝的存在，不过两人对本体论证明改造的方式不一样。马勒伯朗士重点强调无限概念的特殊性。我们有一个无限的概念，但我们不能通过有限的相加而形成无限的概念，任何有限都不能代表无限，无限也不是有限的总和。同时，无限也不是我们心理的构造物，它是一种存

---

① 马勒伯朗士：《一个基督教哲学家和一个中国哲学家的对话——论上帝的存在和本性》，庞景仁译，见《马勒伯朗士的"神"的观念和朱熹的"理"的观念》，冯俊译，商务印书馆 2005 年版。
② 同上。

在,无限的存在。

　　人们能看到一个圆形、一座房子、一个太阳,而没看到它们的存在。因为每一个有限的东西可以在无限之中被看到,无限包含着有限事物的心智的观念。但是无限只能在自身中被看到,因为任何有限都不能代表无限。如果我想到上帝,他必须存在。其他事物,虽然被我们认识到,但可能不存在,我能看到它们的本质而看不到它们的存在,看到它们的观念而看不到它们。但我不能看到无限的本质而看不到它的存在,不能看到没有存在的存在观念。因为无限的存在没有任何观念来表示它,没有任何包含它的全部心智实在的原型。它自己就是自己的原型,它在自身中包含着全部存在物的原型。①

　　马勒伯朗士认为,说我们看到一个东西和知觉到一个东西时,或是指看到、知觉到它的本质,或是指看到、知觉到它的存在。就有限的事物而言,我看到的、知觉到的是它们的本质而不是它们的存在,即看到它们的观念、原型,而现实地存在的事物是不可见的,因为它们不能作用于精神。就无限的存在而言,我们是知觉不到它的本质的,因为它的本质是无限的,人的精神是有限的,有限无法看到、知觉到无限的本质,那么,说我们想到了、看到了、知觉到了无限,那肯定是说想到了、看到了、知觉到了无限的存在,所以,上帝是存在的。

　　由此可见,马勒伯朗士和笛卡尔一样都改造安瑟尔谟的本体论的证明,但是马勒伯朗士抛弃了证明的推理形式而强调直觉,当下的、直接的知觉,但仍然是从上帝的概念而引出上帝的存在。

　　(2)上帝的属性。

　　我们可以当下直接知觉到、看到上帝的存在,但我们不知道上帝是什

---

① 马勒伯朗士:《关于形而上学和宗教的对话录》,Paris:A.Colin,1922,对话 2,第 5 部分。

么。因为他的本质是无限的，我们是有限的，当我们努力去了解他的时候，我们就已限制了他，因为任何规定同时是一个否定，当我们说他是什么时，就已否认了他的本质的其他部分。上帝是无限的，是无限完满的存在物，他把一切实在性和完善性包含在他的单一性之中，上帝一方面是单一的，同时他又包含着无数完满性和实在性。

按照马勒伯朗士的逻辑，虽然我们不能理解上帝的本质，但我们必须承认上帝拥有属于无限完善的存在的全部属性。因此，我们除了知道上帝存在之外，还会把我们认为是最完善的一些属性归于他。"那么上帝、或无限完善的存在是独立的（独立于一切原因）、不变的。他也是全能的、永恒的、必然的、无处不在的"①，等等。

第一，我们应该说上帝是永恒的和广大无垠的。上帝不是过去存在、也不是将来存在，而是存在着，永远是现在，上帝在时间之外。上帝不仅是永恒的，而且是广大无垠的。他的实体是全部完整的、无处不在、处处存在，一切都存在于他之中。

> 被创造的广延之对于神的广大无垠性，就如同时间之对于永恒性一样。一切形体是在上帝的广大无垠中扩张，正像一切时间是在神的永恒性中延续一样。上帝永远是他所是，而没有时间的延续，他以他的全部实体充满一切，而没有局部位置的广延。在他的存在中没有过去，没有未来；一切都是现在的、不变的、永恒的。在他的实体中没有大没有小；一切都是单一的、等量的、无限的。②

第二，上帝创造了世界及其万物；并且持续地创造和保存着它们，世界不仅是上帝创造的，而且也是上帝保存的，如果上帝保存世界的意志停

---

① 马勒伯朗士：《关于形而上学和宗教的对话录》，Paris：A.Colin，1922，对话 8，第 3 部分。
② 同上书，对话 8，第 4 部分。

止片刻,世界必然会重新陷入虚无。创造物的保存其实是持续地创造它们,上帝不断地将它们重新创造出来。因为创造包含在上帝的圆满性、完善性之中,它体现了全能。

第三,上帝是能自我认识的,自我认识也是一种完善性,也体现了全能。既然他完善地认识自我,从而他也认识他的本质可以被一切个别的、有限的存在体分有或模仿的各种样式,也就是说在他的本质里看到所有这些存在体的观念或原型。①

第四,上帝是自由的。既然上帝是无限完善的存在,他完全是自足的,不缺乏任何东西,也不需要任何东西,也不欲望任何东西,他是完全自由的,可以不创造世界,绝没有什么会强迫他去创造世界,他并非必然地和本质上是一个创造者。

上帝既不是物质的也不是精神的。上帝不是物质实体,这是显而易见的,同时理智不能告诉我们说上帝是精神的,只有《圣经》才能告诉我们这一点。当我们说及上帝的神圣的智慧的时候,也不能说他与我们的智慧和精神有什么类似关系。我们应警惕将上帝拟人化,陷入"神人同形同性说"的错误之中。上帝在他本身里包含一切物质的完满性而他本身并非物质的,同样,他也包含被创造的精神的完满性而他本身并不是我们所领会之精神那样方式的精神;他真正的名字是"自有的"。马勒伯朗士的上帝不是一个人格神,不是天上的君王,而是一个普遍的理性,但就他显示在《圣经》中和显示在人的理性中的种种完善性而言,就足以使我们明了。

4. 上帝是世界的第一原因

马勒伯朗士充分地发展了包含在笛卡尔哲学中的自然神论的思想和

① 马勒伯朗士:《一个基督教哲学家和一个中国哲学家的对话——论上帝的存在和本性》,庞景仁译,见《马勒伯朗士的"神"的观念和朱熹的"理"的观念》,冯俊译,商务印书馆 2005 年版。

偶因论的思想,同时又以更完善的形式将它们结合起来。

(1)一般规律。

马勒伯朗士认为,神创造了世界,并通过一般规律来支配世界,并且从不违反这些规律而行动。

上帝以两种形式行动,或是根据特殊意志,或是根据一般规律,上帝在创造最初的事物时当然是根据他的特殊意志而行动,但是上帝在创造世界的时候建立了一些必然运动的一般规律来支配世界,世界创造完后,上帝休息了,只要遵从这些规律就够了,无须其他干扰。这种自然神论的思想,笛卡尔早在《论世界》一书中就已提出来了,在《谈谈方法》中又重新作了表述,认为上帝创造世界时将规律放入世界之中,然后上帝就不做别的事,自然依照他所建立的规律活动,即令上帝创造出许多世界,也不会有一个世界不遵守这些规律。

尽管世界是纷繁复杂的,但上帝建立的规律应该是非常简单的,理性和经验告诉我们有三条规律:

其一,运动传输的一般规律。通过这类规律的建立,神把照耀的力量传送给太阳,把燃烧的力量传送给火,同样还给诸形体为了相互作用而具有的其他一些品性。

其二,心灵和形体连接的规律。上帝建立了这类规律,像外部对象有触及我们的感官和动摇我们的力量,使我们有说话、行走、感觉、想象和其他能力。通过这些规律,上帝把我们和他的全部作品联结起来了。

其三,心灵和上帝、普遍理性和理智实体联结的规律。通过这些规律的建立,精神有想它愿意想的东西的能力,即心灵能和上帝相通,能认识真理。①

这些规律非常简单、最富一般性,因为简单性、一般性最能体现神圣性,上帝的作品是以最简单和最一般的方法产生出来的。上帝是永恒的、

---

① 马勒伯朗士:《关于形而上学和宗教的对话录》,Paris:A.Colin,1922,对话 13,第 9 部分。

不变的,由上帝所建立的这些规律也是永恒的和不变的。

我们说上帝创造完这些规律后就休息了,但并不是说上帝就不再工作了,而是说上帝不再以特殊意志来行动,而是遵从一般规律,将他的智能表现在原因的系列中,以规律来支配世界,他是一切运动的最后原因,真正的原因、第一原因。

(2)偶因论。

马勒伯朗士因其偶因论而著称于世,不过他并不是偶因论的创立者和唯一代表,在他之前就有科德莫瓦、格林克斯等人已经提出了偶因论,不过马勒伯朗士的偶因论在理论形态上最为完整,影响最大。

从思想来源上讲,主要是受笛卡尔二元论和不断创造说的影响,实际上是为了解决笛卡尔二元论和心身关系的矛盾而提出来的一种解决途径。沿着笛卡尔的思路,马勒伯朗士认为,宇宙是由精神与物质两种完全不同的实体而组成的。形体、物体的本质是广延,精神、灵魂的本质是思想,因此,在这个世界上物体、肉体不能作用于精神,精神也不能作用于肉体和其他物体,物体之间也不能相互作用,他们之间的联系和沟通必须依靠上帝的帮助。

首先,物体之间不能相互作用。物体的本质是广延,它们是被动的,不能自己推动自己,不是自因的。我们看到一个物体能够改变另一个物体的状况,一个物体紧接着另一个物体而运动,观察到了物体的运动之间的齐一性,但这只是一种物体的前后相继的现象,只是事件之间的一种恒常的联结,它们之间没有一种必然的联系,在物体之中没有什么内在的力。对于这种内在的力量我们一无所知。对于物体观念的考察,我们根本不可能决定物体会在何种条件下以何种方式来推动其他物体。经验只能告诉我们物体的恒常的连续,而不能告诉我们因果必然联系的观念。

自然的因果是一些偶然的原因,这些原因在自然中产生了一系列的因果连锁,这些连锁本身并没有任何必然的联系。它们连锁的必然性乃是根据上帝永恒不变的法则,即"一般规律",只有它们才是自然的"第一原因",而自然的原因只是第二原因。自然的原因只是一个物体运动的偶因、机缘,它们完全服从自然界的因果规律。自然的原因并不是物体运动的真正原因,真正的原因是上帝。如果没有上帝的协助,自然中就不可能有运动。如果上帝创造了一个球,只要上帝想将球保持在地板的某一点上,就没有任何力量能使这个球离开,如果上帝要这个球运动,就没有力量能使它停止运动。假如有两个球,球 A 在运动中,球 B 在静止中,当球 A 撞击了球 B,使球 B 运动起来,按照马勒伯朗士的理论,球 A 的撞击只是球 B 运动的偶因或特殊原因,而上帝才是球 B 运动的真正原因,是上帝把它保持在不同的位置上,上帝的行动不是随意的,而是按照它所颁布的运动的一般规律而行动。

其次,物体不能在心灵中产生变化,即物体不能作用于精神。例如,一根针刺了我的手指,我的手指马上就感觉到疼痛,那么针刺就是我手指疼的原因吗? 不是,经验只能告诉我们,当一根针刺我们时我就觉得疼,经验不能告诉我们针能有某种力量作用于心灵,我们常常将前后相继的现象误认为因果联系,作出物体能作用于心灵的解释。因为我们无法理解一个有广延的实体如何能作用于无广延的心灵,它们没有相互作用的力量。针刺只是我手指疼的偶然的原因、特殊的原因,真正的原因是上帝,是上帝通过疼的感觉向你昭示在你之外发生的事情。

再次,心灵也不能作用于身体。有人说,我愿意移动我的手臂,我就移动了它,我的意志不就是我的手臂移动的原因吗? 马勒伯朗士说,不是。你的意志和你的手臂的移动只是一种先行和后续的联结,而不能把前者说成后者的原因。在此马勒伯朗士实际上提出了作为原因的两个条件。第一,"一个真正的原因就是心灵在它和它的结果之间能知觉到一种必然联系的原因,我就是这样来理解这个词的"[①]。我们只能知觉到意

---

① 马勒伯朗士:《真理的探求》,见《马勒伯朗士全集》(*Oeuvres Complètes de Male-branche*),édité par Géneviève Rodis-Lewis,Paris:Librairie Philosophique J.Vrin,1972,第 2 卷,第 6 编,第 2 部分,第 3 章。

志混杂着一种努力感,然后就是手臂的移动,但是意志是怎样产生运动的,我们一点也不知道。因为我们移动手臂一定要通过动物元气,动物元气通过一定的神经到一定的筋肉里面,从而使手伸伸缩缩,按说我们应该知道怎样推动大脑中的动物元气,然后再推动我们的手臂的,但我们对这些一点都不了解,不知道是怎样产生这个运动的。魔术师可以非常灵巧、非常熟练地移动他们的手臂,却不知道这个运动的生理过程,丝毫没有知觉意志和手臂运动之间的必然联系,因此不能说意志是手臂移动的原因。

不错,胳臂是在我们想要它动的时候它才动;因此,我们是我们的胳臂的运动的自然原因。然而自然原因并不是真正的原因,它们不过是一些机缘原因,它们是由于上帝的意志的力量和有效性而起作用的。①

第二,一个真正的原因应该是一个创造者,它应该有产生结果的力量,人类的行动不能创造,上帝也没有把这种力量传送给人类,所以,人不可能是真正的原因,因此是上帝借意志的机缘而推动手臂。

由上观之,按照马勒伯朗士的观点,世界上的一切运动和变化都是上帝的旨意的结果,离开了上帝就不可能有运动,物体不能相互碰撞,物体不能作用于我们,心灵也不能推动身体,没有上帝的帮助,我们连一个手指都不能动。在宇宙中我们只能找到自然的原因、偶然的原因,这些也是上帝自己产生的。当上帝不用特殊意志而行动时,他就运用这种方法规定物体与物体的无限结合、物体与精神的无限结合,使一切现象受一般规律的支配,使我们看起来是心灵推动肉体、物体和肉体印象可以影响灵魂、物体能相互影响,其实它们都不是真正的原因,唯一实在的原因是

---

① 马勒伯朗士:《真理的探求》,见《马勒伯朗士全集》(_Oeuvres Complètes de Male-branche_) ,édité par Géneviève Rodis-Lewis,Paris:Librairie Philosophique J.Vrin,1972,第2卷,第6编,第2部分,第3章。

上帝。

马勒伯朗士的偶因论,把世界上的一切运动和变化都说成是上帝的意志的体现,把上帝看作是第一原因、真正的原因,把自然的原因看作第二原因、偶然的原因,这无疑是唯心主义的。但是,马勒伯朗士对于原因和结果问题的探讨,提出值得我们注意的问题。例如,一方面,马勒伯朗士认为,一个真正的原因和它的结果之间应该有某种必然的联系,原因应该具有产生结果的能力。另一方面,马勒伯朗士又认为,人们通常所说的原因,即自然的原因,其实不过是一种现象的恒常结合,有规则的联结,我们根本就得不到一个因果的观念。马勒伯朗士的这个观点对于休谟(David Hume,1711—1776)的因果观产生了很大的影响,并且与现代物理学的观点非常一致。科学只能决定恒常的连续、有规则的结合,说出当一个现象发生变化时,另一现象是怎样变化的,只注意现象间的规律而不去深究事物内部隐秘的质、内在的力。现代物理学的这些观点,可以说从反面得到了马勒伯朗士"偶因论"的启发。

马勒伯朗士在法国近代建立了第一个以神为中心的哲学体系,上帝是马勒伯朗士哲学的中心范畴。首先,没有上帝,就没有我们和万物的存在;没有上帝,我们就不能有感觉、想象等自保的本能;没有上帝,我们就不能认识到世界上的万事万物,我们就不可能得到永恒的真理和普遍的道德原则;没有上帝,就没有世界上的一切运动和变化,物体不能相互碰撞,肉体不能作用于心灵,心灵不能作用于肉体,没有上帝的帮助,我们甚至不能动弹一下我们的小手指。

有人说马勒伯朗士是法国的柏拉图和奥古斯丁,他像柏拉图那样,把理念(观念)看作是上帝创造万物的原型,观念是事物的本质但又是存在于上帝之中。他并且像柏拉图一样,认为肉体是灵魂的坟墓,同肉体(包括肉体的感官以及和肉体有关的想象)结合只能产生错误、离开了真理,精神只有和上帝结合才能更纯粹、更光辉、更强大、更恢宏,才能获得真理和幸福。他像奥古斯丁一样,要从人自身的内心经验而导向上帝,把真理看作是上帝的产物;所不同的是,奥古斯丁认为,人内心深处的真理是由上帝创造的,而马勒伯朗士认为,人的内心没有真理,只有在上帝之中才能看到真理。

有人说,马勒伯朗士是法国的贝克莱,或反过来把贝克莱叫作爱尔兰的马勒伯朗士,以表明他们学术观点的共同性。这些共同性表现在:首先他们都改造了洛克等人的"两种性质学说",以感觉的相对性为根据,从否定第二性的质的客观实在性开始,进一步否定第一性的客观实在性,贝克莱依此作出了"物是感觉的集合"的结论,而马勒伯朗士以此断定一切感觉都是不可靠的,以感觉为根据来作判断,必定要犯错误。其次,马勒伯朗士认为我们不能直接认识物质对象,我们认识的对象是观念,贝克莱也是把观念当作认识对象和客观实在,表面上看来,二人非常相似,但马勒伯朗士认为,虽然外部对象、物质实体不能被我们直接看到,但它们的客观存在是不言而喻的,而贝克莱却认为物质实体是不能独立于我们的主观而存在,物体不过是观念的集合。可见马勒伯朗士是客观唯心主义,贝克莱是主观唯心主义。最后,两人的思想发展路径和理论特征很相似。贝克莱是继承了洛克所确立的经验论原则,从而引出了洛克本人不曾得出的彻底的结论,如否认物质实体的存在,运用经验主义的原则建立起了一个以上帝为中心的哲学体系,而马勒伯朗士从笛卡尔的二元论原则出发,得出了比笛卡尔更彻底的结论,如物质和精神没有任何实际的相互作用,从笛卡尔的二元论最终走向了以上帝为中心的神学唯心主义的一元论,建立起了完整的宗教形而上学的体系。

拓 展 阅 读

一、必读书目

1.帕斯卡尔:《思想录》,何兆武译,北京:商务印书馆 1986 年版。

2. 马勒伯朗士:《真理的探求》,见《马勒伯朗士全集》(*Oeuvres Complètes de Malebranche*),*édité par Géneviève Rodis-Lewis*,*Paris*:*Librairie Philosophique J. Vrin*,1972。

二、参考书目

1. 笛卡尔:《第一哲学沉思集》,庞景仁译,北京:商务印书馆 1986 年版。

2. 庞景仁:《马勒伯朗士"神"的观念和朱熹"理"的观念》,冯俊译,北京:商务印书馆 2005 年版。

26
斯宾诺莎哲学

韩 东 晖

自因(causa sui),我理解(intelligo)为这样的东西,它的本质(essentia)即包含存在(existentia),或者它的本性(natura)只能设想为存在着。

——斯宾诺莎:《伦理学》,第 1 部分,定义 1

天意便是无知的避难所(ignorantiae asylum sonfugeris)。

——斯宾诺莎:《伦理学》,第 1 部分,附录

观念的次序和联系与事物的次序和联系是相同的。

——斯宾诺莎:《伦理学》,第 2 部分,命题 7

幸福不是德性的报酬,而是德性自身;并不是因为我们克制情欲、我们才享有幸福,反之,乃是因为我们享有幸福,所以我们能够克制情欲。

——斯宾诺莎:《伦理学》,第 5 部分,命题 42

　　斯宾诺莎是西方近代早期哲学中重要而独特的大哲学家,通常被认为是典型的理性主义哲学家。不过,斯宾诺莎的文化身份、哲学脉络和政治谱系相当复杂,既使研究者的探索进路越来越丰富,也使斯宾诺莎的思想形象越来越丰满。斯宾诺莎的代表作是《伦理学》,但我们不能望文生义认为这仅仅是一部伦理学的著作;事实上,这部著作以几何学的表述方式,构造了哲学史上独一无二的哲学体系。表面上看,这是近代早期哲学对数学方法的信赖和放大,表达了对确定性的寻求;但如果我们深入斯宾诺莎的体系,就会发现更深刻的方面:几何学方法不只是表述方法,而且表现出独特的哲学方法:在认识论的意义上,从叙述的次序来看,必须首先规定神的绝对无限的本质,建立起叙述的起点;在存在论的意义上,从证明的次序来看,必须与世界的逻辑结构相一致,一切都必须从神的绝对无限性中推出。接下来我们将重构斯宾诺莎的哲学体系。斯宾诺莎要解决的核心问题是:首先,永恒无限者如何界定,如何肯定性地刻画它的本性;其次,永恒无限者如何与绵延的有限者相贯通。我们的重构也包括两个方向,一是实体的从无限到有限的推演,二是个体的从有限到无限的努力。在第一个方向中,最有说服力的解读是表现主义的思路,在第二个方向中,我们要关注充分观念、主动情感、努力和对神的理智的爱这四个关键观念。本章第四部分关注斯宾诺莎哲学从形而上学到道德哲学和政治哲学的过渡,切入的角度是必然与自由的关系,实际上是以自由概念为核心,解说斯宾诺莎的道德哲学和政治哲学。斯宾诺莎在他所能够的最大限度内为自由做了辩护:"自知是正直的人并不怕人按一个罪犯把自己处死,不怕受惩罚;他的心中没有因做了丢脸的事而起的那种懊悔。他认为为正义而死不是惩罚,而是一种光荣,为自由而死是一种荣耀。"(《神学政治论》)斯宾诺莎没有为自由而死,但他为自由而生;虽未曾想到荣耀,但无疑确立一个榜样;正如文德尔班所说:"为真理而死难,为真理而生更难。"

在此,我们应特别注意下述四点:

首先,应结合斯宾诺莎《伦理学》原文来阅读本章。因为斯宾诺莎的《伦理学》以几何学方式撰写,他对关键概念的理解有自己独到的地方,对命题的表述及其论证也极其细密。

其次,应避免过多地从经验主义与理性主义的对立角度来理解斯宾诺莎。这种做法会把斯宾诺莎的思想简化为认识论,而容易忽视其整体思想的丰富性。

再次,应注意斯宾诺莎哲学的思想渊源。应当关注斯多亚学派、中世纪犹太哲学、近代科学革命和笛卡尔哲学对斯宾诺莎哲学的影响。

最后,应重视《斯宾诺莎书信集》、《神学政治论》的阅读。《书信集》对于把握斯宾诺莎思想很有帮助。《神学政治论》是斯宾诺莎政治哲学、宗教哲学的代表作。

斯宾诺莎;实体;属性;样式;神即自然;几何学方法;表现主义;真观念;充分观念;主动情感;对神的理智的爱;永恒与绵延;努力(conatus);决定论

一、斯宾诺莎的多重形象

斯宾诺莎(Baruch de Spinoza,1632—1677)是西方哲学史上重要而独特的大哲学家。关于斯宾诺莎的一生,亨利希·海涅有一段名言:

斯宾诺莎的生涯没有丝毫可非议的余地,这是可以肯定的。它纯洁、无疵,就像他那成了神的表兄耶稣基督的生涯。而且有如基督,他也曾为了自己的学说而受苦,并像基督那样戴上了荆冠。一个伟大的精神人物不管在哪里说出他的思想,哪里便会成为他的各各他。①

作为 17 世纪基督教背景下的荷兰共和国的公民,他是马拉诺文化影响下的葡萄牙裔犹太人。但作为侨居他乡的犹太人、本来充满希望的"希伯来之光",却因异端思想被逐出当地犹太人的教会和社区,当时年仅 23 岁。其后,他虽是以磨制镜片为生的工匠,却毕生从事着哲学、科学、神学和政治学的思考和写作。作为隐居江湖之远的思想家,他的联系和影响却渗透到当时理智生活乃至政治生活的网络当中。作为独立学者和"老师",他宁愿保持思想和言论表达的自由而拒绝接受海德堡大学的教职。作为哲学史上独一无二、令人生畏的几何学表述和论证体系,他的著作的字里行间洋溢着悲天悯人的情怀和对神的理智之爱。

斯宾诺莎在近代理性主义者中通常在笛卡尔之后坐第二把交椅,在生前也通常被视为笛卡尔主义者,自 1677 年斯宾诺莎去世以来,斯宾诺莎迷宫之中出现了众多的斯宾诺莎形象。有神论者毁之为邪恶的无神论者,致使斯宾诺莎在死后的近百年间被否定,被漠视,而泛神论者则誉之为"陶醉于神的人"、"最具基督品格"(*christianissimus*)的人,甚至"像他那成了神的表兄耶稣基督"②;诗人们在其中品味出宇宙的欢歌和心灵的宁静,而改革者则偷运出他与迷信搏斗、批判性的解读圣经的军火。当我们捧读启蒙时代的地下文本和大思想家的作品时,我们总会发现斯宾诺莎的印记无处不在;但除了护教论者眼中的风车外,我们确实又找不到一个严格意义上的斯宾诺莎主义者,而只能看到思想家们对斯宾诺莎的运用乃至滥用。

人们在斯宾诺莎那里看到了坚定不移的必然论(Necessitarianism)和因果决定论(Determinism),而他的伦理学理想却又在为"人的自由"张

---

① 海涅:《论德国宗教和哲学的历史》,见《海涅选集》,北京:人民文学出版社 1983 年版,第 257 页。
② 这三个说法乃是德国浪漫派对斯宾诺莎的赞誉,分别出自诺瓦利斯(Novalis)、歌德和海涅之口。

本;他坚信人的心灵和肉体是一体两面,严格对应的,但他又坚持心灵能够超越肉体的死亡而臻于永恒;他被马克思主义者视为辩证唯物主义的先驱,但又被黑格尔当作绝对唯心主义的领路人;他被视为心理学的唯我论者,宣称一切个体必然首先追求自身利益,对我有用即是他物的价值,但他又旨在促进建立在爱和友谊之上的人类社会,自己也爱人如己,从无怨天尤人之辞;他认为国家有权利做其权力所能及的一切,但同时坚决为民主政体和言论自由辩护;他否认超自然的天启,将大众宗教视为对国家和平与稳定的严重威胁,但又细致入微地解释圣经,主张彻底的宗教宽容和自由……由于这些表面或内在的矛盾,我们便有了巴门尼德意义上的、迈蒙尼德式的、笛卡尔意义上的斯宾诺莎,也有了谢林式的,雅可比式的①,黑格尔式②的和叔本华式的斯宾诺莎;有唯物论—无神论—决定论的斯宾诺莎,也有神秘主义—泛神论的斯宾诺莎。如此等等,不一而足。

斯宾诺莎的形象的多重性一方面源于他的思想来源的多样性③,另一方面则源于他的身份的多样性:形而上学家、道德哲学家、政治和宗教思想家、圣经诠释者、社会批判者、荷兰知识分子、瑟法底④、马拉诺文化的产儿⑤、被诅咒和驱逐的犹太异端,甚至还包括磨制镜片的技师、不成

---

① 谢林和雅可比的观点参见:谢林:《对人类自由的本质及与之相关联的对象的哲学探讨》,见海德格尔:《谢林论人类自由的本质》附录,薛华译,沈阳:辽宁教育出版社1999年版,第270—271页。

② 黑格尔:"斯宾诺莎是近代哲学的重点:要么是斯宾诺莎主义,要么不是哲学。"(参见《哲学史讲演录》第四卷,北京:商务印书馆1978年版,第100—103页。)

③ 例如,在沃尔夫森的考察中,斯宾诺莎哲学中圣经的、亚里士多德主义的、中世纪希伯来和阿拉伯的,以及最终笛卡尔的这些并不一致的思想资源就被他逐一挖掘出来(H. A. Wolfson, *The Philosophy of Spinoza*, Cambridge, Mass., Harvard University Press, 2 vols, 1934.)。

④ 瑟法底(Sephardi),指西班牙系犹太人。作为犹太人后裔,中世纪时居住在西班牙和葡萄牙,直到1492年驱除中的迫害高潮迫使他们离开。

⑤ 马拉诺(Marrano)系中世纪时在西班牙和葡萄牙境内被迫改宗基督教而暗地依然信奉原来宗教的犹太人或摩尔人。由于许多马拉诺们表面上改宗基督教,但暗地里又保持着犹太人的生活方式,因此产生了一系列的二元性(如内在信仰与外在生活的对立,语言的双重化等)。

功的商人等。就其哲学代表作《伦理学》而言,则源于其思想的表述形式所具有的体系化特性和丰富的可诠释性。

二、方法与逻辑

斯宾诺莎仿效笛卡尔的方法论思想,不但把笛卡尔的《哲学原理》以几何学的形式加以改写,而且依几何学次序构造自己的著作《伦理学》。不过,虽然两人都奉几何学方法为圭臬,却钟情于不同的路向。

笛卡尔在《沉思》的"第二答复"中区分出几何学写作方式两个要素:次序和证明方式。次序是证明的先后,所以根据必定在前;证明是研究和叙述的次序,因此是这一次序双重的:或指出按次序发现某个结果的真实道路,或指出某个结果必然存在或不存在的论证过程;前者被称为分析法或决定法,后者则被称为综合法或组合[构成]法。几何学家之所以往往采取综合法而不是分析法,因为分析法能告诉人们发现真理的方法,而这恰恰是他们的秘密。笛卡尔则要把这一秘密公之于众,并在《沉思》中采取了分析法,因为这种方法是最真实、最好的教学方法,而综合法则因为其第一概念的实质容易为读者的成见所遮蔽、所否认,故"虽然在几何学里所谈的东西上它仅次于分析法的地位,但是它对于形而上学的东西却不怎么合适"①。

斯宾诺莎却热衷于综合法,他要用这种标准的几何学方法,"努力用几何方法来研究人们的缺陷和愚昧","我将要考察人类的行为和欲望,如同我考察线、面和体积一样"②。因为,几何学在证明和获取知识上都是确定而完善的,并且确立了一种真理标准。因此他在形式上采取了几何学的证明次序:定义、公理、公设、命题、绎理,其推理关系是根据—后果(ground-consequence);但在实质内容上,则是知识论的,其推理关系是原因—结果(cause-effect)。所以,《伦理学》中的推演需要从形式和内容两

---

① 笛卡尔:《第一哲学沉思集》,庞景仁译,北京:商务印书馆1986年版,第158页。
② 斯宾诺莎:《伦理学》,北京:商务印书馆1983年版,第97页。

个方面去理解,具体地说,并且从根本上说是"由神的本质的必然性推出";而"必然地推出"恰恰是从亚里士多德到现代逻辑贯穿始终的基本精神。因此,斯宾诺莎的几何学方式似乎可以称之为"几何学逻辑"。同时这种"逻辑"不仅仅是"工具论",而是知识,是形而上学本身;黑格尔式的存在论、认识论和逻辑学的统一在斯宾诺莎这里已初露端倪。因此,这种"逻辑"、几何学方法实际上是哲学方法,同时又对哲学思维的严格性提出了近乎苛刻的要求——哲学要能够像几何学那样证明自身。

但另一方面,这种"几何学方法"作为哲学方法,实则已然超越了几何学本身,因此,《伦理学》采用了"几何学次序"的提法,而不是像早先的《笛卡尔哲学原理》那样用的是"几何学方式"。因为在斯宾诺莎看来,分析法也好,综合法也好,关键问题在于首先形成关于存在者本质的充分观念,而且是最完善的存在者的充分观念,这应当是一切论证的起点,而它自身即是自身的根据和标准。因此,推演次序包含两个层次:首先是依理性的要求探讨某种本源性的存在及其本性;其次从它那里推出我们的一切观念(参见《理智改进论》,第99节)。这样,斯宾诺莎的世界在存在论意义上可以从那个绝对无限的存在者的本质中,按照确定的推理规则(即决定论的因果关系或必然的秩序)推出,犹如几何学体系一样。几何学次序就不仅仅是叙述的方法,倒像是整个世界的具体而微的缩影,与之具有存在论意义上的共同的内在结构或内在逻辑;因此,几何学次序只是永恒形式的一个例证,一种表现而已。这似乎是说,几何学论证次序对斯宾诺莎的哲学体系来说是必不可少的,但并不是就叙述的方法而言,而是就必须按照严格的必然性和因果关系,从已知到未知进行证明和推论而言。在这一点上,它构成了后者所必需的逻辑骨架,是不可能被解构的。

但是,几何学构造次序对斯宾诺莎哲学来说又是远远不够的,根本的差别在于起点的差别:作为几何学的起点是定义和公理所包含是感性的直观和最简单的概念,而命题通过证明所形成的概念是比较复杂的、被构造出来的概念,它们并不真实地包含在定义和公理当中;而作为斯宾诺莎哲学的起点的定义和公理的对象则是最完满的、绝对无限的存在者,而不能像几何学那样从至简至易者开始。他的概念或观念不是被构造出来的,而是通过理智直观而理解了的,从他那里推出的则是思想的和广延的存在物都是已经就包含在他自身中的。几何学中的存在者,即定理或命题,只是可能地包含在几何学的世界中,而世界中的一切都现实地存在于神的无限观念当中。

所以,在认识论的意义上,从叙述的次序来看,必须首先规定神的这种本质,建立起叙述的起点;在存在论的意义上,从证明的次序来看,必须与世界的逻辑结构相一致,一切都必须从神的绝对无限性中推出。因此,我们不如把斯宾诺莎的存在论视野视为"自(世界的)永恒秩序下的观照",把他的形而上学方法视为"自(观念的)永恒秩序下的推出",把他的哲学脉络视为对永恒的追求。

三、实体与个体:体系的重构

讲述斯宾诺莎哲学的著作常常引用《理智改进论》带有自传性质的第一节:

> 当我受到经验的教训之后,才深悟得日常生活中所习见的一切东西,都是虚幻的、无谓的,并且我又确见到一切令我恐惧的东西,除了我的心灵受它触动外,其本身既无所谓善,亦无所谓恶,因此最后我就决意探究是否有一个人人都可以分享的真正的善,它可以排除其他的东西,单独地支配心灵。这就是说,我要探究究竟有没有一种东西,一经发现和获得之后,我就可以永远享有连续的、无上的快乐。①

经历心灵的磨难和精神的探险之后,年轻的斯宾诺莎发现"爱好永

---

① 斯宾诺莎:《知性改进论》,贺麟译,北京:商务印书馆 1986 年版,第 18 页。

恒无限的东西,却可以培养我们的心灵,使得它经常欢欣愉快,不会受到苦恼的侵袭,因此,它最值得我们用全力去追求,去探寻"(《理智改进论》,第10节)。于是,斯宾诺莎便试图"引导我们犹如牵着手一样达到对于人的心灵及其最高幸福的知识"。① 这是"哲学的目的",也是斯宾诺莎的代表作《伦理学》的宗旨。但是,有限的个体如何爱好永恒无限的东西呢? 如何超越自身的有限性而臻于无限完满的境界呢? 这两个问题的解答取决于两个方面的更基本的问题:(1)永恒无限的东西是什么? 它是怎样的永恒无限呢? 有限的东西又是怎样的有限呢? (2)有限的存在者与无限的存在者在存在、认识和实践这三个层面上是如何沟通的呢?对这两个问题的解答构成了《伦理学》的主要内容。

对第一个问题的解答展开为两个方面:一是自表现神之本质的属性而变异为万物,其中只涉及广延属性的样式和思想属性的样式,并由直接和间接的无限样式过渡到具体的有限样式的本质和存在;二是自作为神之本质的能力而具体化为万物的现实本质,即保存自身的努力,其中只涉及身体的能力和心灵的能力。

对第二个问题的解答也相应地表现为两个方面,即个体作为样式的存在和作为能力的存在,但这两个方面实际上又是一体的。人作为广延的样式处在两种能力斗争的张力之中,即身体的被动遭遇和身体的主动适应。身体在万物的感触、激动和作用下,或者保存自身的能力得到推进,或者个体生存的冲动遭到遏制乃至毁灭;人作为思想的样式亦出自两种能力斗争的张力之中,即充分的观念与模糊的观念、主动的情感与被动的情感之间的冲突。模糊的观念遮蔽充分的观念,被动的情感消磨主动的情感;而充分的观念的能力可以去蔽归真,主动的情感的能力可以克制情欲。广延的身体无法克服自然的共同秩序,即动静生灭的自然规律,而思想的心灵却可以步入永恒的理智形式,以理性之知、理智之爱通万物之

---

① 　斯宾诺莎:《伦理学》,北京:商务印书馆1983年版,第44页。

理,臻天人之境,得享至福。

1. 实体:从无限到有限的推演

在《伦理学》第一部"论神"中,斯宾诺莎就以8个定义、7个公理、36个命题和一个长篇附录,构造了一个精致的形而上学体系。他面临的任务是:首先,永恒无限者如何界定,如何肯定性地刻画它的本性;其次,永恒无限者如何与绵延的有限者相贯通。于是,斯宾诺莎先从无差别的存在者起论,径直从它们的范畴入手。他把一切存在者分为两类:在存在的范畴下,一类在自身中存在,另一类在他物中存在;在认识的范畴下,一类通过自身而被认识,另一类通过他物而被认识。斯宾诺莎把在自身中存在且通过自身而被认识的存在者规定为实体。既然在自身中存在,那么就不以他物为原因,但它作为结果必有原因,因此是自因,其本性只能被理解为存在着,存在属于实体的本质。实体的本质又是由属性构成的,属性在理智看来构成了实体的本质。这一切似乎顺理成章,"实体—本质—属性"构成了实体的第一个三元结构:实体表现自身,属性表现实体,实体的本质获得表现;或者说这里是:表现自身的实体,起表现作用的属性和被表现的本质。可见,"表现"(express)概念确实是一个重要的概念。①

实体又过渡到神,即过渡到第二个三元结构:完满、无限和绝对。"神(Deus),我理解为绝对无限的存在,亦即具有无限多属性的实体,其中每一属性分别表现永恒无限的本质"(E ID6)。② "神,或实体,具有无

---

① 只有在这一层关系基础上,我们才能理解斯宾诺莎特有的表达式,时而"就神被认作无限的而言",时而又"就神被认作广延之物而言",甚至是"就水作为有形体的实体而言"(E IP15S)。当然,这还需要进一步的廓清。关于斯宾诺莎的"表现主义"思想,参见德鲁兹的杰出著作《哲学中的表现主义:斯宾诺莎》(Deleuze, Gilles. *Expressionism in Philosophy*: *Spinoza*. Trans. Martin Joughin. New York: Zone Books. 1990)。

② 引述《伦理学》的内容时,按照学术界的惯例,常用以下缩写:E 表示《伦理学》,"P"指"命题"(Proposition),"S"指"附释"(Scholium),"Ax"指"公理","C"表示"绎理"(Corollary),"D"表示"定义"(Definition),"L"表示"补则"(Lemma)。举例来说,E II P40S1 指《伦理学》,第二部分,命题40,附释。

限多的属性,而它的每一个属性各表现其永恒无限的本质,必然存在。"（E IP11）神是《伦理学》的主角,一旦他被纳入通过属性来表现自身的实体框架,他的完满、无限和绝对一方面得到确定,另一方面又肯定地区分为无限多的自类无限的表现自身的属性,斯宾诺莎哲学的起点才真正形成。而这种确证之所以可能,是因为"神的属性应当理解为表现神圣实体的本质的东西,亦即属于实体的东西:这个东西,我说,也是属性本身所必定包含着的"（E IP19D）。这种肯定性划分之所以可能,正是因为表现内在于神及其本质和本质的属性。正因为无限多的属性都在从各个不同的方面表现神的绝对本质,因此,彼此之间不包含共同点,但又是严格对应的,因为它们表现的是神的同一个本质,同一个本质的绝对必然性,否则的话,神的本质就不包含必然性的秩序,这有损神之绝对无限圆满。而某一属性对自身的表现也必然依照神之内的秩序,而变异为各自的样式,因此样式之间也必然是严格对应的。这是斯宾诺莎心物平行论的基础。

　　表现包含两层含义:在存在论意义上,表现是神的表现,而作为表现的属性又包含着神的本质,这与流溢说和创造论有渊源关系;在逻辑学意义上,上承亚里士多德逻辑学,与命题所表达的东西相关,正如斯宾诺莎所言"一物的真定义,除包含或表现那物的本性外,决不包含别的东西,也不表现别的东西。"（E IP8S2）就存在论含义而言,属性（及出自其无限本性者）构成了实体无限多的"范畴",即宇宙的条理或必然秩序;就逻辑学含义而言,属性决定了推理论证的秩序或命题的次序;而在认识论意义上,又必然要符合前两个方面,并沿着它们才能理解神或实体或自然,因而属性同时就是理解神圣实体的本质的方式。（所以斯宾诺莎在属性的定义中要加上"在理智看来"云云。）属性是实体展开或表现自身的第一步,而这一步纯粹是理智的洞见。包含方能表现,表现即是展开;展开则散为万物,收拢则凝为一体。如果我们再注意到:样式包含并表现了它所依赖的属性,而属性又包含了其所有样式的本质,我们就不难理解:世界的构造逻辑即是表现的逻辑。

神为什么要表现自身,或者说,实体为什么要变异为无限多的样式?斯宾诺莎引入了神的能力这一概念。"神的能力就是神的本质本身"(E IP34)。这样,神作为自因、绝对的第一因,就与神的能力结合起来。这样,实体又表现为第三个三元结构:作为能力的本质,出于本质的能力和变异为样式的能力。"能力"(power)概念在这里具有举足轻重的地位。我们再回过头来看一下这三个三元结构:属性、本质、实体,是对神进行考察的三个起始范畴;完满、无限、绝对,是对神之本性的刻画;而第三组则体现了神的能动性和主动性。当黑格尔指责斯宾诺莎的"实体仍然处于死板的、僵化的状态中,缺少波墨的源泉"①的时候,他也许忽略了斯宾诺莎强调的神的能力。当然,在他的意义上他是对的,因为斯宾诺莎的实体确实不是通过辩证法、作为包含着对立统一的主体而展开的,但斯宾诺莎的神确实又是通过对自身的绝对肯定(不包含对立面)而展开自身的无限能力的,这同样源自一个古老的传统。在这个意义上,神是自因的,因为他只是按照自身本性的法则而行动,只是依据他的本性的必然性而存在。

当第一类存在者被确定为绝对无限的唯一实体,那么"一切存在的东西,都存在于神之内,没有神就不能有任何东西存在,也不能有任何东西被认识。"(E IP15)"从神的本性的必然性,无限多的事物在无限多的方式下(这就是说,一切能作为无限理智的对象的事物)都必定推得出来。"(E IP16)而神之内的存在者都以样式的形式存在。样式即实体的变异。所谓变异,是拉丁文名词 affectio 和 modificatio 的中文译名。样式就是实体的作用的结果,被按照某种尺度做成的,在某种限度内存在的,具有某种程度的完满性的东西。换言之,从永恒的秩序来看,就样式是实体通过无限属性而产生的结果而言,样式就是实体的具体状态或情状;而从自然的共同秩序来看,就运动与静止在时间中的绵延而言,样式是个别事物之间相互作用的结果。

---

① 黑格尔:《哲学史讲演录》第四卷,北京:商务印书馆 1978 年版,第 102 页。

　　一切存在者的存在方式如何依赖于神呢？与神之表现自己一样，属性也必然在自类中表现自身，这也正是因为它表现了神的本质。但问题在于，属性既然表现神的本质，故本身也是永恒无限的，因此属性要通过两个环节变异为现实存在的有限样式，这就是所谓的直接无限样式和间接无限样式。用沃尔夫森的话说："有限的事物直接出自有限的原因，而这些有限的原因在数量上是无限的，出自间接的无限样式，这种间接的无限样式又出自直接的无限样式，后者则直接出自神。"①不过，在《伦理学》中，斯宾诺莎并没有明示无限样式都包括哪些。在《书信集》第64封信中，他倒是举出了两组例子：思想方面的直接无限样式是绝对无限的理智，广延方面的直接无限样式是运动和静止；而间接无限样式则是宇宙的全貌（facies totius universi）。② 在存在论意义上，无限样式搭起了神的永恒无限性与个体事物的有限性存在的桥梁或阶梯，既说明了"能生的自然"的创造能力，又说明了"被生的自然"的存在法则③，沟通了作为神之本质的能力与作为万物之本质的努力或能力；而这一阶梯又保证了认识的对象和可能性，即从对事物绵延的本质的观念提升到对永恒形式下的事物的本质的观念，直至理解思想的永恒无限样式的整体；最终，无论是存在论意义还是认识论意义，都指明了通往伦理学之旨归的道路：幸福即是德性，德性即是能力，而能力在于通过认识事物的本质，而进入对神的无限的理智之爱。

2. 个体：从有限到无限的努力

　　斯宾诺莎的论证思路是围绕观念与情感之间的斗争而展开的。人既

---

① H.A.Wolfson.*The Philosophy of Spinoza*.Cambridge：Harvard University Press，1934.Vol. 1，390.

② 对此斯宾诺莎没有从广延和思想这两种属性加以分别，以致研究者们煞费苦心地不断寻找在思想方面的"宇宙全貌"。

③ 也译作"生成自然的自然"（Natura Naturans）与"被自然生成的自然"（Natura Naturata）。

然是神的变异,为什么人不是生而自由,依本性行事,自充分观念开始理解呢? 因为人是思想的样式与广延的样式,即心灵与身体的统一体。当身体在物理学的规律下与外在物体发生作用的时候,则产生了情状(af-fections),即物体间相互作用的结果;而在心灵之内必然会产生相应情状的结果,即情感(affectus),服从心理学的法则。情感的形式或本质即是一种被动的、模糊的观念,它之所以是被动的,乃是因为身体必然被动而偶然地遭遇外物的作用,而这种偶然遭遇是混乱无序的,因此在心灵中的对应观念亦是模糊的。这是人类生存的实际境遇,模糊的观念是最原始的观念,它不但是错误的根源,而且是被动的情感、心灵的奴役的根源。由此,虽然身心平行,各不相属,但又建立起观念与身体的本质、身体情状与心灵情感之间的对应或沟通;又由于情感是无法避免的,所以心灵的德性就在于克制被动的情感。

斯宾诺莎说:"观念,我理解为心灵所形成的概念,因为心灵是能思的。说明:我说概念而不说知觉,因为知觉这个名词似乎预示心灵之于对象是被动的,而概念一词则表示心灵的主动"(E IID3)。心灵的观念即思想的一个样式,用以表象事物,例如斯宾诺莎所说"事物的意象乃是人体内的情状,而这些情状的观念表象被当作即在目前的外在物体"(E IIIP27D)。斯宾诺莎区分了三种观念:身体情状的观念、共同概念和本质的观念。当身体被另一个物体的作用所影响时,情状便是身体的状态。根据斯宾诺莎的"物理学",作用总是蕴含着一种接触,甚至是物体的复合。情状是两个物体的复合状态,一个物体被认为是作用于另一个的,另一个就接受了第一个的痕迹。由此,情状作为物体间的复合状态显示出被影响、被激动了的物体的本性,其中被影响的物体的本性要多于影响者的本性(E IIP16C2)。例如,我对太阳的知觉显示出更完整的身体的构造方式,远比太阳的构造为多。这种情状—观念是真观念,因为它必定符合它的对象(身体的情状),但不是充分观念(知其然,但不知其所以然),只是对应于第一种知识,即最低的、由泛泛的经验而来的知识,因为这些情状的观念只是通过其影响而认知事物的,而对于原因则毫无认识。

就我具有情状—观念而言,我的生存所遭遇的是偶然性。因为身体作为物体性个体是在经历一切影响身体或其部分的变化中,被保存下来的一定的复合或复杂的运动—静止关系,即某种包含了无限部分的动静关系,那么就会发生两种情况:一种不影响我的个体性,一种摧毁了我的身体的特殊联系。当我的身体遭遇到影响,内部的动静关系受到影响,能力受到增减,就出现了两种基本的情感:痛苦或欢乐。这就是说,作为情状的观念的作用,我具有两种情状的观念:一是结果的观念有益于或取悦于我自身的特有关系,一是结果的观念危及或摧毁我自身的特有关系。这两种情状的观念的类型对应于情感内的两种变化运动,即变化的两极:一是我的活动能力被增进,我享有快乐的情感;二是我的活动能力被减少,遭遇到痛苦的情感。如果我们意识到这些或苦或乐的情感,那么我们就产生了或善或恶的知识。但如果只是活动能力的增减,那么相应的情感总是被动的激情,无论是苦还是乐,也无论是那些出自苦乐情感的诸多变种。

而这正是人有限性所产生的存在境遇:错误、模糊的观念总是第一位的、原始的观念。如何从情状—观念所决定的第一种知识、模糊的知识中走出来呢? 如何把构成了我们的能力之增减的被动情感置之度外呢? 既然我们被告知,我们的境遇似乎在把我们抛入这种世界,如何改变这个不充分观念的世界呢? 答案首先是:如果我们理解了身体的情状,不再困扰与其概念的被动和模糊,那么我们就能够成为主动的。因为虽然我们被宣判给身体的情状,那种复合状态的情形,虽然"只有身体存在时,心灵才受被动的情感的宰制"。(E VP34),但身体的情状本身就提供了我们通向共同概念或第二种知识的道路:"对于人体和通常激动人体的外界物体所共有和所特有的,并且同等存在于部分和全体内的东西,人心中具有充分的观念。"(E IIP38)

共同概念的知识不再关注另一个物体对我的作用和影响,它所关注的且具有的是两个物体间特有关系的一致或不一致,实际上就是关于共同于若干或所有事物的东西的陈述。共同概念的观念必然是充分的,因为它是关于原因的知识,出自理性的知识,它认识的是世界的必然性,而这种必然性贯穿在宇宙的全貌中,表现为普遍必然的规律。而由充分的观念和知识,我们可以产生主动的情感,主动的情感体现了主动的行为,精神的能力:知识就是力量。我们的存在就是我们的努力(conatus),而我们的能力就是我们的德性。真正的德性即在于纯依理性的指导而生活。理性的能力可以使你为被动的情感所决定而产生的一切行为,不为情感所决定,而为理性自身所决定。"神的理智、神的意志,神的能力,是同一之物"(E IP17S),人的理智、意志和能力也可以是同一之物。因为理性的知识使我们认识到,只要心灵理解一切事物都是必然的,那么它控制情感的能力便愈大,而感受情感的痛苦便愈少(E VP6)。于是,"只要我们不为违反我们本性的情感所侵扰,我们便有能力依照理智的秩序以整理或联系身体的情状。"(E VP10)因此,只要心灵理解了世界的必然性,它便会依照这种必然性而去理解,相应的身体方面的能力也是如此。而这种必然性本来就是心灵和身体所固有的,这样,我们就不再受制于偶然性的遭遇,而是主动地展现它的必然性,因此,我们就是自由的。

第一种知识包含着缺陷,是错误的根源,第二种知识可以弥补前者的缺陷,清除前者的错误。但它是来自事物的特质的共同概念和充分观念的观念,它并不是对事物本质的认识:"凡一切事物所共同具有的,且同等存在于部分内和全体内的,并不构成个体事物的本质。"(E IIP37)而且,恰恰由于它是对样式的普遍关系的理解,它最终只能达到对无限样式的认识,只能形成属性之内的知识,而无法形成关于无限多的属性的观念,换言之,神的观念是这种知识的界限。而一切事物的本质的观念都在神的无限理智之内,都是神的观念的变异,所以关于事物的本质的知识只能是第三种知识。因此,通过第二种知识,我们可以达到普遍必然性的认识,清除错误,弥补缺陷,但仍然无法达到永恒和无限,而这正是第三种知识的使命。斯宾诺莎把第三种知识称为直观知识："这种知识是由神的某一属性的形式本质的充分观念出发,进而达到对事物本质的充分知识"(E ⅡP40S2)。

无论是在《理智改进论》还是《伦理学》中,斯宾诺莎对直观知识的例证都比较费解。也许第二种知识是按照数学定理推论出来的,而直观知识则是直观到这个具体的比例数的本质的观念,而这个观念是现实地存在于神内的,换言之,就是现实的观念存在物。帕金森曾指出,有四个特征肯定可以归于直观知识:(1)与理性一样,直观知识必然为真;这就是说,根据这种知识而知道的真理是必然真理;(2)与理性一样,直观知识在"永恒的形式下"认识和理解事物;(3)与理性不同,直观知识(如适才指出的)是关于个别事物的知识;(4)与理性不同,顾名思义,直观知识是"直观的"。① 但无论如何,我们都无法对直观知识做出清晰的说明;也许唯一能够说明它的,就是《伦理学》这部著作本身,因为它似乎就是由直观知识构成的,至少是从关于神或自然的本质洞识开始的。

此外,我们还可以从伦理学的角度去理解。直观知识直面个体的本质,但个体的本质是什么? 在斯宾诺莎看来,存在者必有本质,有之,存在者方能存在,方能被理解,无之则反是(E ⅡD2)。但作为样式的个体事物的本质并不包含存在,那么万物何以存在? 因为神的本质即包含存在,他的能力足以保持其存在,但如果一切事物的本质都与存在无关,那么神的本质又如何能够包含存在呢? 另一方面,既然万物都在表现神,那么神必然也包含在万物当中,万物必然具有神的某种本质、某种能力的变异。因此,现实的存在者必然有其现实的本质,这种本质就是一物竭力保持其存在的努力(conatus)(E ⅢP7)。这种努力所体现的人的能力,就其可以通过他的现实本质得到说明而言,就是神或自然的无限能力的一部分(E ⅣP4D)。斯宾诺莎实际上区分了两种能力:"能够不存在就是无力,反

① G. H. R. Parkinson, *Routledge History of Philosophy*, vol. 4: *The Renaissance and Seventeenth-century Rationalism*, Routledge, 1993, p.300.

之,能够存在就是有力(potentia)"(E IP11D)。这就是说,一是神的能力,他有能力存在,但没有能力不存在,不存在与其本性相悖;一是有限存在者的能力,如果它们实际上存在,那么就必须有能力去肯定其存在,但这能力异常有限,而且无限地为外界的能力所超过,所以有限的存在者也能够不存在。这样有限存在者处于一种在无力与有力之间的生存张力当中,这就是努力。

人的努力必然表现为身体和心灵的两方面努力。由于身体无法避免在时间中的绵延限度,不能逃避生老病死的自然法则,身体的能力又不能为心灵的能力所决定,因此超越有限的任务就落在了心灵或理智之上。更重要的是,一方面"构成心灵的本质的最初成分就是一个现实存在的身体的观念,所以我们心灵的首要的、基本的努力就是要肯定我们身体存在的"(E IIIP10D);另一方面肉体的本质的观念存在于心灵之中,心灵可以借此理解肉体,而通过主动的行动去保存、供养、滋补身体。因此,《伦理学》的最后一部分,就致力于从心灵的知识里推出一切和心灵的幸福有关的东西,而这种幸福势必又与肉体相关。

由于情状和情感具有在逻辑上沟通心灵与肉体的作用,而这种作用是通过能力实现的,所以只要我们能够克服模糊的观念,我们势必能够改变被动的情感的本质,使之成为主动的;而情感又是身体的情状所引致的能力关系的变化的结果,所以,由于"观念的次序和联系与事物的次序和联系是相同的"(E IIP7),当我们的观念成为清楚分明的充分观念,恢复了我们的本性,身体的能力和活动的次序和联系也会按照我们的本性行事。因此由第二种知识,我们澄清了被动的情感和模糊的观念,对身体的情状有了清楚分明的理解和观念,我们便具有依照理智的秩序以排列或联系身体的情状的能力,那么我们就可以把关于身体情状亦即事物的意象的观念与神的观念联系起来。于是,我们关于神的观念就伴随着理性思考的愉悦,神的观念就与我们的主动情感联系在一起,我们对神就产生了"理智之爱"(amor Deus intellectus)。

于是,当我们从模糊的观念的世界中走出来,当我们体验到理性的理解和对真理的发现所伴随的无上愉悦,当我们感受到我们思想的能力和心灵的真正德性,体悟到这种能力是与整个自然或神的能力是一致的,融为一体的,整个人的能力就凝聚在心灵的能力之上,而心灵的能力又使人与自然相融汇,领略到永恒的形式。通过永恒的形式,即神的观念,心灵虽不能自诩把握了身体的现在的实际存在,但可以把握身体的本质,因为身体的本质的观念就在神的无限理智的把握之中(E VP29)。既然我们可以对身体的情状或事物的意象的本质形成清楚分明的概念(E VP4),通过理性区分出事物的共有和特有的性质,整理出的事物间相互作用规律(根据第二种知识),那么我们就能够理解身体的本质的观念,从而可以认识到事物的本质,使事物的本质的观念在心灵中具体地存在着。

随着我们认识的事物的本质越多,我们对神的理解,即对"神圣的自然之必然性"的理解也就越多,我们心中的神的观念也就愈加丰富而清晰,我们心灵的能力也就愈加强大,事物的本质也就更丰富地展现在心灵的眼睛面前,我们能够充分利用的事物也就越多,我们的身体、我们的"行动、生活、保持自我的存在"(E IVP24)也就愈能克服有限性的束缚,我们的本质也就越来越接近无限,接近于神。

总而言之,斯宾诺莎告诉我们,理智的能力或心灵的自由在于:通过第二种知识清除第一种知识的缺陷,产生清楚分明的观念和主动的情感,通过这种观念和情感一方面把身体的情状与神的观念相联系,另一方面培养对神的爱。再通过神的观念把握身体的本质,继而把握事物的本质,发现第三种知识。而通过第三种知识使人具有强大的能力,既能让肉体获得丰富的滋养,更能让心灵进入永恒的形式,产生对神的理智的爱,让心灵获得最大的满足和能力。这种满足和能力使心灵获得最大的圆满性,最高的幸福。这种心灵境界就是摆脱了有限性的无限自由。因此,斯宾诺莎这部伟大的著作名曰"伦理学",而它又奠基于一种伟大的形而上学,故我们可以把斯宾诺莎哲学称为"道德形而上学"。

四、必然与自由：从形而上学到政治哲学

在上一节我们看到斯宾诺莎哲学的旨归在于实现人的自由，但是，斯宾诺莎一直被认为是严格的决定论者。决定论在宽泛的意义上认为天地万物皆由非自身的原因所产生。在这个意义上，除了马勒布朗士之外，17世纪的大哲学家几乎都是决定论者；但是同时他们又大都坚信人的自由。对他们来说，自由与被因果性地决定在逻辑上是相容的。当然，他们在必然与自由的观点上又大相径庭，因为人类自由的本性和范围如何，因果关系的含义是什么，他们对此并没有共识。在此有必要进一步考察斯宾诺莎关于必然与自由的丰富思想。

1. 必然性的结构

斯宾诺莎中的必然性的结构可以从三个方面去考察：因果关系的决定论；本质与存在的个体化；主动与被动的实践活动。这三个方面可以统一为能力，而能力又归于理性，理性产生主动的情感，造就德性和幸福。所以，自由不是结果，而是原因；不是静止的状态，而是无尽的追求。但在斯宾诺莎看来，这三个方面又取决于我们的理解方式：永恒形式还是绵延形式，对真实事物的理性认识还是对表象或现象的想象。

"凡是仅仅由自身本性的必然性而存在、其行为仅仅由它自身决定的叫做自由。反之，凡一物的存在及其行为均按一定的方式为他物所决定，便叫做必然或受制。"（E 1D7）

斯宾诺莎对必然是有区分的。第一种必然是永恒形式下的必然，即出自神的永恒秩序的必然，也是理性或理智所理解的真实事物系列的必然。就因果关系而论，"凡任何存在的东西，必然有其所赖以存在的一定的原因"（EIP8S2）。这种原因就是此物存在的充分原因或充足理由，关于这种原因的知识就是充分知识。充分原因包括两种类型：一是自因，一

是"他因"。自因作为充分原因出自自身的本性，不假他物，不由他因，自我决定，独立持存。因此，自因者是自由的，而它的自由又是必然的，因为是出自自身的本性的原因。所以神、实体、自因者的自由与必然是同一的。但我们能说神受制于因果的必然性吗？不能，因为神就是全部的因果必然性本身。这是第一种必然的第一个方面，即与自由同一的必然。

作为充分原因的他因出自他物的决定或制约。实体是样式的他物，即主体。实体又是样式的致动因，即他因。而这种他因既然作为充分原因，只能是事物的内因，而不是其外因。换言之，是事物的内在本质，而不是绵延形式下的偶然遭遇或机缘（E 2P29S）。因此，一物的本质依赖于作为内因的他因，没有本质则不会存在。而这种内因出自神的本性的必然性，正是这种绝对本性才使事物的本质（即充分原因）成为神的无限理智的一部分，神的观念中的存在物，因此是必然的结果，而事物的存在亦复如是，所以"自然中没有任何偶然的东西，反之一切事物都受神的本性的必然性所决定而以一定方式存在和动作"（E 1P29）。这是第二个方面，被本质地决定的必然。

这两个方面必然虽然一为自由之必然，一为他因之必然，但都是出自本质的必然，因此与神相关，或出自神自身的本质，或出自神的本质属性的绝对本性，是神的能力的产物。这种他因之必然一定要与外因之必然区分开来。事物在永恒形式下的本质及其存在决定了它在绵延形式下的本质与存在。但这似乎是一个悖论。因为在绵延的形式下，"每个个别事物或者有限的且有一定的存在的事物，非经另一个有限的且有一定的存在的原因决定它存在和动作，便不能存在，也不能有所动作，而且这一个原因也非经另一个有限的，且有一定的存在的原因决定它存在和动作，便不能存在，也不能有所动作；如此类推，以至无穷"（E 1P28）。这个命题如果不从绵延的形式下理解，是非常不可思议的。斯宾诺莎的用意也很明显，他否认神是整个现实的因果系列中的第一因，一切因果性的行动的终极发动者这样的传统观点。（E 1P28S）由此才有了把属性分化为直接无限样式和间接无限样式的必要性。这样,个别事物之间的相互决定构成了间接无限样式,即所谓"宇宙的面貌"。

永恒形式下的因果系列和绵延形式下的因果链条之间的差别何在呢？前者是对一物的肯定性决定,正是由于被决定才使之产生,而后者是对一物的否定性限制,如果完全被限制,则将会中止其存在;这就是说,前者为事物确立了本质及其存在,而后者则可能有损于事物的本质和存在。所以我们毋宁把前者成为必然,而把后者成为受制。就认识而言,前者是对事物的肯定性理解,由于此物是有限的存在,因此其充分原因不是无限多的,是可以把握的,而这种原因就是其本质。而后者是对事物的否定性条件,由于一物存在于无限多的作用之下,所以不可能完全认识。换言之,前者的理解是无时间性的、永恒的、普遍必然的真,而后者的想象则是随机逢缘、因人而异的,从中无法产生必然性的认识。所以偶然性的观念起于不充分的知识,"除了表示我们的知识有了缺陷外,实在没有别的原因"(E 1P31S)。但偶然性的观念却又不是空穴来风,而是有其必然的原因。当然这就是在绵延形式下的想象的产物,所以偶然性的观念是模糊的观念。因此,无论是被外因所限制还是被模糊观念所钳制,人的身体和心灵都将是被动的。被动使人受到偶然性的遭遇或机缘的宰制,被宰制就是遭强制和强迫,是违背本性的,不自然的。如果说受制也是自然的,那么只能是被动的自然;我们宁可不称之为自然。相反,当我们理解了我们的本质或事物的本质是被充分原因所决定的必然性,我们就是主动的,因为我们知道应该去做什么,而不是不得不去应付什么,知道什么是我们的本性,什么对我们的本性有益,什么有害。如果说在永恒的形式下,必然性可以表述为"因为……所以……"的必然性推理,那么绵延形式下的必然性形式则是"如果……那么……",或者是"要是……就……"。因为在前者那里,不存在不可能的东西,在理性的天地里,一切都是可以"证迄"的。而在绵延的形式下,任何一个决定和被决定的因果链条的环节都是被时空所限制的、依存于偶然的条件,其中包含情态的因素。

　　当我们区别了两种必然性,本质的必然和被动的受制,当我们认识了这两种必然性,前者就成为本性的要素或能力,而后者则只有在总体上才具有必然性,我们就可以根据对本性和本质的必然性的充分知识,克服被动的受制,所以"我们还必须致力于道德哲学与儿童教育学的研究。再者……不可不充分讲求医学。……机械学也不可忽视"。"但我们首先必须尽力寻求一种方法来医治理智,并且尽可能于开始时纯化理智。"(《理智改进论》第15—16节)因此,知识是对必然性的认识,必然性是神的能力的体现,所以知识就是能力。能力能够克服我们的被动性,而克服了被动的受制,我们就是主动的,从而也是自由的,所以能力是自由的保证。德性就是能力,但必须在理性的指导下,而理性源自神的本质属性,所以神是自由之路的明灯,而理性是自由之门的钥匙。

　　上面我们从永恒与绵延的对立和差异理解了必然性的结构,但还不充分。因为我们需要沟通绵延与永恒,有限与无限,进一步阐发个别事物的必然与自由。沟通的可能性在于个体能力产生和成长。

　　套用康德的表述,说人是一种有身体、有思想的样式,乃是就事实而言的(quid facti)人的本质和存在方式;而说人具有保存自我的努力和能力,乃是就权利而言的(quid juris)人的本质和存在方式。这样一个事实与这样一种权利,使他力图成为对自身、对外界的法官,既然权利就是法律(jus),那么他就可以据此进行判决。如果他对自身(广延的身体和思想的心灵)的事实具有清楚分明的观念即充分知识,换言之,他充分理解了这一事实,理解了这一事实所依据的各种必然性,那么他的权利就可以完全实现,他就是自身的真正的法官,就是真正的自由;反之,他就不是真正的法官,而只能是其他法官的犯人。

　　任何个体的人一旦来到这个世界上,他自身的个体化就实现了。在随后的漫长过程中,他要努力保持自身的存在,而这种努力就是他的现实本质,也是贯穿于他一生的个体化原则。斯宾诺莎称之为"自然的最高权利","本性的必然性"(E 4P36S2)。生存努力是天赋的权利,正如理性是天赋的能力一样。由此我们可以认识到，个体的存在虽然受制于外物，但"努力"却具有趋向自由的可能性，因为它出自自身本性的必然性。如果人能够通过努力而不受制于自身被动的情感和情欲，进而努力克服外在的必然性，至少可以在一定程度上实现自由的理想。但努力最初只是表现为冲动或欲望，在不同类型的观念的决定下，它的指向也是不同的。服从于理性的努力趋向德性与幸福的最高境界，而屈从于情感和情欲的努力则将落入奴役和不幸的枷锁。如此看来，自由的理想出自必然（的本性），也必定系于对必然关系的必然解决，而奴役虽不出自本性，但却必定由于受制于必然的关系，也是一种必然的结果。

当自由的理想无法真正实现的时候，人们便产生了对自由的幻想，是为自由意志。正是这种"偶然的自由"的观念产生了"人生而自由，却又无处不在枷锁之中"这样的悖论。殊不知这种幻想及其悖论本身却是必然性的产物。于是，我们可以说自由始于对必然的认识，而奴役源于对必然的无知，但这还不够，对必然的认识还必须具有克制情欲的能力。对个体来说，通过理性认识产生对神的爱、最高的幸福，以这种完善了的本性的必然性克制情欲，这是伦理学的任务；但对群体来说，却必须认识到适用于不同个体的必然法则，对于无法克制自身情欲的人进行外部的强制，把（理性的）外部能力作成一种必然性，一方面遏制群体的情感狂热乃至暴乱，制裁一切"违法乱纪"的行为，保证个体的权利和安全；另一方面促进无力者的更高发展，从而使整个社会实现和平与福利，而这正是政治论的任务。伦理学使人理智，而政治学还需要明智（参见《政治论》1.1—4；4—6）。

2. 人类自由的层次

（1）从永恒自由到理性自由。

心灵自由表现为两个方面的努力，一是追求知识，发明理性，一是澄清情感，克制情欲。这两个方面最终统一于对神的直观知识与理智之爱而产生的最高幸福当中。如果说出自理智而对神的永恒之爱是最高的德性,最高的心灵自由,可称之为"永恒自由"或"理智自由",那么"即使我们不知道我们的心灵是永恒的,我们也必须特别重视虔诚与宗教,以及一切我们在第四部分里所指出来的有关于刚毅与仁爱的诸德性"(E 5P41)。我们或许可以把这种出自理性信念的自由理解为次一级的心灵自由,称之为"理性自由"。理性自由的原则是:绝对遵循德性而行,即在寻求自己的利益的基础上,以理性为指导,行动、生活、保持自我的存在(此三者意义相同)。

与苏格拉底一样,斯宾诺莎也着眼于思辨知识与实践知识的统一。德性始于人的生存努力、冲动或欲望。但这种能力却沿着两条道路展开:一是心灵如何被外在的必然性所征服,一是心灵如何凭借本身的能力理解必然性,而克服由于被征服而产生的奴役状态。其中重要的环节是理性的能力如何把被动的情感转变为主动的情感,从而产生情感的能力。只有当理性的能力与情感的能力结合在一起,产生了理性的情感、欲望和意志,德性才能真正具有能力。即使德性尚未成为最高的永恒的幸福,但已能够产生"正当的生活方式"。于是,理性自由与正当的生活方式密不可分地关联在一起。但一种生活方式可谓正当,并非因为它使个人在"正当"的规范之下生活,而是因为它能够正当而充分地促进个体的利益。正如理性不能克制被动的情感,但能够产生主动的情感以发挥作用一样,理性也不能产生现实的利益,但却能指导我们去认识真正的利益,引导我们去追求。而且,就人的现实存在而言,真观念必须实现为利益,它才具有能力,或者使人具有能力。

在这个意义上,一种德性伦理学能够与一种功用主义伦理学兼容无碍。正如斯多亚学派把"德性自足"与"无道德"的实用价值结合起来一样,斯宾诺莎也有努力把德性自身和德性产生的价值结合起来,但他并不认为后者是"无道德"的。在《伦理学》第二部分的末尾,斯宾诺莎简明扼要地阐发了伦理学的价值:第一,至乐或最高幸福唯在于知神,且唯有知神方足以引导我们一切行为都以仁爱和真诚为准;第二,如何应付命运中的、不在我们能力以内的、不出于我们本性中的事情:对于命运中的幸与不幸皆持同样的心情去镇静地对待和忍受,因为我们知道一切事物都依必然的法则出于神之永恒的命令;第三,就社会生活而言,这个学说教人独依理性的指导,按时势和环境的需要,满足自己,扶助他人;第四,就政治的公共生活而言,它足以教导我们依什么方式来治理并指导公民,庶可使人民不为奴隶,而能自由自愿地作最善之事。

道德价值的必然性和自足性是由与永恒自由相联系的德性本身保证的,这种德性本身是无条件的,但是追求它的个人却是有条件的,换言之,"人借以保持其存在的能力是有限制的,而且无限地为外部原因的能力所超过。"(E 4P3)所以伦理学必须明智地等待参差不齐的芸芸众生,以生存和生活为对象,阐明德性之实际功用的必然性和可靠性,确立正当的生活方式以及与之相应的理性自由。

(2)超越善恶的伦理自由。

每个个体必然依其本性而趋利避害,凡确知为有利者皆曰善(bonus),而确知为有碍于善者皆曰恶(E 4D1—2)。由此必然产生善恶观念,但"善与恶的知识不是别的,只是我们所意识到的快乐与痛苦的情感"(E 4P8)。善是好,但恶之为坏,却是因为不好,是对善的否定。善恶观念只是我们出自情感的价值判断,但判断的对象却只是我们的情感,换言之,身体能力的增减变化,而不是事物本身。"因为要判断事物的圆满与否,只须以事物的本性及能力为标准,因此事物的圆满与否,与其是否娱人的耳目,益人的身心无关。"同时,"上帝决不缺乏材料(non defuit materia)以创造由最高级以至最低级圆满性的一切事物"(E 1Ap)。

斯宾诺莎取消了善恶的存在论意义,也取消了对事物本身的价值判断。一切事物都是神之必然性的产物,本身都有存在的权利和能力,都包含着神的本质,具有神性。最重要的一个结果是:人性无善恶。"依照他自己本性的法则,每一个人必然追求他所认为是善的,而避免他所认为是恶的。"(E 4P19)既然如此,"依据自然的最高权利,每人皆得生存。因之,依据自然的最高权利,每人所作所为皆出于他的本性的必然性。所以依据自然的最高权利,每人各自辨别什么对自己是善的或者是恶的,每人各自按照自己的意思寻求自己的利益,为自己的仇恨进行报复,并且各自努力以保持自己之所爱而消灭自己之所恨。"(E 4P37S2)这一论断按照斯宾诺莎的逻辑似乎非常自然,但从人类关于善恶的论争来看,有些石破天惊。既然善恶皆由己出,关于善恶的知识最终就只具有个体德性的价值,不具有道德规范的价值。那么共同的"善恶"何以存在?因此甚至终极意义上的"善恶"根本就不存在,因为没有一种可称得上是绝对的和共同的。因此不唯"性善"或"性恶"皆无意义,"功"、"罪"亦无必要。因此,如果发生了"每一个人对每个人的战争"、"人对人是彻头彻尾的狼"在自然状态中完全是正常、正当的。狼又哪有善恶之分?"这与保罗的教旨完全是一回事,保罗承认,在律法以前,那就是说,若是人被认为生活于自然的统治之下,就无所谓罪。"①

我们应当区分三种善恶:一是情欲决定的善恶观念,利己而不利人;二是律法或道德规范规定的善恶观念,如十诫的戒律;三是理性所理解的善恶观念。然而在理性知识的范围内,关于"恶"的知识是不充分的知识(E 4P64)。因为只有我们不充分地理解"善",才产生了包含缺陷的"恶"的知识。换言之,因为我们受制于被动的情感,我们才有痛苦的情绪,才有恶的观念。如果人的心灵只具有充分的观念,它将不会形成恶的观念(E 4P64C)。但我们同样可以推论出,如果人心只具有充分观念,那么也将不会形成善的观念,因为我们不会为被动的喜怒哀乐等情感所钳制。因此"假如人们生来就是自由的,只要他们是自由的,则他们将不会形成善与恶的观念"(E 4P68)。在这个意义上斯宾诺莎从来没有称神为"善",对神的爱是至善,但神超越于善恶之外,居于是非之彼岸。"善"只

① Spinoza.*Theological-Political Treatise*.Translated by M.Silverthorne and J.I.Israel.Cambridge:Cambridge University Press.2007.p.196.以下略作 TPT。

发生在人心之内,正如"恶"也必然发生在人心之内一样。

不幸的是,人生来并不是自由的,而生来即有趋利避害之愿,扬善抑恶之情。但如果善之为善不出于理性的指导,我们就无法理解真正的善之所在,因而也无法克服恶的观念。所以自然状态中虽然有善恶之念,但并不存在共同而正确的善恶,在这个意义上,当然无所谓"善恶"。而神之律令一出,规定了善恶之分,强制性地要求世人服从,于是善恶之别仿佛被楚河汉界固定下来,都具有了存在论地位。但在出于理性指导的人看来,行善是必然的,而恶只不过是对行善的阻碍而已;但行善却又不是单为扶助他人,更重要的是发展自立自强的精神能力。这种自由的能力恰恰是想象力所向往但力不从心的,又是人的努力所追求的,只有它才能产生自我满足,而"自我满足实在是我们所能希望的最高的对象"(E 4P52S)。因此,斯宾诺莎把怜悯、谦卑、希望从德性中清除出去,让追求权力意志和超人精神而蔑视、憎恨基督教奴隶道德的尼采十分快意,尤其是当他看到斯宾诺莎诠释者陷入尴尬境地的时候。① 而在斯宾诺莎的道德的谱系中,大概只剩下能够促进和升华精神能力的两种德性了:意志力和仁爱力。凭借这两种能力,人便可从自然状态步入道德境界,从善恶挣扎的此岸到达超越善恶的彼岸。在这个意义上,可把这种理性自由或道德境界称为伦理自由。

(3)国家与政治自由。

人要从自然状态中走出来,不但需要个体的德性以正当的生活方式,独善其身,实现理性自由,而且需要在社会状态中完善自身,兼济天下。更重要的是,斯宾诺莎身处的时代,正是近代欧洲的形成期。其社会和生活形式变化之剧烈,理智生活之勃兴,实难一言以蔽之。时代问题之宏大而复杂,自是这一"天才世纪"形成的根本原因之一。质言之,斯宾诺莎不但要回应宗教价值的崩解与复兴,科学革命的基础与前景,而且要思考

---

① 尼采:《论道德的谱系、善恶之彼岸》,《尼采文集》,谢地坤等译,桂林:漓江出版社2000年版,第59—60页。

权力的分化与重组,国家的构成与限制,以期为人类的理性自由奠定坚实的现实基础,为实现这一目标,他从霍布斯的理论前进到自己关于自然状态和自然法的理论,他的《神学政治论》(特别是第 16 章)也成为近代民主制理论的诞生地。在这里难以探讨斯宾诺莎的全部"神学—政治论",而仅从理性自由的角度窥视他对政治自由的理解。

同样是从各行其是的自然状态入手,斯宾诺莎和霍布斯一样,都从理性的角度推论出国家的必要。不同的是,斯宾诺莎将理性自由原则贯彻到底。既然最高的德性是依照理性行事,那么无论自然状态还是社会状态理性自由皆有普适性。由自然状态必然导致的理性结果是社会状态。社会状态的存在论基础是"那些遵循德性的人的最高善是人人共同的,而且是人人皆可同等享有的"(E 4P36)。其实践基础是"假如每一个人愈能寻求他自己的利益时,则人们彼此间便最为有益"(E 4P35C2)。二者显然皆以理性为根据。即使从实际经验来说,"通过人与人的互相扶助,他们更易于各获所需,而且唯有通过人群联合的能力才可易于避免随时随地威胁着人类生存的危难"(E 4P35C2S)。因此假如人人皆能遵循理性的指导而生活,这样,每一个人就都可以获得他的自然权利而不致丝毫损及别人,所谓"从心所欲不逾矩"是也。而且"每一个遵循德性的人为自己所追求的善,他也愿为他人而去追求"(E 4P37)。但是人既受制于情感,而这种情感的能力又远超过人的能力或德性,所以他们便被引诱到种种不同的方向,并陷于彼此互相反对。"因此要使人人彼此和平相处且能互相扶助起见,则人人必须放弃他们的自然权利,保持彼此间的信心,确保彼此皆互不作损害他人之事。"(E 4P37S2)由此可见,正是社会状态的必然导致了国家的必要:追求自身利益的人有理性,但往往为情欲所役,得不到发明,从而陷于利益冲突乃至暴力争斗;正如观念需要实现为利益一样,利益也必须通过理性化的制度来保证;这种制度就是国家,因而国家的最终目的则在于通过外在的能力使人服从理性的指导,而保障安全、和平和互助是国家最基本的职责。国家如何成为一个理性意志的体现？除去保障安全、和平和互助，它还应该有何种职权呢？换言之，在国家状态中，公民的伦理自由如何保障和发展呢？

斯宾诺莎首先指出，理性克制情感的能力有限，但情感又复畏惧另一种更强大的情感。因此，

> 任何情感非借一个相反的较强的情感不能克制，并且又曾指出，一个人因为害怕一个较大的祸害，可以制止作损害他人的事。就是这个定律便可以作为维系社会（Societas）的坚实基础，只消社会能将私人各自报复和判断善恶的自然权利，收归公有，由社会自身执行，这样社会就有权力可以规定共同生活的方式，并制定法律，以维持秩序，但法律的有效施行，不能依靠理性，而须凭借刑罚，因为理性不能克制情感。象这样的坚实的建筑在法律上和自我保存的能力上面的社会就叫做国家（Civitas），而在这国家的法律下保护着的个人就叫做公民（Cive）。（E 437S2）

就现实而言，从自然状态向国家的过渡伴随着自然权利的让渡，但从理性的角度看，只不过是消除了某些自然权利在知识论意义上的错误和混淆，在价值论意义上的缺陷乃至虚妄，因为国家状态是社会状态的必然要求。[①] 既然大多数人不但不能成为自身的真正的法官，而且滥用出自自身的法律判决他人，所以必须把对他人行事的权利、法律和裁判权收归国有，这反而是保证了他们各自的权利。所以国家的构成要素是法律（lex）和国务（Respublica），前者是理性所规定的共同规范或共同生活的方式，也就是理性契约；而后者是要建立自我保存的能力，换言之，是"克服共同的恐惧，消除共同的不幸"（TP 3.6）的共同事务。就民主政体而言，"民主政体的基础与目的在于避免欲求的蠢行，竭力使人受理智的控

---

① 斯宾诺莎：《政治论》，冯炳昆译，北京：商务印书馆1999年版，第3.1节。以下略作TP。

制,这样大家才能和睦协调相处。若是把这个基础撤除了,全部构造就要倒塌"(TPT 201)。因此,"国家状态的主要宗旨也就是每个有理性的人在自然状态下努力争取的目标,虽然在那种状态下是徒劳无功的。"(TP 3.6)既然国家是共同意志(契约)和共同能力的体现,所以才存在共同的善恶功罪、公平正义的真观念。(参见 E 4P37S2)

斯宾诺莎的国家观具有何种伦理学意义?换言之,作为最早赞成民主制的近代思想家之一,斯宾诺莎是何种意义上的民主派。斯密斯(Steven Smith)提出了如下问题:斯宾诺莎是否为自由民主制或宪政民主制的拥护者(即鼓吹基于人民主权的民众政府,允许个人享有想其所想、畅所欲言的充分自由)?抑或是权威主义者(authoritarian),甚至是集体主义者(即不承认可用以解释主权的任何法律或政治制度)?他是否追随其他荷兰共和主义者而支持某种类型的联邦政体?①

在斯密斯看来,斯宾诺莎民主理论的核心思想是关于"自由民众"(libera multitudo)的观点:

我所说的以和睦生活为目的而建立的国家应指自由的民众所创设的国家,而不是凭借战争权利略取民众而形成的暴政。对于自由的民众来说,希望比恐惧有更大的引导作用;但是,对于被征服的民众来说,恐惧比希望有更大的支配力量。前者追求的是改善生活,后者只不过是力图避免死亡。也可以说,前者追求为自己生活,后者被迫屈从于征服者:因此,后者是被奴役的,前者是自由的。由此可见,凭战争权利略取的国家其目的在于压迫支配,拥有的是奴隶而不是国民。(TP 5.6)

因此,民主制的目的不是克服或消除多样性,个体性不是令人悲叹的命运,而是令人渴望的快乐。来自加强和扩大我们身心力量的自由是个体最高的善。这一结论从《伦理学》和未竟之作《政治论》看来是有道理的。但是,斯宾诺莎直接把国家视为理性的代表,却没有看到国家也是情

---

① Smith, Steven B. "What Kind of Democrat Was Spinoza?" *Political Theory*. 2005. 33(1): 6-27.

欲的代表,它克制别人的情欲是为了放纵自己的情欲;当他认识到国家能力的肆虐,统治者的任意妄为,却仍然把它称为国家。按照他的起点,只有理性国家才称得上是国家,因此才有:"国家的身体必须宛若在一个头脑指挥之下"(TP 3.2),"除了按照国家的共同法令得到保障的东西以外,每个公民无权从事或占有任何事物"(TP 3.2),"只有最高掌权者才有权利……决定每一个人或全体公民必须做什么或不做什么"(TP 4.1),等等;因此,顺理成章的是,人们应该依照理性和国家的定义,反抗一切违反理性的统治者,对这种国家的不服从才是对理性的服从,一个严重违反理性的国家的毁灭是一件值得高兴的事情,因为这恰恰表明民众是有理性的、依照理性行事的。这便是斯宾诺莎政治论的价值所在。

斯宾诺莎在政治哲学史中通常定位在霍布斯—卢梭一脉,尤其接近于后者。不过,也有学者认为,斯宾诺莎之于霍布斯—卢梭—康德一系不宜夸大,而应当弱化;更明显适合的思想脉络,倒是从亚里士多德、马基雅维利、孟德斯鸠、托克维尔到韦伯这一线索的经验性的政治分析家和理论家;斯宾诺莎对国家推行自由的呼请,也应当使他成为启蒙运动的杰出代表,而不仅仅是先驱,正如威廉·洪堡和詹姆斯·斯图亚特·密尔作为政治自由主义之父,也可视为启蒙运动的后裔一样。①

这就是说,在由国家推行"自由"和"理智"的大背景下,斯宾诺莎还是确立了思想自由的光辉原则,使他成为近代自由主义的先驱。或者说,当他把公民的一切自由行动的权利让渡给国家,由国家的法律规定,他至少还保留了人权的最低限度:思想自由和言论自由,为德性伦理保留了地盘。他在谈到写作《神学政治论》的目的时,不无自豪地赞美他的荷兰共和国:"我们幸而生于共和国中,人人思想自由,没有拘束,各人都可随心之所安崇奉上帝。自由比任何事物都为珍贵。我有鉴于此,欲证明容纳自由,不但于社会的治安没有妨害,而且,若无此自由,则敬神之心无由而

① Geismann,G."Spinoza-Beyond Hobbes and Rousseau", *Journal of the History of Ideas*, 1991.52(1):35-53.

兴,社会治安也不巩固。我相信我做此事,也非无益之举。"

1677 年 2 月 21 日,斯宾诺莎终因肺病而过早逝世,终年 45 岁。海涅说:"我们所有的哲学家,往往自己并不自觉,却都是通过巴路赫·斯宾诺莎磨制的眼镜在观看世界。"①

小　结

本章的根本目标在于引导读者对斯宾诺莎哲学有一个较为全面、较为系统、较为深入的理解和把握。因此,一方面,我们并没有完全按照许多教科书的方式那样来将斯宾诺莎哲学分解为形而上学、认识论、伦理学、政治哲学、宗教哲学等部分,同时特别看重其实体理论、真观念理论等等,而是力图揭示斯宾诺莎哲学的体系构造和运思脉络,目的是将读者引向斯宾诺莎的整体思想和原著。另一方面,我们特别关注斯宾诺莎在当代的形象、遗产和影响,力图在历史语境中理解斯宾诺莎,立足于当代哲学来理解斯宾诺莎的哲学。

拓 展 阅 读

一、必读书目

1. 斯宾诺莎拉丁文著作的标准本是 C.Gebhardt(ed.) *Spinoza*, *Opera*, Heidelberg, Winter, 4 vols, 1925。1972 年修订后重新出版。英文标准本是 E. Curley (trans.& eds.) *The Collected Works of Spinoza*, Princeton, N.J., Princeton University Press, vol.1, 2, 1985, 2016。

2. 斯宾诺莎著作的英文翻译和研究详见 Wayne I.Boucher《英语世界的斯宾

---

① ［德]海涅:《论浪漫派》,见《海涅选集》,北京:人民文学出版社 1983 年版,第104 页。

诺莎：从17世纪至今的参考文献》(Boucher, Wayne I. *Spinoza in English*：*A Bibliography from the Seventeenth Century to the Present*. 2nd ed. Bristol：Thoemmes Press.1999.)。

3. 斯宾诺莎：《伦理学》，贺麟译，北京：商务印书馆1983年版。

4. 斯宾诺莎：《知性改进论》，贺麟译，北京：商务印书馆1960年版。

5. 斯宾诺莎：《神、人及其幸福简论》，洪汉鼎、孙祖培译，北京：商务印书馆1987年版。

6. 斯宾诺莎：《简论上帝、人及其心灵健康》，顾寿观译，北京：商务印书馆1999年版。

7. 斯宾诺莎：《笛卡尔哲学原理》(附形而上学思想)，王荫庭、洪汉鼎译，北京：商务印书馆1980年版。

8. 斯宾诺莎：《神学政治论》，温锡增译，北京：商务印书馆1963年版。①

9. 斯宾诺莎：《政治论》，冯炳昆译，北京：商务印书馆1999年版。

10.《斯宾诺莎书信集》，洪汉鼎译，北京：商务印书馆1993年版。

11. Steven Nadler, *Spinoza*：*A Life*, Cambridge：Cambridge University Press, 1999。

二、参考书目

1. Don Garrett, ed. *The Cambridge Companion to Spinoza*. Cambridge：Cambridge University Press.1996.

2. Genevieve Lloyd, *Routledge Philosophy Guide Book to Spinoza and the Ethics*, Routledge, 1996.

3. Steven Nadler. *Spinoza's Ethics*：*An Introduction*. Cambridge：Cambridge University Press.2006.

4. 洪汉鼎：《斯宾诺莎哲学研究》，北京：人民出版社1993年版。

5. 谭鑫田：《知识·心灵·幸福——斯宾诺莎哲学思想研究》，北京：中国人民大学出版社2008年版。

6. 韩东晖：《天人之境：斯宾诺莎道德形而上学研究》，北京：中国人民大学出版社2008年版。

---

① 但此译本所依据的 Elwes《斯宾诺莎主要著作集》英译本第一版，英译文非常不准确，一直为研究者所诟病，大大影响了中译本的价值。

27

莱布尼茨哲学

韩 东 晖

一切可能的事物都要求存在。(Omnepossibile exigit exis-
tere.)

——莱布尼茨:《第一真理》(1686?)

每一个实体都是一个与众不同的世界,独立于其他任何
东西——除了上帝。

——莱布尼茨:《形而上学论》(1686)

自然不做飞跃。Nature does not make leaps.

——莱布尼茨:《人类理智新论》序言(1703)

有两个著名的迷宫,是我们的理性在其中常常迷路的:一
个是关于自由与必然的大问题,尤其是在恶的产生和起源方
面;另一个在于有关连续性与显然是其元素的不可分的点的
讨论,并是其中必定包含对无限的考虑。

——莱布尼茨:《神义论》序言(1710)

　　既然一个单纯实体的任何现在状态都自然地是它以前状态的后果，那么，现在中就包孕了未来。

——莱布尼茨:《单子论》第 22 节

　　这些原则给予我一种方法，来自然地说明灵魂与有机体的结合成一致。灵魂遵守它自身的规律，恰如形体也遵守它自身的规律，它们的会合一致，是由于一切实体之间的预定的和谐，因为灵魂和形体是自身同一的宇宙的表象。

——莱布尼茨:《单子论》第 78 节

　　莱布尼茨(Gotfried W. Leibniz, 1646—1716)堪称亚里士多德之后又一位百科全书式的人物。他在各种知识领域和实践领域上涉猎之广，钻研之深，原创之丰，在人类历史上恐怕无出其右者。他不但求新，是新科学的最著名的倡导者和示范者之一，而且善于综合，综罗百代，无论在哲学中，还是在政治和宗教中，他都有意着手调和对立的阵营。本章集中讨论莱布尼茨的形而上学，这是其哲学中最具独特魅力的领域。我们从两个方面来探讨其形而上学思想。一是从《形而上学论》到《单子论》的发展脉络，属于历史性的纵向考察。二是对莱布尼茨形而上学的三个主题的横向分析，即必然与自由、实体与物质世界、心灵与物体。当然，由于莱布尼茨的思想极其繁复深湛，却又不像其他近代早期哲学家那样有明确的代表作，我们对莱布尼茨哲学的研究仍然有待进一步推进。

　　在此，我们应特别注意下述三点：

　　首先，应结合近代早期哲学的整体背景来理解莱布尼茨的思想，否则容易视之为奇谈怪论而无法把握。

其次,应避免过多地从经验主义与理性主义的对立角度来理解莱布尼茨,要注意从古代哲学与近代哲学、哲学与科学的综合者的角度来把握,否则容易忽视其整体思想的丰富性。

再次,应进一步阅读莱布尼茨的其他方面的著作,例如涉及神学的《神义论》和部分书信。

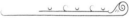

莱布尼茨;单子;连续律;不可辨识物的同一性;充足理由律;(不)矛盾律;隐德来希;和谐原则

一、莱布尼茨的思想风格

17 世纪的大哲学家们纷纷鼓吹拒斥哲学传统的必要性。笛卡尔、霍布斯和斯宾诺莎都以不同的方式主张,如果哲学要想获得任何确实而持久的结果,就必须确立新的基础。但莱布尼茨(Gotfried W. Leibniz,1646—1716)并未与他们一起分享这种革命热情。他当然也像他的同时代人一样,对新的机械论科学充满热情——实际上,他正是新科学的最著名的倡导者和示范者之一——但就气质而言,莱布尼茨不是革命家而是综合者,无论在哲学中,还是在政治和宗教中,他都有意着手调和对立的阵营。① 因此,尽管莱布尼茨自认为是现代哲学家,但就他致力于复活古代哲学,从中撷取与时代问题相关的思想而言,就他景仰昔日的哲学

① Nicholas Jolley, " Leibniz: truth, knowledge and metaphysics ", G. H. R. Parkinson, *Routledge History of Philosophy* , vol.4: *The Renaissance and Seventeenth-century Rationalism* , Routledge, 1993, p.384.

家,情愿以折中的方式利用它们而言,莱布尼茨属于文艺复兴的人文主义传统。①

　　比莱布尼茨年长 14 岁的斯宾诺莎是构造体系的大师,而莱布尼茨则主要以概要、短论、对话和书信的形式表现着同时也遮掩着自己的天才。斯宾诺莎长期过着半隐居的生活,淡泊明志,而莱布尼茨在阅读、写作之外还是一位公共人物,他花费了过多的时间穿行于各宫廷之间,周旋于王公贵族之侧。斯宾诺莎虽然兴趣也比较广泛,但能够把自己限制在最紧迫的事业上,而莱布尼茨则把他罕见的天才发散到各个领域,无论是理论的还是实践的。在理论研究上,他对哲学、神学、法学、数学、医学、历史学和语言学都有很深的造诣。在实践活动上,他既对采矿、政治改革、财政、立法、光学、运输问题等感兴趣,也到处筹建科学研究机构和学术刊物。他周游列国,遍访名家。据说从 20 岁之后,他每年要写 300 多封信,有 15000 多封信件保存至今,其中相当一部分是学术通信。

　　可以说,莱布尼茨一生被一个几乎不可能实现的野心所支配,那就是他企图在理智和政治活动的各个领域中都出人头地。令人惊异的不是他经常失败,而是他已经取得的如此之多的成就。他的成功在于呕心沥血地工作,善于吸收他人的思想,以及对他自己心灵的极度信任的一种罕见的结合。无论何时,只要他抓住一个新课题,他就查阅历能找到的与此有关的一切材料,但并不屈从于传统的观念和假设。与此同时,他希望创作出与他的天才相当的不朽作品,它们应该既是完满的,也全都是他自己的。罗斯认为,这种愿望使他不可能完成任何东西。除了他的笔记、信件和文章,他从来没有写出一部他特别感兴趣的问题的著作来。② 但莱布尼茨自己认为,读书人一旦有了自以为伟大而美妙的看法,便急不可耐地开宗立派,把自己变成一本饱学术士之书(learned magician's book),让追

---

① Nicholas Jolley(ed.), *The Cambridge Companion to Leibniz*, Cambridge: Cambridge University Press, 1995, p.43.

② ［英］罗斯:《莱布尼茨》,北京:中国社会科学出版社 1987 年版,第 37—38 页。

随者念兹在兹,而他则不干这种勾当。① 从另外的角度说,莱布尼茨不仅在学术上野心勃勃,而且对公共事务也充满热情,这就决定了他必须与宫廷、贵族和教会妥协,以取得承认、地位和职位,因此在保守且落后的德国,他不可能像较为自由的荷兰共和国的斯宾诺莎,甚至像霍布斯或笛卡尔那样放言,尽管他不能被称为自由主义者,但他的眼光和胸怀决非德国的庸碌之辈所能企及,因此也许最终只好选择保持有节制的沉默。

莱布尼茨广涉博采,综罗百代,所著甚多,发表甚少,更缺乏系统阐明其哲学体系的"代表作",因此对他的研究难度甚大。也许唯一彻底的研究是按照时间顺序研究他的全部著作、论文、书信和手稿。当代的研究者通常把莱布尼茨的一生分为4个时期:

(1)少年时期(1646—1667),主要居住在莱比锡和纽伦堡;

(2)1667—1672年3月,初涉政治学、神学和哲学,居住在法兰克福和美因茨;

(3)巴黎时期(1672年3月—1676年11月),包括其间的英国之旅;

(4)汉诺威时期(1676—1716)。②

哲学史家关注的主要是汉诺威时期,因为莱布尼茨成熟的哲学著作皆写于此时,包括《形而上学论》(1686),与阿尔诺的通信,论文《实体之本性及会通的新系统》(1695),与英国哲学家洛克论战的对话体著作《人类理智新论》(1704,以下简称《新论》),主要与贝尔和笛卡尔主义者论战、生前唯一发表的通俗性著作《神义论》(1710),应奥尔良公爵的顾问雷蒙(Nicolas Remond)而撰写的《哲学原理,或对单子的阐释》(1714,即

---

①　参见 Stuart Brown,*Leibniz*,Brighton:The Harvester Press,1984,p.6.

②　这一时期通常又分为5个时期:(4.1)汉诺威,约翰·弗里德利希公爵幕府(1676—1679);(4.2)汉诺威,恩斯特·奥古斯特公爵幕府(1680—1687);(4—3)德国南部、奥地利和意大利之旅(1687年11月—1690年7月);(4.4)汉诺威,选帝侯恩斯特·奥古斯特幕府(1690—1698);(4.5)汉诺威,格尔奥格·路德维希公爵幕府(1698—1716)。参见 Nicholas Jolley(ed.),*The Cambridge Companion to Leibniz*,Cambridge:Cambridge University Press,1995,p.20.

"单子论"①），以及为萨伏伊的欧根王子而写的（Prince Eugène of Savoy）《基于理性的自然与神恩的原则》（1714）等。这些著作到底在何种程度上展现了莱布尼茨理想中的哲学思想，令人颇费思量。

二、从《形而上学论》到《单子论》

通常我们主要根据《单子论》阐发莱布尼茨哲学体系，根据《新论》中对天赋观念的论证表现其理性主义特色。不过，《单子论》是莱布尼茨晚年的著作，甚至单子一词也只是在 1695 年才开始严格使用的。因此，考察从《形而上学论》到《单子论》的发展，可以更好地把握莱布尼茨的形而上学，否则"单子论"就仿佛是一部横空出世的体系，犹如罗素所说的"一种形而上学的童话，也许融贯自洽，但整个是武断的"。②

形而上学是莱布尼茨哲学的核心，但他的形而上学与神学、知识论、逻辑学是密不可分的，并特别表现出融汇古代哲学传统与新兴科学的努力。例如，罗素和法国学者库蒂拉（Couturat）认为，莱布尼茨是从其逻辑学推出其形而上学的；虽然这一观点现在颇受质疑，但莱布尼茨试图统一形而上学和逻辑学的努力却是非常重要的。又如，乔雷认为，莱布尼茨野心勃勃的综合大业试图把亚里士多德主义的和笛卡尔主义的洞识结合在基督教神学的框架内。③ 简单地说，莱布尼茨形而上学的主题仍然是实体，但他的实体要满足个体化、统一性和连续性的原则。因此，他的实体既不是机械论的实体，而是有机的实体，由实体形式或联系（substantial form/bond）而真正统一起来的实体；也不是还原主义的物质论的实体，而

---

① 《单子论》（*Monadology*）这个标题是莱布尼茨著作集编者 Heinrich Kohler 于 1720 年将该文译为德文时所起（原文为法文），并沿用至今。

② Russell，B.*A Critical Exposition of the Philosophy of Leibniz*，2nd ed. London：Allen and Unwin，1937，p.xiii。参见《对莱布尼茨哲学的批判性解释》，北京：商务印书馆 2000 年版，第 23 页。

③ Nicholas Jolley，"Leibniz：truth，knowledge and metaphysics"，p.414.

是具有知觉和欲望的观念论的灵魂实体,是实在的、有生命的形而上学的原子。①

1.《形而上学论》

《形而上学论》(*Discourse on Metaphysics*)是莱布尼茨第一部成熟的形而上学著作,有人称之为莱布尼茨哲学体系第一次较为系统的表述(随后两部是《新系统》和《单子论》)。在 1697 年的一封信中,莱布尼茨说他在 1685 年就得到了他的观点,而且此后未曾改变;但在最晚 1700 年致马勒布朗士的信中,他却说,他的思想未尝固定于旧的体系。② 有不少主题是莱布尼茨自始至终关注的,例如实体的独特性、知觉的和谐、作为建筑师和立法者的上帝等;但《形而上学论》的主要贡献"个体实体"(individual substance)概念却不见于后来的两部著作。《新系统》中的"形而上学的点"和《单子论》中的"单子"也不是单纯的术语变化,而是抑制住《形而上学论》中的逻辑决定论,转向以动力学和生物学概念为基础的决定论。

《形而上学论》由 37 个论题及其简短的阐释构成。威尔逊(Wilson)将其分为 A、B、C 三个部分:A 部分是个体实体论,其基础是莱布尼茨的摹状逻辑;B 部分是物体或有形实体论,带有活力论特点;C 部分是知觉与行为的和谐论。③ 从主题来看,分别论及上帝的本性及其行动(1—7节)、被造实体的本性(8—16 节)、自然哲学与有形物体的本性(17—22节)、人的理智、意志及其与上帝的关系(23—31 节),以及上述思想在虔敬与宗教方面的后果(32—37 节)。④ 从这些论题可以看出,早期的莱布

---

① 关于莱布尼茨本人对《单子论》之前的思想发展的描述,参见他的《新系统》一文(特别是第 1—12 节)。

② Wilson,Catherine,*Leibniz's Metaphysics*:*A Historical and Comparative Study*.Manchester University Press.1989.p.80.

③ Ibid.

④ Leibniz,G.W.,*Philosophical Texts*,ed.& tr.R.S.Woolhouse and Richard Francks,Oxford University Press,1998,p.52.

尼茨尽管为新的机械论物理学所吸引,但对其形而上学基础并不满意,因为无论是伊壁鸠鲁式的原子还是笛卡尔式的物质,都不可能成为实在的基本构造单元。相反,他认为新的自然理论需要依赖于实体的形而上学,而亚里士多德主义在这方面的启发作用是至关重要的。因此,某些源于亚里士多德的实体思想与莱布尼茨的哲学是相当一致的,例如实体的自足性理论。同样,莱布尼茨特别感兴趣的许多问题也是经院哲学的问题,例如我们所熟知的著名的两大迷宫。① 这样,基于亚里士多德的原则,莱布尼茨得出了他为人们所熟知的形而上学理论。这些关于世界基本结构的理论大致包括 5 个论题:

(1)不可辨识物的同一性(the Identity of Indiscernibles):不可能存在完全相同的两个实体。

(2)表现论题(The expression thesis):每一个实体都表现或反映了整个世界。

(3)(被创造的)实体之间没有因果性的相互作用:实体在因果性上独立于除上帝之外的任何东西。

(4)每一个实体都是其所有状态的因果性来源。

(5)共存假说(The hypothesis of concomitance,即后来的"预定和谐"):上帝使实体处于和谐状态之中,因此它们表现出因果性相互作用的表象。②

这些思想在《形而上学论》中居于核心地位。不过,莱布尼茨虽然清楚一物需要满足何种条件才称得上是实体性的,但却不确定何种实存物

---

① 在《神义论》的"序言"中,莱布尼茨提出:"有两个著名的迷宫,是我们的理性在其中常常迷路的:一个是关于自由与必然的大问题,尤其是在恶的产生和起源方面;另一个在于有关连续性与显然是其元素的不可分的点的讨论,并是其中必定包含对无限的考虑。"(参见 Leibniz, *Theodicy*, ed. A. Farrer, tr. E. M. Huggard, Routledge, 1951, p.53;以及 Stuart Brown, *Leibniz*, Brighton: The Harvester Press, 1984, pp.24 – 27.)。

② Jolley, Nicholas, "Leibniz: truth, knowledge and metaphysics", p.395.

(entities)能够满足这些标准;这就是说,尽管他清楚实体这一术语的内涵,却并不明确其外延。莱布尼茨似乎从不认为单纯广延的存在物,如笛卡尔式的物体,称得上是实体;至少在《形而上学论》时期,他认为有机体(即被实体形式所统一的物体)或可满足实体性的条件。而在《新系统》中,他认为自己"进入了港口":

> 事实上只有实体的原子,也就是实在而绝对没有部分的单元,才是行动的根源,才是构成事物的绝对的最初本源,而且可以说是实体性的东西分析到最后所得到的元素。我们可以把它们叫做形而上学的点,它们有某种有生命的东西以及一种知觉,而数学的点是它们用来表现宇宙的观点(point of view)。但是,当有形体的实体(corporeal substance)收缩时,它们的所有器官一起在我们看来是变成了一个物理学的点。因此,物理学的点仅仅表面上看起来不可分;数学的点是精确的,但它们只是一些样态(modalities);只有形而上学的点或实体(由形式或灵魂所构成的东西才是精确而又实在的),没有它们就没有任何实在的东西,因为没有真正的单元就没有复多。①

随后,到了1700年左右,莱布尼茨最终找到了令他满意的"广延"问题的解决方式,他最终确信,唯有灵魂或类似于灵魂的实存物才配称实体;唯有上帝才在这些实体之间建立其完全的协调。这个问题可以视为对亚里士多德的实体观和笛卡尔的心物二元论物体的回应,其要害便是物体在存在论上的地位问题。莱布尼茨最终的立场不是消除物体,而是把物体还原为其所是的东西。在致德·伏尔德(De Volder)的一封信中,莱布尼茨说:"倘若细究这个问题,则必须说世界中除了单纯实体(simple

---

① G.W.Leibniz: _Philosophical Texts_, ed.& tr.R.S.Woolhouse and Richard Francks, Oxford University Press, 1998, p.149. 参见莱布尼茨:《新系统及其说明》,陈修斋译,北京:商务印书馆 1999 年版,第 7—8 页。

substances）以及在单纯实体内的知觉和欲求（perception and appetite），别无他物。"（1704 年 6 月 30 日）①这个论断可视为莱布尼茨最终的形而上学（即单子论）的基本论题。

2.《单子论》

写于莱布尼茨去世前两年的《单子论》作为他的"哲学原理"或形而上学的集中体现，历来为研究者所重视。概括地说，莱布尼茨认为要避免哲学的困境，就需要引入新的基本概念。笛卡尔的物质是不活跃的广延的存在，无法说明事物发生的原因；如此一来，上帝就被抬出来，充当行为的持续不断的来源。而单子论则提出了活跃而主动的力的基本单元。任何事物都是单子或单子的复合物。单子的一切行为都有理由，这个理由可以在其定义中找到。因此，每一个单子都是独立自足的活生生的宇宙，其完全的界定包含着对这个单子来说永远为真的一切命题。虽然每一个单子都以其独有的方式反映宇宙，但又处在预定的和谐中。

这部仅由 90 个段落组成的哲学概要却包含了极其丰富而精深的内容。其基本主题大致包括：

（1）论单子（1—9 节）；

（2）单子的知觉（11—22 节）；

（3）灵魂与精神（19—30 节）；

（4）真理的诸原则（32—37、53—55 节）；

（5）论上帝（38—52 节）；

（6）上帝在诸可能世界中的选择（53—60 节）；

（7）自然的泛有机论概念（61—77 节）；

（8）心物的协调（78—84 节）；

---

① G.W.Leibniz，*Philosophical Essays*，ed.& tr.Roger Ariew and Daniel Garber，Indianapolis & Cambridge：Hackett Publishing Company，1989，p.180.

（9）上帝之城（85—90 节）。①

不唯如此，莱布尼茨对原则或原理的癖好也在《单子论》中展露无遗：②

（1）存在诸原则：

① 实体性原则（1—3 节）：单子只是一种组成复合物的单纯实体；在没有部分的地方，是不可能有广延、形状、可分性的。单子是自然的真正原子，是事物的原素。

② 变化原则、连续律（4—8、10 节）：不能设想一个单纯的实体可以自然地分解、消灭、产生；单子只能通过创造而产生、通过毁灭而消失，复合物则是通过部分而产生成消失的。不论实体或偶性都不能从外面进入一个单子。单子一定具有某种性质。变化在每个单子里都是连续的。

③ 个体性原则（即不可辨识物的同一性原则，9 节）：每一个单子必须与任何一个别的单子不同。因为自然界决没有两个东西完全一样，不可能在其中找出一种内在的、基于固有本质的差别来。

（2）理性诸原则：

④ 充足理由律（32 节）：任何一件事如果是真实的或实在的，任何一个陈述如果是真的，就必须有一个为什么这样而不那样的充足理由，虽然这些理由常常总是不能为我们所知道的。

⑤ （不）矛盾律（31 节）：凭着这个原则，我们判定包含矛盾者为假，与假的相对立或相矛盾者为真。

⑥ 完满原则（53—54 节）：既然在上帝的观念中有无穷个可能的宇宙，而只能有一个宇宙存在，这就必定有一个上帝进行选择的充足理由，使上帝选择这一个而不选择另一个。这个理由只能存在于这些世界所包含的适宜性或完满性的程度中，因为每一个可能的世界都是有理由要求

---

① 参见 Nicholas Rescher, *G. W. Leibniz's* Monadology, Pittsburgh: University of Pittsburgh Press, 1991, pp.31-36。

② 这一分类方式参见 Nicholas Rescher, *G.W.Leibniz's* Monadology, pp.43-44。

按照它所含有的完满性而获得存在的。

（3）逻辑诸原则（35 节）：

⑦ 简单（不可定义）观念与复杂（可定义）观念；

⑧ 原始命题（同一命题）与派生命题；

⑨ 可能世界原则

（4）形而上学诸原则：

⑩ 反映原则（13—14 节、62 节）：在单纯的实体中一定要有多方面的牵涉和关系。这个包含着、代表着单元或单纯实体里的繁多性的过渡状态，就是知觉。虽然每个创造出来的单子部表象全宇宙，它却特别清晰地表象着那个与它关系特别密切的、以它为"隐德来希"的形体。

⑪ 动因原则（agency，9—11、15—17 节）：单子的自然变化来自内在的本原。使一个知觉变化或过渡到另一个知觉的那个内在本原，可以称为欲求。应当在单纯的实体中、而不应当在复合物或机器中去寻找知觉。

⑫ 有机论原则（66—70 节）：在物质的最小的部分中，也有一个创造物、生物、动物、"隐德来希"，灵魂的世界。每一个活的形体有一个统治着的"隐德来希"，这就是动物中的灵魂。

⑬ 和谐原则（79、81、87、88 节）：灵魂依据目的因的法则，凭借欲望、目的和手段而活动。形体依据动力因的或运动的法则而活动。这两个界域，动力因的界域和目的因的界域，是互相协调的。另一种谐和，存在于自然的物理界与神恩的道德界之间，亦即存在于建造宇宙机器的上帝与君临精神的神圣城邦的上帝之间。

⑭ 共同体原则（86、89、90 节）：这个上帝的城邦，这个真正普通的王国，乃是自然世界中的一个道德世界，乃是上帝的作品中最崇高和最神圣的部分。作为建筑师的上帝，在一切方面都可满足作为立法者的上帝。

这些原则既构成了莱布尼茨形而上学的核心内容，同时也是其脚手架。利用这些原则，即可构造出极富解释力的乐观主义的形而上学体系和神学体系。面对如此丰富的主题和原则，研究者从不同的角度对莱布尼茨的思想进行了重构和解说,例如罗素从逻辑入手阐释莱布尼茨,拉塔(Robert Latta)则从两大著名迷宫特别是第二个迷宫入手,亚当斯(Robert Merrihew Adams)从决定论者、理神论者和观念论者这三个相互联系的方面解读莱布尼茨,德鲁兹甚至以褶子为喻,精彩而奇特地阐释了巴罗克风格的莱布尼茨;20世纪70年代以来,英美学界甚至产生了所谓的"莱布尼茨复兴",对他的模态逻辑和"模态形而上学"兴趣极大。①

　　普通读者对《单子论》的内容恐怕也是耳熟能详的:单子是非广延的实体,是单纯的"自然的原子",即灵魂;它们是不可分的,不生不灭,是"没有窗户的",互不影响,故其变化源自内部的原则;单子根据知觉的清晰程度和能否进行表象而各不相同,其等级的顶端是作为至上单子的上帝,而底部则是为无生命的物质提供形而上学基础的"赤裸的单子";我们的心灵或灵魂也能够推理,在这方面既有矛盾律和充足理由律中两大原则,也存在着必然真理和偶然真理的区分;上述一切必然转向上帝,上帝是必然的实体,完满的存在,万物的终极原因,上帝之外的一切皆源于上帝的存在和完满,他所创造的融贯和谐的世界是在一切可能世界中最可能的,这个世界中的每一部分都充满了被造的生命,其整体被每一个个体的单子所反映,而生与死不过是发展、增大与隐藏、收敛而已;最终要达到的是两种前定的和谐——灵魂或心灵与形体或物体之间的和谐,自然的物理王国和神恩的道德王国之间的和谐;后一种和谐系于作为君主的上帝,而心灵或理性的灵魂则不仅表象着自然世界,而且在一定程度上表象着并应当归附于它的造物主。

　　这无疑是《单子论》的主要内容,但却是表层的、字面上的概括,犹如伏尔泰在《老实人》中对现实世界是"最好的可能世界"的浅薄嘲讽一样,

---

① 参见罗素:《对莱布尼茨哲学的批判性解释》;Latta, R.Leibniz:*The Monadology and Other Philosophical Wrttings*, Oxford Unviersity Press, 1898; Adams, R.M.*Leibniz*:*Determinist*,*Theist*,*Idealist*, Oxford Unviersity Press, 1994;德鲁兹:《福柯·褶子》,长沙:湖南文艺出版社2001年版。

似乎并不足以体现莱布尼茨思想的深意。然而这深意究竟是什么却并不容易回答。一条可行的道路是从莱布尼茨所面对的 17 世纪哲学的重大问题入手加以勾勒。

三、莱布尼茨形而上学的三个主题

莱布尼茨不满意笛卡尔主义的机械论和心物二元论。前者不足以解释有机体和灵魂的奥秘，后者破坏了自然世界的统一性和连续性，根本无法解决灵魂与形体的关系。可以说，笛卡尔主义只认识到物理学的点和数学的点，却没有在形而上学的点的原始基础上将其统一起来。莱布尼茨在"对笛卡尔《哲学原理》概论部分的批判性评论"中说："自然拥有帝国中的帝国，双重的王国，即理性和必然的王国与物质的形式与微粒的王国，因为正如万物皆充满灵魂一样，这些王国也充满了有机物。这些王国被各自的法则所统治，彼此不相混淆，而知觉和欲求的原因，乃是营养的原因和应当在形式与灵魂中寻找的原因，却不能在广延样式中寻找。"①

莱布尼茨虽然深受斯宾诺莎的影响，但不喜欢斯宾诺莎的唯一实体观、万物皆上帝的样式或偶然产物、人死后心灵不再起作用、万物皆遵循严苛的必然性而活动等观点，②更不满意斯宾诺莎"神即自然"的泛神论解决方案，毕竟斯宾诺莎"无神论"的恶名让他唯恐避之不及，而莱布尼茨的理神论立场也一定要把上帝与自然和自然中的芸芸众生区分开来，同时也保证万物作为实体的个体性。③ 在《新论》中，莱布尼茨为了捍卫灵魂的不朽而与经验论者洛克展开了长篇论战，④这场论战突出地表现

---

① 转引自 Stuart Brown, *Leibniz*, Brighton: The Harvester Press, 1984, p.186.

② Wilson, Catherine. *Leibniz's Metaphysics: A Historical and Comparative Study*. p.88.

③ 参见莱布尼茨约写于 1707 年的"斯宾诺莎哲学评注"，载 G.W.Leibniz, *Philosophical Essays*, pp.272–281.

④ 莱布尼茨致雅克洛（Jaquelot）的信（1704 年 4 月 28 日）。引自 Nicholas Jolley, "Leibniz: truth, knowledge and metaphysics", p.410.

在他追随柏拉图传统对天赋观念的捍卫上,这也许是莱布尼茨在知识论上的主要兴趣。莱布尼茨的天赋观念论比笛卡尔更彻底,他从单子的单纯性和内在原则出发,主张我们的所有观念都是天赋的:"我一向并且现在仍然赞成笛卡尔先生曾主张的对于上帝的天赋观念,并且因此也认为有其他一些不能来自感觉的天赋观念的。现在,我按照这个新的体系走的更远了;我甚至认为我们灵魂的一切思想和行为都是来自它自己内部,而不能是由感觉给予它的。"①

莱布尼茨也接受了洛克对天赋观念论的批评,放弃了"天赋观念直接呈现说",而发挥了"天赋能力潜存说"。按照这种观点,真理或普遍必然的知识不是现成地存在于每个人心中,或现实地呈现于每个人的心智之前的:"观念和真理就作为倾向、禀赋、习性或自然的潜能天赋在我们心中,而不是作为现实天赋在我们心中的,虽然这种潜能也永远伴随着与它相应的、常常感觉不到的某种现实。"②或者用莱布尼茨喜爱的一句名言:"凡是在理智中的,没有不是先已在感觉中的,但理智本身除外。"③此外,莱布尼茨也直接或间接地与偶因论者马勒布朗士、物质论者霍布斯、经验论者巴克莱以及牛顿展开了争论。我们可以说,17世纪的哲学论争滋养了莱布尼茨,使他能够在与前人或同时代人的对话中回应、综合和创新。

在莱布尼茨的形而上学中,有三个核心主题:必然与自由;实体与物质世界;心灵与物体。

1. 必然与自由

就必然与自由这个人类理性常常在其中迷失的迷宫而言,莱布尼茨试图为决定论和自主性、个体自由与社会和谐找到折中或统一的出路。

---

① 莱布尼茨:《人类理智新论》,陈修斋译,北京:商务印书馆1982年版,第36页。
② 同上书,第7页。
③ 同上书,第82页。

黑格尔曾说:"斯宾诺莎是主张普遍的唯一实体的。……莱布尼茨的基本原则却是个体。他所重视的与斯宾诺莎相反,是个体性,是自为的存在,是单子……"①(当然,斯宾诺莎并非不重视个体性,只是与莱布尼茨的个体化原则不同而已。)除上帝之外的单子虽然是被造的,但具有内部的自发性、自主性和自足性,"我们可以把一切单纯实体或创造出来的单子命名为'隐德来希',因为它们自身之内具有一定的完满性,有一种自足性使它们成为它们的内在活动的源泉,也可以说,使它们成为无形体的自动机。"(《单子论》第 20 节)

但与此同时,"既然一个单纯实体的任何现在状态都自然地是它以前状态的后果,那么,现在中就包孕了未来。"(《单子论》第 22 节)换言之,实体作为主词,谓词的概念在某种意义上包含在主词的概念之中,这便是他的"概念包含理论",例如,"优利乌斯·恺撒越过卢比孔河"这一命题为真,是因为"越过卢比孔河"这一概念包含在"优利乌斯·恺撒"的概念之中;或者,莱布尼茨区分了一般法则下(sub ratione generalitatis)的观点和可能法则下(sub ratione possibilitatis)的观点,从前者出发考虑在渡过卢比孔河的恺撒,则他仍有是否过河的选择权,而从后者出发,只有他过了河,他才是恺撒,因此,自由活动的能力和行使这种自由的方式,都包含在特定的个别实体的完全概念当中;或者,根据充足理由律,"任何一件事如果是真实的或实在的,任何一个陈述如果是真的,就必须有一个为什么这样而不那样的充足理由,虽然这些理由常常总是不能为我们所知道的"(《单子论》第 32 节)。

莱布尼茨上述论证的目的,一方面是要解决每个个体既具有独一无二的命定,同时这种命定又允许他自由行动,每个个体都有自己认为是最好的理由决定他该如何行动;另一方面则是与他的心理学(如统觉理论、微知觉理论)一道解决人格同一性的问题:作为灵魂实体的单子是人格

---

① 黑格尔:《哲学史讲演录》第四卷,北京:商务印书馆 1978 年版,第 164 页。

同一性的基础。因此,莱布尼茨既要坚持某种意义上的决定论甚至宿命论(fatalism),又要维护个体的自主性,"每一个心灵在它自己的范围内颇像一个小小的神"(《单子论》第 83 节),在此可谓煞费苦心;同时这种苦心结出的可能世界理论在 20 世纪的形而上学中得到了发扬光大。至于个体自主与社会和谐,则是通过上帝的预定和谐而在上帝之城中实现的:"既然我们在上面已经在每个自然界域之间,亦即动力因与目的因之间,建立了一种完满的和谐,我们现在就应当指出另一种和谐,存在于自然的物理界与神恩的道德界之间,亦即存在于建造宇宙机器的上帝与君临精神的神圣城邦的上帝之间。"(《单子论》第 87 节)

2. 实体与物质世界

就实体与物质世界而言,莱布尼茨在这里要解决的是另一个他谈过几十次、上百次的著名迷宫:连续性与不可分的点的关系。一方面,撇开数学和物理学的点不谈,就形而上学的点而言,它们应当在连续性中构成世界的基础,而这样的点不可能是物质的,因为物质是广延的,必然具有部分,故物质乃是其各个部分的存在、本性和相互关系的存在论结果,因此不是基本的或存在论意义上独立存在的,所以不是具有真正统一性的实体。另一方面,莱布尼茨认为真实的世界不可能由连续的东西构成,一切连续性都属于空间和时间,属于线和周期,是"理想的"(ideal),却不是"真实的"(real)。"只要我们在可能之物的秩序中寻求现实的部分,在现实事物的聚合体中寻求不确定的部分,我们就会混淆理想的东西和真实的实体,把自己卷入连续性的迷宫和无法说清的矛盾。"①因此,作为基础的存在论不可能包含连续的东西,而必定由个体实体构成;既然实体不可能是物质的,则必定是非物质的精神实体,这种精神实体最终被表述为单子。而连续性则源于单子内部变化的连续性(《单子论》第 10 节),因此

---

① 莱布尼茨写于 1707 年致德·伏尔德的信,载 G. W. Leibniz, *Philosophical Essays*, p. 185。

连续性才是观念的、理想的。由此,现实的物体并非真实的单子,亦非知觉的集合,而是单子的聚合体。

但是,非广延的单子如何"聚合"为广延的物体呢? 当然,物体在严格意义上不能等同于单子的聚合体;更确切地说,单子的聚合体被我们知觉为具有大小、形状和位置属性的物质对象。实际上,莱布尼茨认为,"聚合体本身只是现象,因为事物除组成它们的单子之外,只是加上了知觉本身,这正是因为单子同时被知觉到这一事实本身"①。这就是说,一谈到聚合体就超出了单子自身的实在,并且本质上涉及知觉着的心灵的作用。因此,物质世界是单子呈现给我们的表象,这就是说,尽管实际上不存在广延的东西,但单子的某些聚合体由于作为物体而被知觉、被呈现给我们,因此也作为广延之物呈现出来,这些聚合体、这些事物被称为"现象"。②

于是,莱布尼茨的存在论构架可分为三个层次:

(1)基本的真实存在物乃是非物质的实体;

(2)作为上述实体之表象的物质构成了实在的现象层次;

(3)空间和时间是观念性的关系,是纯粹的精神构造。③

由此可以看出,莱布尼茨的形而上学固然是独断的,但他的许多构想和原则在康德以降的德国哲学中得到了深入的展开。

3.心灵与物体

心灵与身体或灵魂与形体之间的关系自笛卡尔开始成为近代形而上

---

① 莱布尼茨写于 1716 年致德·博斯的信,载 G.W.Leibniz, *Philosophical Essays*, p.203。

② 关于莱布尼茨的现象论,参见段德智、李文潮:《试论莱布尼茨的现象主义与单子主义的内在关联》,《哲学研究》2002 年第 9 期。

③ Jonathan Bennett, *Learning From Six Philosophers*: *Descartes*, *Spinoza*, *Leibniz*, *Locke*, *Berkeley*, *Hume*, vol.1, Oxford: Clarendon Press, 2001, p.229。参见 Hartz, Glenn A.and Cover, J.A."Space and Time in the Leibnizian Metaphysic". *Nous*, 1988(22:493-519)。关于时间和空间问题,莱布尼茨在晚年与牛顿的信徒塞缪尔·克拉克(Samuel Clarke)的通信中展开了激烈争论,参见《莱布尼茨与克拉克论战书信集》,北京:商务印书馆 1996 年版。

学的主题之一,莱布尼茨的基本观点是它们处于预定和谐的系统之中。在《新系统》中,莱布尼茨说他确立了形而上学的点或精神实体之后便进入了港口,但当他开始思考灵魂与形体的关系的时候,就像被抛进了汪洋大海,无所适从。他起初不满意笛卡尔的身心交感论,但对马勒布朗士的偶因论青睐有加;随后,当他在《新系统说明》系列中提出预定和谐的思想之后,偶因论也无法令他满意。他反复使用了让两个钟表走得完全一致的三种方式的比喻:第一种方式是这两个钟表相互影响(交感论,相互影响的办法);第二种方式是有人小心地看守它们,随时调节(偶因论,协助的办法);第三种方式是它们本来都准确——这就是预定和谐的办法。① 但是,真正能够为预定和谐提供基础的,还是单子论。莱布尼茨说:

> 78.这些原则给予我一种方法,来自然地说明灵魂与有机体的结合成一致。灵魂遵守它自身的规律,恰如形体也遵守它自身的规律,它们的会合一致,是由于一切实体之间的预定的和谐,因为灵魂和形体是自身同一的宇宙的表象。
>
> 79.灵魂依据目的因的法则,凭借欲望、目的和手段而活动。形体依据动力因的或运动的法则而活动。这两个界域,动力因的界域和目的因的界域,是互相协调的。

我们看到,莱布尼茨要阐明三个方面的"和谐":单子与单子之间;单子与形体之间;自然与精神之间。单子与单子之间的和谐首先是因为它们是同类的精神实体,虽然知觉表象的清晰程度不同,有普通灵魂和"理

---

① "这种和谐是由上帝的一种预先谋划制定的,上帝一起头就以十分完美、十分规整的方式,以十足的精确性造成了这些实体中的每一个,一次它只遵守自己固有的那些与它的存在一同获得的法则,却又与别的实体相一致……"(莱布尼茨:《新系统及其说明》,陈修斋译,北京:商务印书馆1999年版,第56页)。

性灵魂"之分;其次,"只有一个单子对另一个单子所发生的理想的影响,它只是通过上帝为中介,才能产生它的效果"(《单子论》第51节);再者,由于上帝对最佳、最完满的可能世界的选择,"每一个单纯实体具有发现其他一切事物的关系,并且使它因而成为宇宙的一面永恒的活的镜子"(《单子论》第56节),"由于单纯实体的数量无限多,也就好像有无限多的不同的宇宙,然而这些不同的宇宙乃是唯一宇宙依据每一个单子的各种不同观点而产生的种种景观"(《单子论》第57节)。

单子与形体之间的和谐依赖于三个层次的存在论构架,特别是"虽然每个创造出来的单子部表象全宇宙,它却特别清晰地表象着那个与它关系特别密切的、以它为'隐德来希'(entelechy)的形体[并且,这个形体总是有机的,因此形体中应当有一种秩序]:这个形体既是以'充实'中的全部物质的联系来表现全宇宙,灵魂也就以表象这个以一种特殊方式附属于它的形体来表象全宇宙"(《单子论》第62节)。这样,由于宇宙是随着形体而被表象于灵魂中的,灵魂、形体和宇宙遵循着预定和谐的秩序。

自然与精神这两个领域之间的和谐依赖于上述两种和谐,但更重要的是要把自然理解为有机体、"神的技艺"制造的机器,一句话,将其本质理解为精神——"在物质的最小的部分中,也有一个创造物、生物、动物、'隐德来希',灵魂的世界"(《单子论》第62节)。进一步说,"一切精神总合起来应当组成上帝的城邦","这个上帝的城邦,这个真正普通的王国,乃是自然世界中的一个道德世界,乃是上帝的作品中最崇高和最神圣的部分",从而最终在自然的物理界与神恩的道德界之间建立和谐(《单子论》第85—87节)。

从许多方面说,莱布尼茨的形而上学仿佛都是奇特的"童话",而这个童话世界又是生机盎然,满怀希望的。创造这个童话的既是一位虔敬的基督徒,卓越的科学家,天才的哲学家,勤奋的活动家,也是一位试图为饱受折磨的德国和欧洲寻找出路的思想家,致力于所有科学的统一、所有基督教派的联合乃至致力于欧洲的统一,并以理性和正义的名义把和谐思想视为世界政治理念。① 他从自己的形而上学原则出发,构造了一个必定能够成为现实的最好的可能世界,这个世界与其说是为上帝的恩典辩护,不如说在为人类的灵魂和精神确立目标。对欧洲哲学特别是对德国古典哲学来说,他的思想既承前启后,又折中综合,既开启了现象论的思路,也奠定了理念论的若干原则。在他之后,沃尔夫(Christian Wolff,1679—1754)曾经把他的哲学系统化为带有独断论特点的形而上学体系,让德国哲学开始讲德语,长期统治着德国哲学界,史称"莱布尼茨—沃尔夫哲学",但这不应与莱布尼茨的哲学思想混为一谈。

小　结

本章的讨论尽管集中在莱布尼茨的形而上学,但仍有一些值得关注的主题未能涉及,例如莱布尼茨的时空观、知觉与统觉理论等等。但就目前的内容而言,已经基本上涵盖了莱布尼茨形而上学的基本主张和论辩风格。这里所讨论的莱布尼茨的形而上学主要是基于《形而上学论》、《单子论》等著作,读者可以结合莱布尼茨的《人类理智新论》、《神义论》等著作,进一步研究其思想。莱布尼茨尚有极为庞大的手稿、书信等思想遗产。随着莱布尼茨著作的不断出版和完善,学术界对其思想的研究会进一步推进。

拓 展 阅 读

一、必读书目

1.莱布尼茨著作的批判版是德国科学院版(German Academy of Sciences (ed.) *G. W. Leibniz: Sämtliche Schriften und Briefe.* Berlin: Akademie Verlag, 1923—.),但至今尚未出齐;该版共分八个系列,其中第二个系列是哲学通信(已

① 波塞尔:《莱布尼茨的和谐(杂多之统一)概念》,《世界哲学》2002 年第 4 期。

出版一卷,截至 1685 年),第六个系列是哲学著作(已出版 7 卷,截至 1690 年,另外第六卷已包含《新论》)。目前最常被引用的哲学著作标准本是:Gerhardt,C.I.(ed.)*Die Philosophischen Schriften von Leibniz*,7 vols.Berlin:Weidmann,1875-1890;reprinted Hildesheim:Olms,1965。较新的英文译本包括:

(1)G.W.Leibniz,*Philosophical Essays*,ed.& tr.Roger Ariew and Daniel Garber,Indianapolis & Cambridge:Hackett Publishing Company,1989.

(2) G. W. Leibniz: *Philosophical Texts*, ed. & tr. R. S. Woolhouse and Richard Francks,Oxford University Press,1998.

2. Nicholas Jolley(ed.),*The Cambridge Companion to Leibniz*,Cambridge:Cambridge University Press,1995.

3. Nicholas Rescher, *G. W. Leibniz's Monadology*, Pittsburgh: University of Pittsburgh Press,1991.

4. Anthony Savile,*Routledge Philosophy Guide Book to Leibniz and the Monadology*,Routledge,2000.

5. G.W.Leibniz,Discourse on Metaphysics *and Related Writings*,ed.&trans.R N D Martin & Stuart C Brown,Manchester:Manchester University Press,1988.

二、参考书目

1. 莱布尼茨:《单子论》,见《西方哲学原著选读》上册,北京大学外国哲学教研室编,北京:商务印书馆 1981—1982 年版,第 476—493 页。

2. 莱布尼茨:《人类理智新论》,陈修斋译,北京:商务印书馆 1982 年版。

3. 莱布尼茨:《新系统及其说明》,陈修斋译,北京:商务印书馆 1999 年版。

4.《莱布尼茨与克拉克论战书信集》,陈修斋译,北京:商务印书馆 1996 年版。

5.《莱布尼茨自然哲学著作选》,祖庆年译,北京:中国社会科学出版社:1985 年版。

6. 莱布尼茨:《神义论》,朱雁冰译,北京:生活·读书·新知三联书店 2007 年版。

7. 莱布尼茨:《中国近事:为了照亮我们这个时代的历史》,[法]梅谦立、杨保筠译,郑州:大象出版社 2005 年版。

8.《莱布尼茨读本》,陈乐民编著,南京:江苏教育出版社 2006 年版。

9. 陈修斋、段德智:《莱布尼茨》,台北:东大图书公司 1994 年版。